W0365679

Nouvelle naissance

De la même autrice

Basse naissance, Philippe Rey, 2020 ; 10/18, 2021
La couleur de l'eau, Philippe Rey, 2015 ; 10/18, 2017
Tony Hogan m'a payé un ice-cream soda avant de me piquer maman, Philippe Rey, 2014 ; 10/18, 2015

Kerry Hudson

Nouvelle naissance

Fuite, rupture avec le passé, construction d'une nouvelle famille

Traduit de l'anglais (Royaume-Uni)
par Florence Lévy-Paoloni

Philippe Rey

Titre original : *Newborn*
© 2024 by Kerry Hudson

© 2025, Éditions Philippe Rey
7, rue Rougemont – 75009 Paris

www.philippe-rey.fr

Pour mon mari, Peter, et notre fils.
Vous êtes tous deux mes fondations et mon ciel.
Je vous aime tant.

À la fin, elle essuie le sang et l'encre sur ma poitrine devant un miroir en pied. Je lâche mes cheveux pour qu'elle prenne quelques photos. Je remets du rouge à lèvres. Je n'ai plus dix-sept ans. Mais je suis neuve à ma manière, j'évolue constamment et me réinvente comme les femmes l'ont toujours fait pour survivre aux différentes étapes de leur vie, tels des serpents qui muent. Les pies volent juste sous ma clavicule et elles sont magnifiques.

Je redescends la pente raide de la colline en mangeant mon donut. J'appelle Peter. « C'était bien. Je crois que c'est bien. Je rentre à la maison. Je suis impatiente de vous voir tous les deux. Je vous aime. » J'ai maintenant une nouvelle peau pour une nouvelle vie.

Première partie

Vie

1

Quand je reviens dans la salle de bains, il est là. À peine un murmure, le soupçon d'un second trait. Une vie transformée par un trait rose d'un millimètre sur deux. J'appelle Peter et nous le contemplons, à la lumière de la lampe torche d'un téléphone. Je ris et pleure en même temps – ma réponse typique à l'émotion. « C'est arrivé. C'est pour de vrai, non ? » Peter hoche la tête et me serre dans ses bras, mais ne dit rien. Nous nous prenons en photo, le test en main, debout dans la salle de bains de notre petit Airbnb crasseux. Peter porte un T-shirt informe et élimé, moi un bleu de travail kaki tout froissé. Peter me regarde. « Ton expression…

– Quoi ?

– C'est un mélange de toutes les émotions. »

Il a l'air terrifié, abasourdi. La photo que nous prenons est pleine de joie et de peur. Une photo qui illustre tant de choses, l'espoir qui monte alors qu'il était abandonné depuis longtemps et le défilé de toutes les conséquences à venir.

J'étais mortifiée à l'idée de recommencer cette comédie et la honte restait coincée dans ma trachée comme si j'avais avalé un trop gros morceau. Et pourtant, j'ai été incapable de m'en empêcher. J'ai acheté le test de grossesse le moins cher (j'avais assez pissé sur des billets de cinq livres). « Juste au cas où, juste pour ne pas ressasser tout ça », ai-je précisé à Peter, debout à côté de moi, l'air tendu. J'ai demandé le test en anglais à la pharmacienne qui ne parlait que le tchèque. Était-ce de la paranoïa ou avait-elle penché la tête avec compassion devant mes illusions ? Une traînée de sueur brillait sur mon visage malgré le froid pragois, et je l'ai essuyée de mes doigts gourds et gantés.

À la maison, du moins dans notre maison temporaire du moment, j'ai pissé sur le bout de carton et je suis sortie de la pièce. J'avais trop souvent contemplé ces tests en attendant que ma vie change dans les trois minutes. Cette fois, le changement s'est vraiment produit.

Je pense immédiatement à ma mère. Elle m'a dit que j'avais été conçue à San Francisco où elle et mon père, bien deux fois plus vieux qu'elle et ses vingt et un ans, parcouraient la côte ouest, hébergés par un assortiment « de hippies et de freaks ». Il semble logique que je conçoive à mon tour un bébé loin de chez moi. Quand ma mère a compris qu'elle était enceinte, ils étaient déjà de retour à Londres et vivaient dans un squat. Elle en a parlé à mon père qui est tombé à genoux et s'est exclamé : « Qu'est-ce que je vais faire ? » Il s'avérait que ni l'un ni l'autre ne voulait « mettre un enfant au monde ». C'est alors que ma mère s'est rendu compte qu'il ne fallait pas qu'elle soit enceinte sous peine de devoir retourner à Aberdeen. Ainsi, après avoir renoncé à se rendre à la clinique parce qu'elle ne supportait pas l'idée d'un avortement qui aurait peut-être mieux valu pour nous deux, elle est rentrée chez Tory, ma grand-mère lunatique, et est allée travailler aux conserveries de poisson.

Je ne sais pas avec certitude quand je suis tombée enceinte, mais j'aime penser que c'est arrivé après une soirée à boire de grands verres de vin rouge dans un club gay sur une colline escarpée où s'étageaient d'autres petits bars singuliers. Que c'est arrivé après avoir écouté des gens chanter d'effroyables reprises d'Adele et Coolio dans un karaoké de drag-queens. Après une soirée pleine de rires et de conversations à regarder des gens faire les idiots avec bonne humeur. Après une traversée de Prague en taxi en passant sur la rivière illuminée qui brillait comme si un million de maquereaux argentés dansaient dedans. Après nous être couchés sur notre matelas de mousse où tant d'autres avaient dormi, avoir flairé la peau de Peter et nous être sentis, finalement, très heureux.

Je crois que je l'ai senti aussi. J'étais assise dans le jardin d'un café, quelques semaines après cette sortie nocturne, et je parlais à Peter qui était allé voir son père et m'appelait de l'aéroport de Zurich. Un pincement révélateur, comme si on avait crocheté l'une de mes trompes de Fallope. Naturellement, j'avais tout lu sur l'implantation, le moment où l'ovule fertilisé s'enfouit profondément dans l'utérus comme s'il mordait. J'avais lu tous les forums possibles sur la conception et je savais que la science ne croyait guère aux crampes dues à l'implantation alors que l'expérience de centaines de femmes suggérait le contraire. J'avais appris à naviguer dans le gouffre qui sépare la science de l'expérience des femmes.

Voulant marquer l'instant au cas où, j'ai demandé à Peter avant de raccrocher : « Ça se pourrait ? Tu crois ? Peut-être ? » Il a gentiment fait abstraction de toutes mes fausses alarmes. Mon cœur était trop meurtri pour vraiment espérer, mais tout de même. Il m'a dit : « Tu serais une mère formidable », et j'ai répondu que j'adorerais faire l'expérience d'élever un enfant avec lui. Même si je savais qu'en prononçant ces mots, en rendant ce souhait si concret, j'allais me retrouver de nouveau le cœur brisé.

Tandis que la nouvelle et mon embryon s'enracinent, je pense souvent à l'expression de Peter quand je lui ai montré le test positif.

Je savais que Peter hésitait. Moi aussi, pendant longtemps. Après l'enfance que j'ai eue, ballottée dans des familles d'accueil et des foyers pour SDF aux placards vides avec deux parents atteints de graves maladies mentales, comment pourrais-je élever un enfant ? Est-il possible d'être maternelle alors que je n'ai pas parlé à ma mère depuis seize ans et que, la dernière fois que je l'ai vue, elle m'a chassée d'un centre commercial en hurlant : « T'es une salope ! » ? Je sais de première main que certaines personnes ne devraient absolument jamais devenir parents. J'ai donc laissé la question de côté aussi longtemps que j'ai pu.

Au début de ma trentaine, je disais à tous ceux qui voulaient bien m'écouter : « La maternité n'est pas pour moi. » C'était une façon plus simple de dire : « J'essaie encore de m'assurer que le traumatisme de mon enfance ne me pourrit pas la vie. Je m'en voudrais à mort s'il tourmentait la génération suivante. Aussi, et c'est peut-être lié, j'aime boire trop, vivre à l'étranger dans des studios minuscules, dans de grandes villes où je ne connais personne, et coucher avec des inconnus. » Je n'ai donc pas construit un avenir autour de la maternité, comme tant d'autres femmes. En fait, vers trente-cinq ans, quand j'écrivais et louais une chambre chez un ami entre mes voyages à Sarajevo, Berlin ou Lisbonne, j'étais contente de ne pas éprouver « ce besoin ». En voyant mes pareilles paniquer à l'idée de leur fertilité en déclin et faire des emprunts pour congeler leurs ovules (ou congeler leurs espoirs d'éventuels partenaires), je me sentais libre et au-dessus de cette angoisse.

Mais à mesure que les années passaient, « ce besoin » m'assaillait par à-coups, comme le mal des transports, me laissant dans les vapes, me donnant le vertige, et j'essayais de comprendre si je ne voulais pas plutôt simplement un billet d'avion, un chaton ou juste une tranche de gâteau. Après que les vingt premières années de ma vie avaient failli me tuer, d'une manière ou d'une autre, je m'en sortais bien. J'avais une belle carrière d'écrivaine et je venais de publier un livre, *Basse naissance*, qui m'avait permis d'enterrer beaucoup de mes démons. En plus, à l'époque, mon mari Peter me donnait le sentiment d'être en sécurité et aimée exactement telle que j'étais, avec mes nombreux défauts. En fait, il aimait peut-être surtout ces défauts. Certains m'en voudront d'écrire ces mots. Et peut-être n'y a-t-il rien de remarquable dans le fait que mon compagnon me respecte et m'accepte telle que je suis. Peut-être n'aurais-je pas dû en être aussi reconnaissante. Mais je n'ai jamais connu d'amour comme celui-ci, quel qu'il soit – romantique, maternel, paternel, platonique –, et j'avais l'impression de m'allonger sous une épaisse couette après une journée épuisante.

Au cours de nos trois ans de vie commune, Peter ne m'a pas une seule fois jugée ou malmenée quand j'étais vulnérable – même si, j'en suis sûre, cette vulnérabilité se manifestait souvent d'une manière difficile à supporter. Il l'acceptait et, quand je me sentais honteuse ou coupable des fractures de ma personnalité, il m'affirmait qu'elles faisaient partie de moi et qu'il aimait tout chez moi. Cela ne signifie pas qu'il ne merdait pas, tout comme moi, d'innombrables façons, mais cette acceptation est demeurée un terrain solide et ferme sur lequel me tenir durant le tremblement de terre provoqué par un nouvel amour.

Je raconte parfois pour rire que j'ai « convoqué » Peter dans un désert d'Amérique du Sud. Et, même si je plaisante, je me rappelle le moment exact où j'ai décidé de trouver un compagnon pour l'aimer et vivre avec lui. Je voyageais de nuit dans un bus après avoir quitté Buenos Aires – où j'avais écrit un roman, mangé des steaks, tenté sans succès d'apprendre le tango dans un vieux centre communautaire religieux d'un quartier difficile de la ville et rencontré sur Tinder des hommes vraiment épouvantables –, en route pour Asunción, la capitale du Paraguay. La nuit tombait et un ciel couleur lilas, chargé de pluie, surplombait le paysage plat et aride. Quand l'orage a éclaté, avec des éclairs rose pâle et la pluie qui cinglait les vitres, le spectacle a été absolument magnifique. Un souvenir parmi les mille autres de ces moments parfaits et solitaires vécus pendant l'année de mon voyage en Europe et en Amérique du Sud. Et là, j'ai décidé que je voulais quelqu'un. Mais pas simplement quelqu'un. Des *quelqu'un*, j'en avais eu plein. Je voulais une âme sœur. Mon âme sœur. J'étais maintenant prête pour elle. Consciente de ma naïveté mais résolue, je l'ai même écrit dans mon carnet. J'aurais tout aussi bien pu écrire avec un stylo au gel parfumé au raisin. Je savais que ce serait difficile, étant celle que je suis, et sans doute douloureux, étant celle que je suis, mais je voulais partager ce monde avec mon âme sœur. Puis, après quelques croque-monsieur à un bar circulaire, des courses en sueur dans les rues défoncées d'Asunción et une brève aventure sur un schooner à Paraty, je suis rentrée à Londres et j'ai fait la connaissance de Peter.

Nous nous sommes rencontrés à Dalston, dans un pub situé en face d'un appartement où j'avais vécu deux ans avec une amie et où les fantômes des disputes explosives avec elle résonnaient encore entre ses vieux murs victoriens. Je buvais des pintes, il buvait des demis. Il était beau mais un peu silencieux. J'ai pris sa réserve (j'ai compris plus tard que c'était de la nervosité – « J'ai été stupéfait que tu m'envoies un message ») pour un manque d'intérêt et j'ai protégé mon ego en le mettant en *friendzone* au bout de cinq bonnes minutes. Je me rappelle qu'à un moment il a raconté quelques blagues rapides et drôles et fait un grand sourire détendu. J'ai senti une toute petite étincelle dans le silex froid de mon cœur, pourtant je suis rentrée tôt chez moi en passant par une boutique turque où j'ai acheté un sandwich à la crème glacée Oreo et un paquet de Monster Munch à l'oignon à manger au lit. Le matin j'ai découvert un e-mail où il me recommandait des chanteuses post-punk qui pourraient me plaire. Je lui ai envoyé mon message habituel l'informant que, premièrement, je les connaissais toutes, « mais merci quand même », et que, deuxièmement, « Je n'ai pas senti l'étincelle, je suis sûre que tu seras du même avis, mais tu as l'air vraiment cool – ce serait génial d'être copains », et j'ai recommencé à coucher avec quarante-cinq pour cent des gens que je rencontrais dans les bars en sous-sol de Hackney, le summum étant un Américain qui m'a malaxé les seins comme s'il pressait des oranges jusqu'à ce que je lui rappelle qu'ils faisaient partie de mon corps, ce qui, pour une raison inconnue, eut pour effet de le blesser.

Peter et moi avons fini par devenir copains. Vrais amis. Nous nous sommes retrouvés une deuxième fois au même pub et nous sommes entendus sur notre détestation/nullité au Scrabble. Nous avons parlé de son premier mariage à La Nouvelle-Orléans, célébré trois semaines après qu'il avait fait la connaissance de son ex-épouse en Floride, et qui s'était terminé trois ans plus tard dans la douleur. Nous avons parlé de ma liaison intermittente pendant dix ans avec une femme, qui s'était aussi terminée dans la douleur. Nous nous sommes retrouvés pour des promenades à Hackney Marshes et des baignades à la piscine de London Fields Lido. Nous sommes allés à Brick Lane avec nos appareils photo et avons joué à être photographes. Nous avons bu des cafés dans des repair cafés éphémères, qui apparaissaient dans des lieux bizarres. Nous discutions beaucoup de ce que nous pourrions faire individuellement de notre avenir. Nous parlions beaucoup de l'amour, mais jamais de l'éventualité d'être amoureux l'un de l'autre.

Moi qui doutais habituellement, de façon maladive et douloureuse, de mon charme dans mes interactions avec les autres, j'étais merveilleusement, joyeusement, complètement moi-même en sa compagnie – c'était une révélation, car j'étais souvent mal à l'aise, même seule avec moi-même. Je savais instinctivement qu'il ne me ferait jamais de mal. Moi qui avais appris à changer de code et de costume, d'accent et de comportement pour correspondre à la personne que j'essayais de séduire, j'avais l'impression que, même si je ne pensais pas grand-chose de celle que j'étais vraiment, il m'acceptait, m'admirait même, exactement telle que j'étais réellement. Chaque fois que je passais quelques heures avec lui, peu importait ce que nous faisions, je le quittais plus légère, plus sûre de moi et plus optimiste au sujet de notre monde. Pour reprendre les mots de Charlotte Rampling dans le documentaire *The Look*, il était « quelqu'un avec qui on peut être seul ensemble ». Moi qui fuyais toujours la société, quand Peter me proposait par texto de prendre un pot ou un café, je laissais tout tomber pour le rejoindre. Je ne me doutais pas qu'il était tout aussi sauvage mais aurait fait pareil pour moi. Nous étions des loups solitaires qui s'étaient rendu compte qu'ils pouvaient être très heureux seuls ensemble.

Nous avons continué cinq mois ainsi. Puis il m'a annoncé qu'il avait rencontré quelqu'un. La patronne d'un pub. Il m'a expliqué qu'il l'aimait bien et m'a demandé si, à mon avis, il devait coucher avec elle dès leur deuxième rendez-vous au cas où il essaierait sérieusement de s'engager avec elle. J'ai fait bonne figure ; je lui ai donné un coup de coude un peu trop brusque, j'ai répondu un peu trop fort : « *Enfin*. Je suis contente pour toi, vas-y ! Bien sûr, tu dois t'assurer que c'est bien au lit ! C'est génial ! » Puis j'ai versé quelques larmes en rentrant chez moi parce que, d'une certaine manière, j'avais imaginé qu'il m'attendait comme moi, je m'en apercevais enfin, je l'attendais.

La semaine suivante, je suis partie en tournée en France. Cela aurait dû être un triomphe – ma première tournée outre-Manche ! Des interviews avec les journalistes français autour d'un *café allongé*[1] avec mon élégante attachée de presse ! Et ça l'a été à bien des égards : je prenais le train pour une ville différente chaque jour et dînais chaque soir dans une autre crêperie avec d'autres personnalités littéraires locales qui trouvaient toutes hilarant que je parle si peu français. Ensuite, je rentrais à l'hôtel et buvais un unique cocktail seule au bar. Le matin, je prenais une photo du plateau de mon petit déjeuner élégamment disposé sur les draps froissés. Pourtant, quand j'étais épuisée et saturée de rencontres, penser à Peter m'apportait calme et contentement. Je lui envoyais souvent

1. En français dans le texte. *(Toutes les notes sont de la Traductrice.)*

des messages. Au petit déjeuner, dans le train, un peu éméchée en fin de soirée. Je me suis aperçue qu'il me manquait.

Je l'ai revu la fois suivante à une soirée chez un ami et lui ai demandé de venir chez moi. Il a refusé. Déroutée, je lui ai envoyé un texto à 2 heures du matin de mon lit ostensiblement vide – ivre et indignée – *Je croyais qu'il se passait quelque chose ? Je me trompe ?* Il est arrivé le lendemain soir et m'a expliqué avoir vraiment pensé que je cherchais juste une relation amicale. Il ne voulait pas la gâcher. Je lui ai répondu que non, je n'en étais pas encore certaine, mais je croyais que peut-être, enfin... ? Il m'a embrassée. Il a passé la nuit avec moi.

Il connaissait mon histoire, mes aventures sexuelles d'adolescente, le viol, les agressions, mes coucheries d'adulte à droite à gauche. Il comprenait que le sexe était à la fois puissant et extrêmement compliqué pour moi ; il me traitait avec rien de moins que de l'amour – même si nous n'avions pas encore prononcé le mot – et je me sentais en parfaite sécurité. J'adore le sexe. Mais je l'associe également à la violence, aux traumatismes et à la sexualisation à l'époque où j'aurais dû avoir une enfance. Et si je jure que cela ne me définit pas et que j'ai géré le problème dans l'ensemble, cette nuit a été la seule où j'ai couché avec quelqu'un pour la première fois sans être ivre.

Nous avons passé les deux semaines suivantes à manger des petits paquets de biscuits Lu et de caramels au beurre salé qu'on m'avait offerts en France, à boire du mauvais café instantané et à nous éclater au lit. De temps en temps, nous émergions en tremblant et en clignant des yeux dans la lumière comme des faons nouveau-nés, et allions acheter une pizza et quelques bouteilles de bière. C'était merveilleux. C'était l'amour.

Dommage qu'on ne puisse pas demeurer éternellement dans cette bulle de sexe au sens métaphorique et littéral. Il nous a finalement fallu affronter notre merde individuelle et collective. C'était vraiment difficile, car nous arrivions tous deux avec une montagne de bagages, des murs comme une forteresse, des problèmes d'intimité et de confiance. Son mariage, presque dix ans plus tôt, l'avait traumatisé à un point que je ne comprenais pas. Il me raconta qu'enfant puis adolescent il était timide, réservé jusqu'au mutisme ; puis il avait fait la connaissance en Floride de sa première épouse, une femme belle, pleine de vie, sociable, et son amour pour lui, leur histoire d'amour lui prouvèrent qu'il en était digne. Des années plus tard, quand elle lui expliqua qu'en fait ce n'était pas leur relation qui ne marchait pas, mais qu'il n'était pas le genre d'homme qu'elle voulait, il abandonna toute idée d'amour, d'intimité, et le risque d'un nouveau désespoir.

Nous étions tous deux extrêmement indépendants. Nous avions prospéré sur cette indépendance et des relations brèves, occasionnelles, nous étions souvent seuls, avec un travail qui nous permettait de passer du temps dans notre imaginaire. Et voilà que nous étions censés nous permettre d'être vulnérables l'un pour l'autre, sortir de notre zone de confort ? Il fallait que nous consentions vraiment à nous impliquer.

En outre, nous étions opposés par bien des aspects : oui versus non, prudent versus impulsive, calme et doux versus directe et crue. Nous abordions les choses d'un point de vue entièrement opposé. Lorsque nous nous sommes connus, Peter était aussi fauché que moi, mais il avait grandi à Zurich dans une famille suisse aisée occupant une immense maison avec une mare aux canards, alors que j'avais connu l'extrême pauvreté dans mon enfance sur laquelle j'écrivais à l'époque.

Et ce résumé aborde à peine, croyez-moi, une partie de toutes les ruines des comportements dysfonctionnels que nous traînions tous deux dans notre sillage.

Au début de notre liaison, dans un parc, j'ai fait un signe à un petit qui commençait à marcher et Peter m'a demandé si je voulais un enfant. Je n'ai pas vraiment réfléchi au contexte de sa question et j'ai donné la même réponse automatique que d'habitude: « Pas vraiment. J'aime ma vie. Et toi? » Il a répondu: « Sans doute pas. » Je n'ai pas évoqué ma peur d'hériter de la folie familiale, du manque d'attention, du fait que parfois j'avais l'impression de ne pas pouvoir faire plus que maintenir ensemble mon corps et mon esprit. Je n'ai pas dit que je soignais encore une petite fille brisée et triste, l'enfant que j'étais qui avait traversé tant d'épreuves.

L'échange n'a pas duré plus de deux secondes. J'ai appris plus tard qu'il avait failli subir une vasectomie quand il avait une vingtaine d'années, pendant son premier mariage, et j'ai fini par comprendre que sa question désinvolte et sa réponse évasive étaient probablement plus sérieuses que je ne l'imaginais. Mais nous étions lancés et rien ne pouvait nous arrêter. Ou bien nous en avions l'impression. En outre, nous nous aimions. Il me l'a dit la première fois alors que nous admirions un feu d'artifice au-dessus des immeubles dans l'obscurité d'un appui de fenêtre contre lequel il me baisa ensuite. « Je crois que je t'aime. » J'ai ri parce que je savais déjà très bien qu'il m'aimait et que son « je crois » reflétait son naturel hésitant, prudent, auquel je m'habituais. D'une certaine façon.

Dans l'ensemble, toutefois, nous étions réellement courageux. Nous étions tous deux au milieu de la trentaine, nous savions que nous ne voulions pas coucher avec n'importe qui et nous avions l'impression d'avoir trouvé une relation sérieuse et spéciale. Au cours des quinze mois suivants, nous avons débarrassé et démoli. Nous avons démêlé, reconstruit et renforcé. Quand nos complexités émotionnelles respectives – manière polie de désigner notre merde – se sont cabrées en menaçant de l'emporter, nous sommes allés voir un spécialiste en thérapie de couple au bout de la Central Line. Nous avons emménagé à Walthamstow dans un appartement bon marché dont la moquette était marquée de la « tache d'un meurtre ». Nous avons mis en commun nos maigres revenus. Nous nous sommes ouverts l'un à l'autre et rendus vulnérables. J'ai été stupéfaite d'apprendre que, si Peter avait besoin d'un câlin ou d'entendre quelque chose de gentil de ma part, il lui suffisait de demander. J'ai appris moi aussi à demander au lieu de faire l'idiote. J'étais honnête sur mon anxiété, sur mon passé, sur celle que j'étais réellement et non celle que j'espérais lui faire croire. J'ai appris à exprimer ma vulnérabilité par des mots plutôt que par des actes destructeurs. Finalement, nous sommes partis en voyage (le grand test décisif d'une relation, à mon avis). Après beaucoup de disputes et de larmes dans les centres commerciaux de Bangkok, suivies de cocktails dans les marchés nocturnes, de baignades au clair de lune et de magnifiques trajets en bus à travers des villes illuminées par des néons au Vietnam, Peter a loué des motos et a fait sa demande en mariage au sommet d'un col.

Rien n'est parfait et mon habituelle compagne, l'anxiété, ne me quittait pas, ce qui provoquait parfois des explosions mineures (parfois majeures). J'avais grandi en observant et en connaissant des versions si imparfaites de l'amour que je ne savais pas comment le vivre. Il arrivait à Peter – plutôt du genre dépressif – de s'éloigner et de se montrer froid. Mais dans l'ensemble, nous ébauchions une nouvelle ville sur les ruines de notre passé et les leçons récupérées au fil de notre vie. En dépit de toutes nos différences, nous partagions les mêmes valeurs et les mêmes idéaux et nous bâtissions cette nouvelle ville sur tout ce que nous découvrions que nous aimions chez l'autre : nous amuser, faire l'amour, rire, la gentillesse, les contrastes, nager nus, les séances de cinéma l'après-midi, les recettes avec trop d'ingrédients auxquelles nous en ajoutions quelques autres, les longues promenades passées à chercher les menus détails de la vie domestique, les voyages dans de vieux trains, l'humour absurde, l'architecture brutaliste, le bon pain, la télé-poubelle australienne, le premier café du matin, passer en cachette des bouteilles de champagne au cinéma et regarder des dessins animés Pixar en étant un peu bourrés. La longue liste de ce que nous trouvions beau et vivant assemblait les morceaux disparates de nos personnalités. J'ai toujours vu Peter se comporter avec douceur et gentillesse, se montrer extrêmement attentionné envers chaque personne ou animal qu'il croisait. Il sauvait des vers de terre sur les trottoirs de Hackney et les emmenait au parc.

Tout compte fait, la ville que nous avons construite à partir des débris que nous traînions paraissait solide. Je pensais que ses fondations étaient bien ancrées.

Ou je l'ai cru jusqu'à ce que je m'aperçoive qu'il existait quelque chose de plus grand que notre amour partagé et notre vie commune. Après quelques années, alors que nous n'étions pas encore mariés mais déjà fiancés, « ce besoin », le besoin d'un bébé, m'a envahie dans la fournaise d'un cimetière de Budapest où nous vivions depuis quelques mois. Je l'ai évoqué presque sur le ton de la conversation, comme lui quelques années auparavant : « Tu sais, je crois que j'aimerais avoir un bébé un jour. » Il a répondu, aussi rapide qu'un coup de fusil et presque aussi fatal : « Je crois que moi, pas du tout. » Et brusquement, les fondations solides sont devenues très branlantes. Nous sommes restés assis en silence, sous le soleil brûlant, puis nous sommes rentrés dans notre vieil appartement pourri, avec son plancher en bois, ses fenêtres vibrant au passage des trains, le chauffe-eau rafistolé au ruban adhésif argent sentant fort le gaz, et nous nous sommes couchés. Il m'a expliqué qu'il aimait sa vie telle qu'elle était, qu'il était quelqu'un d'indépendant, d'égoïste même. Il ne voulait pas se sentir responsable d'une autre vie et, avoir un enfant, n'était-ce pas la responsabilité ultime ? Il aimait se laisser porter par un caprice, faire ce qu'il avait envie de ses journées. Avoir un enfant, n'était-ce pas aux antipodes de la vie que nous menions ?

Nous avons fini par faire machine arrière, parce que continuer cette conversation s'avérait trop difficile. Les implications étaient trop importantes. Parce que la route que nous empruntions ne menait à rien de bon. « Je n'ai pas dit jamais. Un jour, peut-être », a-t-il déclaré sans conviction. « Je n'étais même pas vraiment sérieuse. Nous avons largement le temps d'y réfléchir », ai-je répondu, aussi peu convaincue.

Mais je n'y ai pas réfléchi et, de plus en plus, je me suis mise à imaginer quelque chose, quelqu'un, je me disais : « Un peu lui, un peu moi et complètement lui-même également. »

Je me suis mise à en parler davantage. J'en parlais sans arrêt. Après notre retour à Liverpool, pendant que j'écrivais mes souvenirs dans *Basse naissance* sur mon enfance pauvre et difficile, je n'arrivais pas à m'ôter de la tête l'idée que je ne voulais pas seulement être mère, mais que j'étais destinée à l'être. Écrire *Basse naissance* signifiait étaler mes entrailles en public. Fixer chaque moment difficile des seize premières années de ma vie – et ils étaient nombreux – comme des vêtements sales sur une corde à linge. Quand tous sont sortis, qu'ils ont cessé de me tourmenter et qu'ils se sont retrouvés sur le papier, j'en suis venue à penser timidement que peut-être, avec Peter à mes côtés, il me serait possible de ne pas infliger ce dysfonctionnement générationnel à mon enfant. Que je pourrais à l'inverse me servir de tout ce que j'avais appris pour m'occuper d'un enfant comme il se doit. Je donnerais à un enfant le contraire exact de ce que j'avais vécu et j'en éprouverais une grande joie.

Finalement, par un froid matin sicilien, alors que nous étions entortillés dans les draps, repus d'orgasmes et de *cannoli*, Peter a cédé. Nous nous sommes chuchoté : « Essayons. On verra ce qui se passe. » En fait, avec le recul, j'ai peut-être été la seule à chuchoter ces mots. Quoi qu'il en soit, l'important, me semblait-il, c'était que j'avais gagné.

Une fois que Peter a accepté, sans grand enthousiasme mais en consentant à être ballotté sur l'océan de mon désir, moi qui ne fais jamais les choses à moitié, j'ai saisi à bras-le-corps ma future maternité. À la caisse de Superdrug, tout en achetant mes vitamines prénatales, j'ai fait un grand sourire au garçon qui affichait un maquillage toujours parfait avec une couche de gloss. « 5,99 livres. Vous allez avoir un bébé ? Félicitations ! – Pas *encore*. Mais merci ! » Je trouvais que je méritais ces félicitations pour en être arrivée là (c'était vrai d'une certaine façon). « Nous *essayons*. »

Et c'était bien le cas. J'ai acheté un appareil sur eBay pour suivre l'ovulation, un truc couleur lilas qui affichait la barre complète des probabilités coiffée d'un œuf ressemblant à un bonbon à la gelée quand le moment venait de baiser – un machin bon marché chargé d'espoir. La femme qui me l'avait vendu m'avait indiqué qu'elle était tombée enceinte si vite qu'il lui restait encore des barrettes, ce qui semblait de bon augure. Voilà ce que ce besoin avait fait de moi : une femme superstitieuse encline à croire à la magie.

Pour mon malheur et par absence de jugement, je me suis inscrite sur Internet à des forums sur la conception. Je buvais le jus des ananas et mangeais le trognon fibreux. J'ai élaboré un plan de conception « spermatozoïde rencontre ovule » durant lequel nous faisions si souvent l'amour que Peter disait en plaisantant qu'il allait n'être plus qu'une cosse déshydratée et nous roulions l'un sur l'autre avec l'air de gens sur le point de nettoyer la poubelle de la cuisine. Nous avons arrêté l'alcool. Je me contorsionnais après l'amour et Peter glissait un oreiller sous mes fesses pour ne pas perdre une goutte de son foutre comme si celui-ci était aussi précieux que de l'or liquide. Je me suis dit que je devais prendre une longueur d'avance et prévoir notre budget pour les trois années à venir. Parce que, quand on a grandi pauvre et sans domicile fixe, on veille d'abord à ce que son enfant ne manque de rien. Après de longues recherches, je me suis décidée pour une péridurale, l'allaitement et le berceau à côté du lit. J'écoutais pendant des heures des podcasts sur la grossesse. Et j'étais si joyeuse, à cette nouvelle étape de ma vie, que je ne me privais pas d'en parler. Même aux gens qui ne me demandaient rien, car je supposais, à juste titre, qu'étant une femme approchant les quarante ans, c'était une question muette mais constante.

Dans une boutique solidaire, j'ai trouvé un livre intitulé *Un projet de bébé ? Comment se préparer à une grossesse en bonne santé et donner à son bébé le meilleur départ possible.* Un gros bouquin aux caractères roses et bleu pastel, avec la photo d'une mère vêtue d'un peignoir en éponge blanc immaculé dorlotant un bébé nu pourvu d'une masse alarmante de cheveux noirs et d'épais sourcils – un mini Groucho Marx. Je trimballais ce livre tout en me débarrassant, une croûte après l'autre, du traumatisme et du dysfonctionnement générationnel de ma propre enfance : l'ironie de la situation ne m'échappait pas. J'emportais comme un talisman cet ouvrage à travers tout le pays dans ma petite valise grise à roulettes… sur le site de ma famille d'accueil, sur celui du foyer pour SDF où nous avions vécu au milieu d'hommes sortant de désintoxication, sur celui du logement social où j'avais connu la terreur devant la dépression de ma mère, sur celui de la maison où j'avais été violée, sur celui de la clinique du planning familial où j'avais subi mes deux avortements.

Au bout d'un mois, je suis partie à Tbilissi en Géorgie, « ma dernière aventure sans enfant », pensais-je. Je me promenais dans les rues anciennes, refusais le vin que me proposait ma gentille hôtesse et évitais les fameux saunas sulfureux. J'admirais les maisons en bois aux fenêtres étroites et ouvragées. J'ai pris un téléphérique pour rejoindre la fête foraine en haut de la colline, mais, ayant eu peur de faire un tour de manège, je suis entrée dans le palais des glaces en poussant des cris devant mon reflet déformé. Au marché, j'étais certaine d'être plus sensible aux odeurs – épices, cigarettes, pain frais, agneau rôti. Ne sentais-je pas des pincements et de petits coups dans le ventre ? Je marchais dans les rues tortueuses de la ville avec la certitude lumineuse d'être au bord d'un précipice où m'attendait quelque chose de nouveau et de merveilleux.

Je crois que j'ai fait dix tests à Tbilissi, mais c'était sans doute davantage. Tous les matins, dans la salle de bains de la maison d'hôtes qui me rappelait un film de Wes Anderson avec ses carreaux bleu et blanc, sa baignoire rose comme la crème Germolene et son chauffe-eau donnant l'impression qu'il allait décoller telle une fusée, j'attendais qu'apparaissent deux barres et n'en voyais qu'une. Quand j'ai eu épuisé les tests que j'avais apportés dans ma valise, je me suis dirigée dans la chaleur poussiéreuse vers la pharmacie de la galerie marchande et, d'un air penaud, j'en ai acheté d'autres grâce à Google Translate. Ceux-là aussi m'ont déçue.

Un jour, en sortant pour le petit déjeuner, j'ai trouvé des chatons d'à peine quelques semaines, plus des rongeurs que des félins, abandonnés avec quelques biscuits pour chat au fond d'un tiroir en bois dans lequel ils rampaient. On les avait laissés près d'un monument religieux, à côté d'une image de Jésus or et turquoise, de fausses roses blanches incrustées dans le cadre, au pied d'un lampadaire autour duquel s'enroulaient des fils électriques. Deux chatons, un tigré et un tricolore, aux petites oreilles et à la queue en cure-pipe. Je me suis assise par terre à côté d'eux sous le soleil brûlant et, ne sachant pas quoi faire, me suis mise à chercher frénétiquement et sans succès sur Google des refuges pour animaux en Géorgie. Un gentil habitant est sorti de chez lui et m'a offert un Mini Magnum sans marque, mais a secoué la tête quand je lui ai montré les animaux. J'ai fini par comprendre qu'ils allaient mourir de chaud : le tricolore paraissait déjà tout mou et sans vie. J'ai pris le tiroir et l'ai introduit en douce dans ma chambre d'hôte. Ils sont restés là et je leur ai offert un T-shirt rose et un cardigan moutarde. Le tiroir était posé au milieu du lit pendant que je suppliais Internet de me fournir des informations. Non, impossible de trouver une mère de substitution pour les nourrir. Non, il n'y avait pas de vétérinaire dans les environs. J'ai fini par mélanger du lait et du yaourt achetés à une boutique improvisée dans un garage, et leur ai donné cette mixture en pressant avec soin le coin d'une éponge à vaisselle dans leur gueule minuscule, pas plus grande que l'extrémité du petit doigt. J'ai appris sur YouTube comment les masser pour qu'ils fassent pipi et caca. Je suis restée éveillée toute la nuit à côté d'eux, essayant de les nourrir, les caressant avec un gant de toilette humide pour simuler la façon de lécher d'une maman chat afin de les rafraîchir. Le deuxième jour, après être passée dans un magasin de chasse en mimant une seringue (je pense que le vendeur a cru que je voulais de la drogue), je suis entrée dans une pharmacie où j'ai réussi à obtenir du lait maternisé et une seringue. Le tricolore a enfin repris des forces, il s'est mis à grimper sur la tête de son frère, serrant de ses deux pattes avant la seringue qu'il suçait, avide de lait et de vie.

Ces jours-là, je n'ai pas dormi et n'ai mangé que des Pringles et des M&M's achetés à la boutique. Mon instinct protecteur et maternel me rendait presque folle. Je ne peux l'expliquer que par le fait qu'ils étaient tellement seuls et vulnérables mais vivants, et que comme ils luttaient, je devais lutter moi aussi. J'ai envoyé des tweets à tous les diplomates étrangers de Géorgie dans l'espoir de trouver quelqu'un qui les adopterait. J'ai cherché, non seulement en Géorgie mais aussi en Arménie et en Azerbaïdjan voisins, des vétérinaires prêts à s'occuper de chatons errants. J'ai essayé de trouver comment les adopter et les ramener au Royaume-Uni (illégal), comment les ramener en contrebande (encore plus illégal, manifestement) et j'ai finalement envisagé, en sanglotant, de les euthanasier moi-même, quand je me suis rendu compte qu'aucun vétérinaire ne le ferait dans ce pays.

Miraculeusement, un ancien collègue d'un refuge pour animaux, où j'avais travaillé à seize ans, a contacté, par le biais de plusieurs autres petits organismes, l'unique association de protection des animaux de Géorgie. Un homme trapu est arrivé et a mis le tiroir et ses chatons sur le siège arrière de sa Volvo, a repoussé de la main la liasse de billets que je tentais de lui donner, et Rocky et Champ, mes minuscules baroudeurs, sont partis vivre chez une gentille vieille dame au bord de la mer Noire. Ce fut du moins ce qu'on me dit.

Une fois rassurée sur leur sort, j'ai mangé un énorme bol de noix et de salade de tomates, du fromage salé et de gros grains de raisin mûris au soleil, j'ai dormi toute la journée et en définitive j'ai eu mes règles. J'ai pleuré un bon coup, bu un grand verre de vin géorgien, appelé Peter sur Skype et avoué – ça ressemblait à une confession honteuse et coupable – que ce « n'était pas notre mois », avec la douleur de l'échec au ventre. Je lui ai demandé pardon de l'avoir déçu. J'ai remarqué sans le lui dire, parce que je ne voulais pas y penser, qu'il semblait déçu pour moi mais globalement très soulagé. Nous avons dit tous les deux : « Bon, le mois prochain. Le mois prochain. »

Sauf que ce n'était jamais le mois prochain. Ni le mois d'après. Je continuais pourtant à parcourir tous les forums sur la parentalité, m'endormais en écoutant des podcasts sur la grossesse, m'attardais, tel le fantôme d'une épouse morte hantant le grenier, sur les produits pour bébé des magasins John Lewis. Si j'étais différente, peut-être une femme dotée d'une confiance en soi innée comme une « maman » TikTok au fait du marketing, ce livre parlerait de parentalité et de toutes les connaissances (inutiles) accumulées pendant cette période.

Nous sommes allés voir le médecin. Je devais avoir essayé un an pour avoir droit aux tests de fertilité. Je suis incapable de mentir, encore moins à des médecins de la Sécurité sociale que je considère comme des saints, même les plus nuls. Quand il a dit, déclaration plus que question : « Vous essayez depuis un an, oui ? » et m'a rappelé qu'à mon âge « le temps est compté », j'ai compris que nous obtiendrions notre bilan de fertilité tout de même au bout de « seulement » huit mois.

Peter et moi nous sommes rendus au Women's Hospital de Liverpool – lino beige et skaï lilas, mi-asile d'aliénés, mi-salon de beauté. La salle était remplie de femmes très ostensiblement enceintes et d'autres comme moi, indécises, les traits tirés, l'air découragé, qui ne l'étaient manifestement pas. Une infirmière canadienne m'a fait un examen interne de l'utérus (j'ai fini par appeler cela « la baguette magique de la chatte » quand nous avons été en termes tout aussi intimes mais plus fréquents). Elle terminait plaisamment chacune de ses phrases par « hé ? ». Les spermatozoïdes de Peter étaient « top », nous révéla le technicien ravi : rapides, nombreux et motivés. Nous avons applaudi et Peter s'est légèrement redressé sur sa chaise en souriant timidement, comme s'il avait reçu une récompense. Mon utérus ne semblait pas non plus « présenter de problème évident ». J'étais très fière de Peter et je le complimentais souvent en public pour ses spermatozoïdes « top », mais il n'en demeurait pas moins que l'absence de bébé devait être en rapport avec des mécanismes intrinsèquement plus complexes chez moi.

Chaque mois, j'éprouvais cette déception poignante, connue de si nombreuses femmes, et je me disais que, d'une certaine façon, je ne méritais pas d'être mère. Et il m'est venu à l'esprit qu'il s'agissait peut-être d'un châtiment. Pour mes avortements. Pour les gens que j'avais blessés. Pour n'être pas assez « bonne ». J'ai tenté de m'en dissuader, mais l'idée que mon corps était simplement déficient m'était également douloureuse. Je me sentais très inférieure aux femmes autour de moi dotées de hanches larges, de trompes de Fallope fonctionnelles, d'ovaires accueillants que j'imaginais comme de doux jaunes d'œufs. J'ai cessé de parler à une amie qui m'affirmait, sans la moindre ironie, qu'« être maman est la tâche la plus importante du monde ». J'ai commencé à penser à l'adoption (« Si on vit douze mois à Hanoï, on a le droit d'adopter ! ») et à la FIV, mais je me suis rendu compte que nous n'en avions pas les moyens. J'ai étudié des tas de bilans sur les politiques des autorités locales en matière de FIV pour trouver où déménager afin de faire ne serait-ce qu'une seule tentative prise en charge par la Sécurité sociale à mon âge. Je revenais aussi sans cesse avec angoisse sur mes deux avortements à l'adolescence. Avaient-ils été mes seules chances ? Dans la tourmente émotionnelle qui avait suivi, je n'avais pas reconnu les infections à temps. Étais-je foutue dedans comme dehors ?

Finalement, je suis allée voir un médecin et lui ai dit que je n'arrêtais pas de pleurer. Il refusait de me regarder dans les yeux et ne m'a pas posé une seule question. Il a fait glisser sur son bureau en pin stratifié un questionnaire imprimé de travers avec des cases à cocher. Mon stylo est resté en suspens sur la case « pensées suicidaires » – par flashs je m'étais imaginée pendue à un arbre du jardin –, mais je n'ai pas coché la case et il n'a pas remarqué mon hésitation. Il a lu mes résultats et m'a renvoyée chez moi avec un mois de capsules jaune citron de fluoxétine (autre nom du Prozac…). Ses seuls mots encourageants ont été : « Ça fait maigrir certaines femmes ! » Quelques semaines plus tard, dans la rue, je l'ai vu détacher soigneusement de la vitrine d'un magasin vide l'autocollant d'une prostituée trans. Je me suis interrogée une fois de plus sur le télescopage de tous nos mondes intérieurs.

Vers cette époque, nous sommes revenus à Londres pour que Peter puisse gérer une boutique de produits bio à but non lucratif. Nous avons emménagé dans un minuscule studio magnifiquement décoré à Streatham. Je devais commencer la promotion de mon autobiographie, *Basse naissance*. En un mois j'ai fait des interviews pour de grands journaux, une lecture au Palladium, *Start the Week* avec Billy Bragg, une dédicace chez Foyles, un enregistrement pour *Book of the Week* à Radio 4, et je suis retournée en Géorgie pour un festival où j'ai passé la majeure partie de mon temps dans les manifestations étudiantes contre l'occupation russe. J'étais grisée, ma carrière n'avait jamais été aussi pleine de succès et j'appréciais les messages de mes lectrices venant de milieux comme le mien, des femmes qui me confiaient leur passé de traumatismes, de violences sexuelles, avec des mères problématiques.

Mais j'étais aussi épuisée. Je vivais de gin tonic, de sandwichs de gare et d'éloges sur les réseaux sociaux. Les rares jours où j'étais libre, je passais la journée au lit sans même me doucher et mangeais ce que je trouvais dans le frigo. Nous « essayions » toujours de faire un bébé, mais je n'en parlais plus et ceux qui étaient au courant avaient cessé de poser des questions, sauf un ou deux qui me conseillaient de me « détendre » ou me disaient « Ce n'est peut-être pas le moment pour vous ». Utile. J'ai cessé de pister fidèlement mon ovulation sur mon appli rose bonbon – quel intérêt quand je passais quatre nuits par semaine seule dans des hôtels anonymes et sans odeur dans des villes où je ne connaissais personne ? En outre, j'étais à peu près sûre que les glucides raffinés, le gin et le Prozac ne constituaient pas un régime propice à la fertilité.

Je prenais du poids, pas celui qui vient avec l'âge, mais la bouffissure charnue et brillante du stress qui me faisait dire en plaisantant, vers la fin de ma tournée constituée de plus d'une centaine de rendez-vous, que je commençais à ressembler à « Elvis à la fin de sa vie ». J'avais mal aux pieds en me levant le matin, mes muscles et ma peau me faisaient constamment souffrir. La combinaison d'une vie à travailler qui ne me permettait pas de prendre soin de moi et de la prise de parole sur les pires expériences de ma vie, en public, dans un environnement inconnu, devant un auditoire imprévisible, jour après jour, ravivait mes traumatismes. Les quelques jours d'espoir avant mes règles chaque mois, suivis de la déception inévitable et de la peur qui me taraudait de la permanence de cet échec, achevaient de faire vaciller ma santé mentale.

Cinq mois après notre installation à Londres et environ deux ans après m'être pavanée joyeusement à Superdrug en me déclarant presque mère et avoir acheté leur stock de tests de grossesse, quand je me suis mise à dévisager d'un air critique et les larmes aux yeux les mères fatiguées au supermarché Tesco de Streatham : « Elles font un boulot d'enfer. Pourquoi elles et pas moi ? », j'ai abandonné et déclaré à Peter qu'il me fallait tout changer.

Après une lecture au Port Eliot Festival, une fois sortis de notre tente avec la gueule de bois et exsudant encore la tequila et le Fanta citron de la veille au soir, nous avons loué des paddles et remonté la rivière. Nous nous sommes baignés dans une boue épaisse, noire et fraîche, nous en couvrant intégralement et, allongés sur la rive, les yeux fermés, nous avons enfin abordé le fait que le rythme incessant de notre vie ne me convenait peut-être pas. En réalité, il me détruisait. Je ne serais peut-être jamais maman. Donc, si je ne l'étais pas, qui allais-je être ? Qu'allais-je avoir à la place ? Qu'est-ce que Peter voulait à la place ? Que voulions-nous faire de notre vie ? Puis nous sommes allés nager dans les eaux encore plus fraîches du milieu de la rivière, nous nous sommes débarrassés de la boue, nous avons enchevêtré nos membres, nous nous sommes embrassés et promis de nous construire un avenir meilleur. Si je ne pouvais pas faire de bébé, je pouvais au moins vivre une vie qui ne démolirait pas lentement ce qu'il restait de moi.

Nous avons visité Leipzig et joué à être des créateurs allemands, sommes allés dans des galeries et avons exploré de nouveaux quartiers. Nous avons descendu la rivière ensoleillée en kayak, bu des canettes de Hugo Spritz et mangé du salami et du fromage dans du papier sulfurisé tout en flottant sur l'eau. Le soir nous allions d'un bar aux rideaux de velours à un autre, jouant au gin rami et buvant du vin blanc qui brûlait un peu. Après ce voyage, nous nous sommes décidés pour l'Europe et, si l'Allemagne était trop pénible, chère et bureaucratique, nous choisirions une autre destination. Après tout, nous avions toute liberté.

J'ai fait une dernière tournée littéraire en Écosse et, à l'université d'une ville dont je n'ai jamais retenu le nom, on m'a posé avec gentillesse et curiosité la question que j'ai préférée : « Avez-vous un mari d'une patience incroyable ? » J'ai ri de bon cœur et répondu que oui. Peter me soutenait dans toutes mes décisions, quelles qu'elles soient. Mais j'avais bien conscience du soulagement tangible qu'il éprouvait, à mesure que les mois sans résultat positif à un test de grossesse se transformaient en années. Je comprenais que son enthousiasme n'était pas dû seulement à la nouvelle vie en Europe dans laquelle nous nous embarquions. Mais je lui avais demandé d'essayer avec moi et il l'avait fait. Qu'est-ce que j'attendais d'autre de lui ? Cela signifiait simplement que ma souffrance était mon fardeau personnel. La perte d'un avenir rêvé, le chagrin que j'éprouvais pour « notre enfant » n'appartenaient qu'à moi seule.

Nous avons dit au revoir à Londres dans un foisonnement de pintes à 7 livres et de boulettes artisanales dans des baraques construites dans la cour d'anciens garages et nous nous sommes envolés pour Prague avec Dora, notre chatte noire au mauvais caractère.

Nous avions élaboré un bon plan, bien qu'à la hâte : Peter suivrait une formation intensive de codeur en informatique pendant quelques mois à Prague ; ensuite, nous serions en télétravail et irions là où nous pourrions avec notre chatte mal embouchée. Peut-être en Estonie pour vivre leur boom technologique, peut-être de nouveau à Bangkok pour profiter des cocktails et des baignades nocturnes. Si nous ne devions pas avoir d'enfant, je m'octroyais le prix de consolation : la liberté, la créativité, l'hédonisme et les grasses matinées.

C'est ce que nous avons fait. Nous avons sous-loué un bel appartement sous les combles, doté d'immenses fenêtres donnant sur les immeubles jaune moutarde voisins, le ciel bleu, les toits rouges saupoudrés de neige. Nous avons trouvé des bars chics à la lumière tamisée et avons bu des martinis (peu recommandés à ceux qui doivent se lever avant midi). J'arpentais les rues pavées bordées de maisons couleur sorbet.

Nous considérions la ville comme un terrain de jeux, visitions les marchés de producteurs où nous nous asseyions dans nos gros manteaux d'hiver, dévorions des toasts tartinés de pesto aillé fait maison, buvions du riesling glacé. Nous avons déniché au bout d'une vieille voie ferrée un marché aux puces rempli de meubles de l'ère soviétique et de vélos des années 1980. Nous traversions la ville en quête de bons cafés où travailler et je buvais un verre de vin à chaque page écrite pour la préface de *Dans la dèche à Paris et à Londres* de George Orwell qui m'avait été commandée. Je cuisinais beaucoup dans la minuscule cuisine qui gardait les odeurs des épices du précédent locataire : cumin, curry et coriandre. Nous faisions beaucoup l'amour sous les poutres du toit en pente. Il y avait une patinoire à côté de la tour de télévision de Žižkov et des bombardinos (advocaat et cognac chauds couronnés de crème fouettée). Dans les saunas, je m'installais à côté d'hommes nus qui mangeaient des saucisses, puis je rentrais à pied chez nous le long de la rivière pour donner des carottes aux gros ragondins (aussi appelés rats musqués – une sorte de loutre, avec une queue de rat immense mais qui les rend étonnamment adorables). Noël est arrivé et nous regardions avec un mélange d'horreur et de fascination les énormes tonneaux en plastique remplis de carpes vivantes à tous les coins de rue, les rivières de sang qui aspergeaient la neige et la rendaient rose, sous les lumières scintillantes de Noël. J'ai insisté pour que nous rapportions un petit sapin trapu et moche dans un tram rouge, cramponnés aux barres jaunes et froides.

Notre mois de location s'est achevé et il nous a fallu quitter l'appartement mansardé avec ses placards qui sentaient la cardamome et ses poutres en bois sur lesquelles la chatte voulait continuellement grimper. Nous devions rester à Prague encore trois mois, jusqu'à la fin de la formation de Peter, mais ensuite, nous n'avions pas la moindre idée de l'endroit où nous atterririons, nous, nos six cartons défoncés et notre chatte qui grognait. J'espérais pouvoir plaider pour l'Asie du Sud-Est. À Bangkok nous louerions un appartement d'où nous pourrions descendre nous baigner à 7 heures du matin et aller au 7-Eleven à 2 heures du matin boire un *bubble tea* ou manger une omelette roulée servie avec un tout petit sachet de Ketchup glacé. Peter, toujours plus prudent, plus casanier, préférait ne pas bouger pour l'instant, mais j'espérais que l'aventure à Prague – une réussite jusqu'ici – servirait de nouveau de drogue de passage vers ce que j'envisageais comme la véritable aventure. Nous ne savions guère vers quels lieux inexplorés elle nous mènerait. Mais cela n'incluait certainement pas des baignades tropicales à 7 heures ou des *bubble tea* à 2 heures.

Nous devions trouver un endroit où vivre sans savoir combien de temps nous allions y rester. Nous avons donc cherché sur un site de location de vacances. À Prague, destination touristique recherchée, les locations de courte durée sont chères, et d'ailleurs celles à long terme aussi. Les avis sur la seule que nous pouvions nous permettre et qui acceptait aussi notre chatte ne dépassaient pas deux étoiles, et ils étaient accompagnés d'une litanie de plaintes des occupants. Mais nous avions un nombre limité d'options et peu de temps, alors nous nous sommes jetés à l'eau et avons transféré un gros paquet de couronnes tchèques à la photo pixélisée d'un certain « Martin » affublé d'une cravate rouge. Même si j'étais pratiquement certaine que Martin sortait d'une banque d'images.

Nous avons engagé un homme et sa camionnette – un Slovène très intéressé par le développement holistique des enfants – pour transporter nos cartons toujours défoncés dans un autre quartier de la ville. Nous ne savions rien d'Anděl, sinon que ce quartier se situait dans la ville nouvelle.

J'étais convaincue que l'appartement était une arnaque jusqu'à ce que nous tournions la clé récupérée dans un bureau déglingué. C'était certainement un déclassement, mais nous n'étions que tous les deux, plus Dora. Et moi qui avais vécu dans des B&B remplis d'hommes fraîchement sortis de prison et d'hôpital psychiatrique, dans des appartements si humides que de vrais champignons poussaient sur la moquette, dans des endroits roussis par un incendie où il ne fallait pas glisser la main entre les coussins du canapé à la recherche de pièces de monnaie de peur de se piquer avec une seringue, je ne rechignerais jamais devant un endroit chauffé et sûr. Jamais.

Sauf qu'il n'y faisait pas chaud. La première nuit, le chauffage tomba en panne. Le lendemain, un adolescent adorable, qui semblait avoir emprunté les vêtements de son père, nous livra deux chauffages d'appoint qui soufflaient de l'air chaud et l'odeur de plastique brûlé d'un futur incendie. Le deuxième soir, après les avoir branchés, on entendit un bruit sec résonner dans la pièce et l'électricité sauta.

Une charmante adolescente, celle-ci en robe fourreau noire et hauts talons – on l'aurait bien vue jouer le rôle d'une avocate dans un spectacle scolaire –, déposa un électricien avec qui nous échangions via Google Translate notes vocales et sourires obséquieux.

Il ne pouvait pas réparer, mais nous ne savions pas pourquoi. On était en février, à Prague, et nous n'avions ni chauffage ni électricité. Nous allumions des bougies, accumulions les couches de vêtements, buvions des Bohemia Sekt (rien à voir avec du champagne), achetions des pizzas à emporter et appelions ça une fête.

En fin de compte, ce fut réparé. D'autres choses lâchèrent, naturellement. Le lave-linge. La cuisinière. Mais nous étions amoureux. Nous avons eu un petit rabais sur le loyer et nous l'avons dépensé en mauvais plats chinois et en Negronis dans des bars cosy. Rien n'avait vraiment d'importance et je nous suis reconnaissante d'accepter que la vie peut être imprévisible et de nous engager à trouver de la joie dans ce qu'elle nous offre. Car un mois plus tard, ces compétences – si l'on peut considérer cette passivité comme devant être affinée – sont devenues très utiles.

Je suis rentrée brièvement au Royaume-Uni pour enregistrer un documentaire avec BBC4 sur les classes sociales, les accents et les changements de codes. De retour à Prague, après la pluie et la misère politique, j'ai déclaré à Peter que j'étais certaine que nous avions pris une bonne décision. Notre vie n'était-elle pas merveilleuse ? N'avions-nous pas à explorer le monde entier et nous-mêmes ? Et tout cela était juste. J'avais de la chance. Je me rappelais souvent avec culpabilité que j'avais ce qu'il fallait, et plus encore. Pourtant, si impensable et ingrat que ça puisse paraître, ça ne suffisait encore pas. Tout ce que je faisais, en dépit de journées parfaites et délicieuses et de nuits formidables, conservait l'écho métallique du regret. Car il y avait un cordon entre mon ventre et mon cœur qui me tiraillait douloureusement quand je souriais et disais *dobre den* à un bébé (j'appris plus tard que j'aurais dû dire plus simplement *ahoy*).

Je n'avais pas de famille et cette vie de passage, contenue dans six cartons en mauvais état, me donnait l'impression d'être encore plus à la dérive. Certains jours, j'avais à peine le sentiment d'être quelqu'un. Je me débarrassais de cette impression, buvais un verre de plus, avais un autre orgasme, et le rangeais avec toutes les situations merdiques et douloureuses que j'avais traversées. Quelque chose de dur et de douloureux qui ne m'avait pas tuée à ajouter à mon armure pesante mais très efficace.

2

Maintenant nous avons tout. Mais certaines choses nous manquent aussi cruellement. Nous avions écarté l'éventualité d'un enfant, et soudain, nous devons décider où nous allons vivre et savoir si notre assurance voyage va couvrir ma grossesse (c'est non, elle couvre les parcours en tyrolienne, le rafting en eaux vives et les promenades en montgolfière, mais rien d'aussi aventureux que de mettre au monde un être humain). Nous devons résoudre le problème de l'argent. La somme que nous avons emportée de Londres pour nous permettre de tenir en attendant un travail en freelance nous semblait suffisante, confortable même, quand il ne s'agissait que de nous deux. Mon habitude de la pénurie m'a toujours poussée à vivre frugalement. Peter n'a jamais vraiment pensé à l'argent. Travailler en freelance sans trop d'angoisse était une des libertés que nous permettait l'absence d'enfant. Mais maintenant que je me trouve confrontée à l'éducation d'un enfant avec mes revenus irréguliers d'autrice, mes ateliers d'écriture, un peu de journalisme et mes performances de chanteuse pour payer mon dîner dans des festivals, plus ce que Peter pourrait gagner une fois qu'il aura achevé ses trois mois de formation de codeur, je suis terrifiée. Toute l'angoisse qui me faisait revoir mon budget mensuel après avoir acheté un pull dans un centre commercial, quelle que soit la somme que j'avais sur mon compte, resurgit. Je parle pour moi parce que Peter, qui a grandi dans une famille aisée – avec des parents pour le protéger –, n'a jamais vraiment su ce que sont les soucis financiers. Non pas que l'argent l'intéresse beaucoup : il a fait plein de petits boulots, y compris cireur de chaussures dans le quartier de Canary Wharf, et ne jette jamais l'argent par les fenêtres (même s'il achète toujours ce qu'il y a de mieux, ce qui me déconcerte, moi qui achète ce qu'il a de moins cher), mais il ne voit pas l'argent comme une nécessité. Un privilège que je ne peux même pas imaginer.

Le covid est arrivé en République tchèque et a dévasté l'une des villes de l'industrie automobile. Mais l'épidémie reste apparemment sous contrôle. Nous pensons prendre les devants et faisons le tour des pharmacies à moins d'une heure de marche pour acheter du gel, mais nous ne trouvons que des rayonnages vides et des employés qui nous rient au nez en secouant la tête. Finalement, nous allons boire un thé (« Pas de caféine. Je suis enceinte », dis-je au serveur avec un grand sourire, et je me frotte un ventre arrondi seulement par les boulettes et la bonne bière tchèque) dans un grand bar sombre, l'ordinateur allumé devant nous. Nous examinons notre budget, le budget que j'ai établi. Je ne cesse de me frotter le ventre et d'essayer de conserver mon humeur joyeuse tout en regardant les colonnes de chiffres, mais ça ne suffit pas. Puisque l'assurance voyage ne couvre ni la grossesse ni la naissance, il va nous falloir une assurance privée. Celle d'État nous coûterait 150 000 couronnes tchèques, plus de 5 000 livres, c'est-à-dire plus que ce que nous pouvons nous permettre. On va se débrouiller, dis-je, d'autres y arrivent. Des images fugaces me reviennent à l'esprit : mes chaussures trop petites tenues par de la Patafix, le frigo vide aux relents d'humidité, la moquette tachée, le givre à l'intérieur des fenêtres, et la voix de ma mère qui s'élève, *on va se débrouiller*. Nous envisageons de rentrer et de trouver du travail au Royaume-Uni, mais cela nous mettrait sur la paille et nous paraît tout aussi précaire. Je bois une gorgée de thé, tente de calmer les tourments psychologiques agressifs de mes maladies mentales comme je l'ai fait toute ma vie. Je tends la main vers Peter, mais il est très silencieux à côté de moi. Je le soupçonne d'avoir peur d'exprimer l'évidence s'il ouvre la bouche, c'est-à-dire que c'est vraiment le tout, tout début, que ce bébé pourrait ne pas s'accrocher et qu'alors toute cette angoisse serait vaine.

J'affiche ensuite une liste de tout ce que je veux acheter pour notre bébé, faite avec amour mais d'une façon un peu maniaque il y a des années à Liverpool, quand j'ai commencé à rêver d'être mère. C'était une autre vie. Je fais soigneusement défiler les annonces sur Facebook Marketplace et les traduis, trouve le prix local de tout ce qu'on peut acheter d'occasion, puis convertis les couronnes tchèques en livres britanniques. Une fois que nous avons déterminé une vingtaine d'articles, lit d'enfant, matelas à langer, draps, turbulettes, poussette, siège auto… et tout le reste que j'ai rêvé pendant des années d'offrir à notre enfant, le coût total s'élève à un peu plus de 1 000 livres. Mon visage s'éclaire. « OK. Bon, c'est faisable. On les trouvera. » Peter fixe l'écran, blême. « Kerry, c'est *beaucoup* d'argent. »

Je ris, mais je suis frustrée. Il ne comprend pas qu'il n'y a pas d'autre option pour notre bébé que d'avoir tout ce dont il a besoin. Pas ce qu'il y a de plus chic, pas même neuf, mais notre bébé ne doit manquer de rien. Ce bébé et moi, nous allons rompre avec des générations de pauvreté. Nous allons changer à la fois le passé et l'avenir. « Tu croyais que ça coûtait combien, un bébé, Peter ? Nous n'allons pas l'envelopper dans une serviette et le faire dormir dans un tiroir, putain de merde. »

Le serveur vient nous demander si nous voulons le menu du dîner. Peter regarde le chiffre sur l'écran. « Non merci. »

Je poste sur un groupe Facebook appelé Expat Women Prague. Je mets de côté mes problèmes avec le terme sinistre d'« expat », colonial et hiérarchique alors que nous sommes presque toutes des migrantes économiques. Le groupe de plus de onze mille membres permet aux femmes de s'orienter dans la ville, qu'elles y vivent depuis quinze jours ou quinze ans.

Sur cette page, les femmes demandent des avis sur le botox et le sucre glace, l'endroit où acheter une ampoule électrique particulière. Parfois, un parent cherche des autocollants collector gratuits pour ses enfants, d'autres proposent de les déposer chez eux ou à une station de métro. L'une demande : « Est-ce que quelqu'un a des vêtements en trop ? », et trois personnes offrent les leurs gratuitement et en plus, les livrent. Beaucoup de femmes sont empêtrées dans des problèmes : avec la bureaucratie tchèque, une bataille pour la garde des enfants, un chien méchant dans le voisinage. Les allocations familiales d'une mère ont été suspendues et elle a demandé de l'aide ; ces femmes – des centaines – se sont mobilisées pour proposer d'apporter des provisions, des vêtements pour elle et ses enfants, et, sans poser de questions, ont envoyé de l'argent directement sur son compte en banque. D'autres demandent des conseils sur des jobs peu épanouissants, des relations malsaines, sur la solitude et des problèmes de santé mentale. Le groupe est bienveillant, pas moralisateur, et c'est à la fois revigorant et très surprenant de trouver ça sur Internet – où être une femme expose souvent au risque d'être jugée et prise pour cible, surtout par d'autres femmes.

Je n'ai pas envie et j'ai bien trop peur d'en parler, mais j'ai besoin de conseils. J'envoie un post, submergée par un sentiment d'enthousiasme et de terreur que je connais bien. « Bonjour, je viens d'apprendre que je suis enceinte. C'est une surprise fantastique mais inespérée ! Quelqu'un peut-il m'indiquer comment trouver un généraliste pour obtenir un test de grossesse ? Je voudrais aussi faire vérifier mon taux de HCG. Et sinon, des conseils sur tout ce dont je pourrais avoir besoin de faire et où ? »

Ding, ding, ding. Des femmes me félicitent et me proposent une liste de conseils utiles sur les laboratoires où faire des analyses de sang sans rendez-vous, les médecins généralistes et les gynécologues. À Prague, le système de soins tourne surtout autour des spécialistes. On peut être envoyé chez un spécialiste par son généraliste, mais on va au laboratoire pour les analyses de sang, chez un gynécologue-obstétricien durant toute la grossesse, chez un dermatologue pour sa peau, chez un allergologue-immunologue pour sa respiration. Si la facilité d'accès à un spécialiste est stupéfiante, parfois dans les heures qui suivent, il faut aussi trouver l'adresse, la porte d'un bureau sans plaque professionnelle parmi des étages et des couloirs remplis de portes de bureaux sans plaques professionnelles, se faire comprendre en utilisant Google Translate, puis trouver une pharmacie qui a en stock les médicaments prescrits.

Le cabinet de généralistes le plus souvent recommandé possède un site web affichant sur fond rouge les photos de leurs médecins sexy, qui conviendraient à une couverture de Harlequin avec comme accroche « Prenez rendez-vous avec le docteur dont vous pourriez tomber amoureux ». Il est situé dans un complexe de bureaux moderne disposant en sous-sol d'une galerie marchande et d'un Starbucks juste à côté. Ma docteure Harlequin est une femme mince sans prétention aux cheveux châtain clair. Je lui demande aussi un dosage de progestérone, car au fil de mes nombreuses heures de lecture sur Internet j'ai appris qu'un taux de progestérone bas peut causer une fausse couche et ces mots fâcheux ne cessent de me tourner dans la tête.

Je m'allonge et j'entends la docteure soupirer et dire quelque chose en tchèque entre ses dents. Je connais trop bien cette réaction. Je n'ai pas de veines. J'en ai, bien sûr, mais elles sont toutes petites, bien cachées, et répugnent à donner une goutte de sang. Je me retrouve immédiatement dans la bibliothèque du lycée de Coatbridge où Mrs Mac, l'infirmière ronde et charmante dans son uniforme bleu marine, les cheveux gris mousseux comme une barbe à papa, montre comment prendre le pouls. Elle secoue la tête, ses doigts froids et secs sur mon cou, et me regarde d'un air un peu inquiet en riant nerveusement tout en cherchant inutilement le pouls. « Bon, heu, vous tenez debout. Je suis sûre qu'il est quelque part. »

De retour sur le fauteuil du cabinet. Après quelques tapotements et ce que je suppose être des jurons tchèques, la docteure parvient à prendre du sang. Je ne peux pas dire que je suis tombée amoureuse d'elle, mais j'aurais volontiers accepté qu'elle m'offre un verre si je n'avais pas été en train de faire un bébé avec Peter. Je sors, le bras et le cœur en feu à cause de tout ce que ces analyses peuvent apporter de bon ou de mauvais.

Un bureau de l'assurance maladie tchèque se trouve dans le même quartier. Cela fait partie de notre liste de choses à faire, mais je suis réticente. Peter nous y fait entrer pour demander des conseils, à tout hasard. Il doit me pousser, car j'évite les bureaux. Et les formulaires officiels. Et l'assistance téléphonique des impôts. Et les courriers avec une fenêtre en cellophane. Et les endroits où on prend un ticket et où un tableau sur lequel des numéros clignotent nous désigne un box.

Mon angoisse monte en flèche à la moindre allusion aux autorités. Cela m'a valu des ennuis terribles et complètement évitables dans ma vie d'adulte et, pourtant, il m'a fallu attendre l'âge respectable de trente-huit ans pour comprendre qu'il s'agissait d'une réaction traumatique acquise. Je suis née pauvre et on m'a appris dès mon plus jeune âge que les représentants de l'autorité, les gens dans des bureaux, dans des box, surtout s'ils sont derrière des vitres épaisses, ne font pas de cadeaux. En fait, ils trouvent souvent comment vous faire du mal. Le bureau du logement. Le bureau d'aide sociale. Les services sociaux. Les secrétaires des généralistes. Pendant mon enfance, jamais les visites à ces organismes n'ont été positives. Ceux qui avaient du pouvoir sur nous l'exerçaient souvent avec cruauté.

Donc, comme si j'étais une ménagère des années 1950, je suis incapable d'équilibrer mon compte en banque et Peter s'occupe de toutes les factures. Il passe aussi pour moi la plupart de mes appels professionnels. Car, à moins de pouvoir faire les choses par e-mail, cela me demande beaucoup de temps. Mais j'en suis incapable en ce moment. Je dois m'occuper de mon bébé. Ainsi, avec Peter à côté de moi qui serre fort ma main moite, nous entrons dans le bâtiment. C'est mon premier pas dans la démarche difficile, pénible, ayant pour but de devenir l'adulte, la mère dont va dépendre ce minuscule amas de cellules.

En théorie, tout est simple. Une petite femme aux cheveux gris nous apprend dans un anglais chantant, réconfortant, que pour accéder à l'assurance santé nationale, y compris pré- et postnatale, Peter doit trouver un emploi à plein temps. En tant qu'épouse, je figurerai automatiquement sur son assurance santé. Nous devrons nous enregistrer avant l'entrée en vigueur du Brexit pour être considérés comme Européens avec les droits afférents, mais c'est possible.

Tout mon corps se détend un peu, des centaines d'élastiques se libèrent dans un claquement, parce que ça paraît accessible. Certainement bien plus faisable que dépenser 5 000 livres. Ou rentrer au Royaume-Uni sans argent à la banque, sans appartement, sans travail. Ou partir en Estonie où la grossesse et la naissance sont gratuites, mais qui impliquerait clairement de déménager avec notre chatte et notre bébé à naître, de traverser des frontières vers une autre ville inconnue.

Cette femme est vraiment chaleureuse et rassurante, professionnelle assurément, mais gentille aussi. Elle comprend qu'elle n'a pas affaire à des formulaires ou des cases à cocher, mais à la vie et aux espoirs de gens dont l'accès aux soins ne devrait jamais être mis en question. La santé de mon enfant à naître. Notre santé mentale. Elle écrit patiemment plusieurs adresses qui peuvent nous être utiles – le bureau du travail, un organisme d'aide à l'intégration des immigrants, et me félicite d'être enceinte. Je rayonne. Il y a en elle quelque chose de maternel et j'éprouve soudain un pincement au cœur, car je n'ai pas de mère à qui annoncer ma grossesse. J'en ai une, mais je protégerai d'elle mon enfant à tout prix.

La première adresse, l'association caritative pour les immigrés, se trouve à Karlín, un quartier de Prague assez récemment rénové. Anciennement industriel, avec une grande communauté rom, l'endroit a vu une gentrification rapide ces dix dernières années. D'abord un Starbucks près de la station de métro. Puis la Kasárna Karlín, une caserne militaire reconvertie en espace multi-activités : terrain de volley-ball extérieur, sauna, bac à sable, galerie, bar, et un café dans l'ancienne piscine des années 1930. Outre la Kasárna Karlín, deux rues adjacentes abritent de nombreuses boutiques, des cafés et des restaurants asiatiques. Nous remontons la portion la plus large, dépassons Parlour (spécialités de sandwichs à la crème glacée et de cocktails à base de gin) jusqu'à un bâtiment résidentiel discret, et nous sonnons.

Dès l'entrée, je me sens chez moi. J'ai travaillé dix ans dans des associations caritatives et je reconnais instantanément la salle d'attente un peu miteuse aux affiches défraîchies à moitié décollées des murs. L'atmosphère est à la fois détendue et zélée, vaguement accueillante grâce aux murmures constants, aux sonneries des téléphones, au bruit de la bouilloire et aux effluves de café en poudre.

Une jeune femme en Dr. Martens avec un piercing dans le nez nous accueille. Nous n'avions pas compris qu'il fallait prendre rendez-vous. Elle est rejointe par une avocate de l'association. Elles semblent stupéfaites, presque offensées que nous arrivions à l'improviste. Comme si nous venions nus et sans invitation à la veillée funèbre de leur père avec un bol de vieille mayonnaise. Nous nous dévisageons, debout, entourés de chaises dépareillées, avec le bruit de la bouilloire qui arrive à ébullition.

L'avocate nous emmène dans un petit bureau dépouillé et nous propose du café. « Oh non, je suis *enceinte*. » J'adore le son de ces mots dans ma bouche.

L'avocate prend manifestement son travail très au sérieux, ce que j'apprécie, car nous dépendons d'elle. La femme plus jeune, sans doute une stagiaire, prend des notes et sourit gentiment à mes mauvaises blagues pour dissiper la tension résiduelle due à notre arrivée impromptue.

Nous expliquons notre situation. L'avocate confirme que Peter doit trouver un emploi salarié. Il hoche la tête, l'air évasif, et explique qu'il doit terminer sa formation de codeur. Elle lui répond sans hésitation de commencer à chercher maintenant, car j'ai besoin d'une assurance médicale. Ce n'est pas une plaisanterie. Je lui suis reconnaissante d'exprimer aussi franchement ce que je ne peux pas dire.

Finalement, à court de banalités, elles demandent si nous envisageons de rester à Prague. « Oui, nous adorons la ville. » J'ai appris que, quelle que soit l'ambivalence des sentiments que les habitants éprouvent pour leur ville, en tant qu'étranger c'est la seule réponse acceptable à donner. Elles paraissent toutes deux un peu mal à l'aise – réaction souvent observée chez les Tchèques quand on fait des compliments sur leur ville. L'avocate approuve et hausse en même temps les épaules. « Je sais que les gens qui viennent ici trouvent que c'est un très bon endroit pour élever des enfants. Enfin, les étrangers le pensent. Pas seulement les Tchèques. »

Nous sortons avec un léger sentiment de soulagement et toute la journée devant nous. Je compte les minutes qu'il reste avant que notre bébé soit viable, avant sa naissance et sa présence auprès de nous. Nous décidons d'aller au cinéma et prenons un bus jusqu'à Vršovice. Dans cette même rue avec ses bars gays, un petit Berlin, où j'ai bu des verres de vin rouge et assisté à un karaoké de drag-queens quelques semaines plus tôt. Au sommet de cette pente raide se trouve le Kino Pilotů, avec son bar sombre rempli de vieux fauteuils et de canapés trop rembourrés et d'un mur couvert de livres, où on sert des martinis et des assiettes creuses remplies d'olives et d'amandes salées. Mais cet après-midi, nous regardons un dessin animé et buvons dans le noir du chocolat chaud dans des gobelets en carton. Nous sommes les seuls adultes sans enfants et à un moment tendu, crucial du film, un enfant lance bien fort : « T'arrête pas ! T'arrête pas ! » et nous piquons un fou rire. Peter pleure à la fin et je l'aime pour ça.

Les spectateurs sortent du cinéma dans l'air froid de l'après-midi. Les enfants bavardent autour de nous, se suspendent aux bras de leurs parents en descendant la colline vers le parc où ils vont courir et dépenser leur énergie contenue. Je regarde Peter. « Ça pourrait être notre vie. Tu ne trouves pas que ce serait une belle façon de vivre ? » Il ne répond pas, mais au moins il me serre plus fort contre lui.

Nous essayons tant bien que mal de poser les fondations d'une vie pour nous et notre bébé. Pendant la journée, Peter se rend à sa formation de codeur de l'autre côté de la rivière. Il apprend des trucs mystérieux comme Substack et Git. Il rentre, pâle et l'air un peu paniqué, et déclare que la programmation est « beaucoup plus mathématique qu'on n'imagine ». Je soupçonne que ça ne se passe pas bien et voudrais lui rendre les choses plus faciles.

Pendant ces journées, je traverse la rivière, me promène dans les rues anciennes, admire les beaux bâtiments. Je m'assois dans des librairies et j'écoute au casque une playlist que j'ai faite pour le bébé.

Je n'imaginais pas à quel point une grossesse, censée être parfaitement naturelle, et tout ce qu'elle implique, me ferait serrer les dents et jurer de rester optimiste. Ni que, tandis que le bébé s'enfonçait plus profondément dans les parties molles de mon corps, j'aurais besoin d'une volonté de fer pour me convaincre que « tout allait bien se passer » et me soutenir, avec mes doutes et mes peurs.

J'écris pourtant des petites lettres au bébé qui, j'espère, va naître.

Salut, Cacahuète. Ton papa t'a appelé comme ça et maintenant je n'arrive plus à penser à toi autrement. Je te parle parfois, la main sur mon ventre, même si tu n'es pour l'instant qu'une graine de pavot avec quelques cellules sanguines, une petite membrane vitelline (j'y pense comme à un sac de couchage pour toi).

Je te fais une playlist que j'appelle Beurre de Cacahuète. Je veux que tu saches que je t'aime depuis le moment où j'ai su que tu étais là. Que je me demande comment m'occuper au mieux de toi depuis le moment où j'ai ri/pleuré dans la salle de bains ce soir-là.

Je suis assise à la librairie Globe et j'attends ton papa. Il a téléphoné aujourd'hui et a dit qu'il était « impatient d'être papa ». Tu as de la chance parce qu'il sera le meilleur. J'ai bien choisi. Tu es le bienvenu. Peut-être que, quand tu seras avec nous, nous t'emmènerons ici dans une écharpe de portage et nous serons tous ensemble. Tu vas arriver à temps pour Thanksgiving, nous mangerons de la dinde et des patates douces, et j'espère que nous aurons beaucoup de raisons d'être reconnaissants.

Deux fois par semaine, je vais au laboratoire faire vérifier mon taux de HCG. J'ai toujours extrêmement peur de perdre mon bébé. Tout ce que je lis en ligne indique que mon âge et mon ventre font de moi un récipient incompatible au développement d'un enfant.

Je pense aux dizaines d'années d'hédonisme que j'ai imposées à mon corps. Longues nuits alcoolisées, insomnie et angoisse chroniques, mauvaise alimentation et activité physique excessive. L'époque où je mangeais si peu que des poils duveteux ont commencé à pousser sur mes bras. Je pouvais compter mes côtes et on me disait que je ressemblais à une planche à pain. Je m'inquiète de tout le mal que je me suis fait. Si seulement j'avais su que la seule chose que je voudrais à l'approche de la quarantaine ne serait pas d'avoir un espace entre les cuisses, mais un corps sain pour porter un enfant.

Le laboratoire est à quinze minutes à pied de notre appartement et proche de la Vltava. Pas loin du laboratoire, sur le tablier d'un pont de chemin de fer, est peinte une immense bouteille de bière à côté d'un bâtiment affichant une peinture murale qui représente une bouche ouverte buvant la bière. Nous nous y rendons toujours à 7 h 30 du matin, prenons notre ticket et nous asseyons dans la salle d'attente sans âme avec d'autres personnes à l'air fatigué et morne qui évitent tout contact visuel. Quand notre numéro de ticket s'affiche, nous passons une porte et je m'assois dans un fauteuil en vinyle pendant qu'une infirmière puis une autre et enfin une troisième les rejoint avec des garrots et des aiguilles neuves pour tenter d'extraire un peu de sang de mon bras récalcitrant.

Ensuite, Peter paye les 500 couronnes (20 livres) par carte, puis nous regagnons le centre d'Andĕl et allons au Starbucks ou à la boulangerie Paul prendre un *latte* chaud et une friandise, comme un enfant à qui on offre une sucette après une visite chez le dentiste. Puis Peter prend le tram et traverse la ville pour se rendre à sa formation de codeur et je reste seule à errer de nouveau à la recherche d'un appartement en priant, espérant et souhaitant que les analyses soient bonnes.

Théoriquement, le taux de HCG doit au moins doubler tous les deux jours, peu importent les chiffres, mais, naturellement, un chiffre élevé est plus rassurant. Les miens sont toujours dans la moyenne basse. Les résultats arrivent par e-mail et je les ouvre, le cœur battant la chamade. Chaque fois que je vois le chiffre augmenter, je me mets à pleurer comme si c'était la première fois que je faisais un test de grossesse. Je dis à Peter : « Nous allons vraiment avoir un bébé. » Finalement, après le cinquième ou le sixième résultat, il devient évident, même si nous ne sommes pas tirés d'affaire, que le bébé grandit normalement. Et semaine après semaine, visite après visite, les taux doublent puis triplent, mes hormones de grossesse augmentent, j'ai des nausées, à mesure que l'enfant que je souhaitais devient de plus en plus réel.

Il nous faut maintenant trouver d'urgence un appartement et nous passons nos soirées à en visiter. Nous avons l'habitude de chercher un appartement à Londres où, même en tant qu'adultes responsables avec des revenus corrects, nous ne sommes pas de bons candidats. Nous avons l'habitude des vérifications de solvabilité, des visites avec cinquante personnes en concurrence pour le même appartement merdique, des cautions exorbitantes, des demandes de références, de preuves de revenus et d'un garant. Tout cela pour obtenir un appartement exigu et sombre avec un seul lit et des moisissures pour 1 500 livres par mois.

Mais nous sommes à Prague. Et chercher un appartement à Prague est un plaisir.

À la fin de chaque journée, je prends le tram pour retrouver Peter après ses cours. Je l'attends devant une école de céramique à côté de ses bureaux et j'observe les gens pétrir l'argile, vernir soigneusement leurs pièces, tâchant, l'air appliqué, de créer quelque chose à partir de presque rien.

Quand Peter s'approche de moi, dans son épaisse parka, je l'embrasse de mes lèvres froides, je l'étreins, je suis tout simplement heureuse que nous soyons ensemble, qu'il partage ce moment avec moi. Nous parcourons la ville, l'explorons, dînons généralement de bonne heure dans un restaurant bon marché avant que mes nausées s'installent. Tous les propriétaires nous traitent comme s'ils seraient contents, ravis même, de nous avoir en tant que locataires. Après chaque visite, nous avons l'impression de faire partie de la famille royale et nous allons manger une pizza en discutant des avantages et des inconvénients de l'appartement que nous venons de quitter.

À Prague 10, l'appartement, dans un immeuble, est entièrement blanc : tapis, canapés, placards, cuisine, salle de bains, rideaux, murs. En descendant, je demande à quoi correspond l'immense porte métallique près de l'entrée à la poignée renforcée et à la serrure grosse comme un bras. Le propriétaire me répond sans trace d'amusement, d'ironie ou d'intérêt, qu'il s'agit d'un abri antiatomique construit dans les années 1960.

Nous visitons un appartement d'étudiants de trois chambres, un vrai labyrinthe où tous les meubles sentent la nicotine et le sperme. Nous allons voir un tout petit appartement de grand-mère en haut d'un immeuble remarquable ; j'arrive à peine à respirer après avoir gravi les dix volées de marches, mais je remarque, horrifiée, les grands rideaux froissés en satin rose qui ont l'air de maxi-crèmes glacées à la fraise. Dans un autre appartement très chic à Žižkov, en face d'un dépôt de trams, trois gros chats à longs poils se pomponnent et de petites étagères courent le long des murs pour qu'ils puissent jouer.

Dans un restaurant italien du même quartier, nous mangeons d'énormes assiettes de pâtes au milieu de la foule du vendredi soir. Peter déclare que le dernier appartement visité lui semble trop adulte. Je lui réponds que nous méritons de vivre dans un bel endroit. Nous allons être parents. C'est la définition d'un adulte. Dans un coin, un homme joue à la guitare une version tchèque de « These Boots are Made for Walking » de Nancy Sinatra et les clients de toutes les tables voisines, nous y compris, se mettent à chanter à la lumière des bougies dans les bouteilles de chianti.

C'est le dernier jour normal. Parce que le covid frappe la République tchèque et la vie, semble-t-il, change pour toujours.

3

Tout arrive en même temps. En quelques jours, le virus dont, honnêtement, j'avais à peine conscience, devient une menace réelle. Il semble être passé en quarante-huit heures d'un « genre de mauvaise grippe » à la « fin de la société telle que nous la connaissons ». Même si, bien sûr, j'avais la tête ailleurs. Nous regardons des reportages sur les gens qui font des réserves, qui se battent dans les supermarchés, sur les rayons de farine et de pâtes complètement vides. Le papier toilette manque partout – le monde entier paraît se chier dessus.

La République tchèque a traversé de nombreuses crises terribles et fait face stoïquement à la situation. Alors que je vois passer des clips du Royaume-Uni où les gens remplissent deux Caddies de produits non périssables et que des mères pleurent devant l'absence de lait maternisé, les rayons de notre supermarché sont réapprovisionnés et le restent. Dans les queues, les paniers contiennent deux petits pains, de la crème glacée et quelques bouteilles de bière. Toujours de la bière.

La République tchèque est l'un des premiers pays à confiner préventivement la population. Tous les cafés et les bars sont fermés (impensable à Prague où il est tout à fait normal de voir n'importe qui, jeunes, vieux, costard-cravate, mères avec poussettes, boire des pintes de bière dès 9 heures du matin). Le jour où on annonce le confinement à partir de minuit, nous allons nous promener dans le quartier. Nous achetons un gâteau indigeste au comptoir d'une boutique et nous le mangeons dans un cimetière au soleil du début du printemps. Je suis inquiète. Je caresse mon ventre comme si je pouvais physiquement retenir le bébé en moi. Je me repose souvent, craignant qu'un mouvement brusque n'éjecte l'enfant gros comme une amande. Ce jour-là, on a l'étrange impression de vivre dans le passé.

Par la suite, il n'y aura plus que des déplacements essentiels. La police et l'armée sont très présentes pour garantir la coopération. Nous devons avoir nos papiers sur nous. Nous faisons quelques courses dans un Tesco presque désert. Les rares clients portent des masques et des gants chirurgicaux. Nous trouvons ce que nous soupçonnons être le dernier flacon de gel hydroalcoolique à Prague dans une épicerie vietnamienne et n'en versons qu'une goutte chaque fois pour le faire durer. Nous sortons quelques liasses de billets, de peur que, si tout le monde tombe malade, les banques ne fonctionnent plus ou le marché ne s'effondre. Peter trouve que c'est ridicule. Je réponds qu'on vit un moment sans précédent et que tout peut arriver.

Nous n'avons toujours pas d'appartement et dans trois semaines nous devrons quitter notre location de courte durée. Nous n'avons toujours pas d'assurance santé et notre assurance voyage qui ne couvre pas la grossesse ne couvre pas non plus une pandémie globale inédite. Mais elle prend toujours en charge les parcours en tyrolienne. La formation de Peter s'achève, mais qui va embaucher quand tout le pays est confiné ? Une fois de plus, nous envisageons de rentrer au

Royaume-Uni – des bus spéciaux partent de l'ambassade –, mais cela paraît impossible car nous n'avons nulle part où aller en arrivant.

Ces deux dernières années, je voulais être enceinte. J'ai supplié, négocié et prié pour l'être. Comme la plupart des femmes aux prises avec la stérilité, j'ai eu le cœur brisé à la fin de mon cycle de vingt-huit jours bien trop régulier. Maintenant j'ai mon bébé. Mais dans ces conditions ? Alors que nous n'avons de travail ni l'un ni l'autre ? Que nous allons être sans abri dans très peu de temps ? Que nous sommes des résidents non inscrits dans un pays dont nous ne parlons pas la langue et où nous ne connaissons personne ? Qu'un virus mortel se propage dans le monde entier ? Pourquoi, putain, pourquoi maintenant ?

Les jours se succèdent. Je prends connaissance, horrifiée, des piles de cadavres en Italie. Le nombre de morts ne cesse de croître et le virus se répand comme du sang sur la carte du monde puis sur l'Europe. Je sais que je dois rester calme, que le stress est dangereux pour mon bébé, mais comment ? Il n'y a pas d'information sur la façon dont le virus peut affecter les femmes enceintes ou leurs enfants à naître. J'évoque avec angoisse non seulement la mort de mon bébé mais aussi des problèmes de santé à long terme si j'attrape la maladie. Les bébés covid seront-ils les bébés thalidomide de notre époque ? Je lis que les femmes enceintes sont sur la liste des personnes « vulnérables » et je refuse de sortir. Je me penche à la fenêtre et je regarde notre cour fermée en montant la garde tandis qu'un épervier observe notre chatte qui avance furtivement le long des gouttières du toit. Nous ne faisons pas confiance à Google Translate pour les informations tchèques et tous les jours de nouvelles règles sont mises en place accompagnées d'amendes énormes, équivalant au prix d'un appartement, si on ne les respecte pas. Tous les soirs, nous nous connectons donc sur une page Facebook créée par des étrangers parlant tchèque, seule façon d'avoir accès aux changements quotidiens et aux nouvelles. Un soir terrible, je crois comprendre qu'on parle de ne pas autoriser les étrangers à louer un appartement. Les hôtels et les foyers sont déjà fermés. Tout comme les frontières. Je suis assise au pied du lit, inconsolable. Je demande de nouveau à Peter : « Pourquoi maintenant ? Je veux juste m'occuper de mon bébé. »

Le monde extérieur paraît chaque jour plus hostile, mais je me bats aussi contre mes propres ennemis intérieurs. L'angoisse se nourrit de la peur qui crée plus de peur et ainsi de suite. Internet m'informe qu'à presque quarante ans, je suis tout simplement bien trop vieille pour faire un enfant. Que je nous ai mis, moi et mon bébé, en danger. Je fais de multiples tests de grossesse par jour et je pleure pendant des heures si la seconde ligne rose a l'air un peu plus pâle, car je suis sûre que je vais faire une fausse couche. Je trouve un site qui se veut rassurant, appelé littéralement « Rassurer sur les risques de fausse couche » et tous les jours j'entre dans mes statistiques le nombre de semaines de gestation, mon âge, mon poids, ma taille, le nombre de « naissances viables » et de fausses couches pour déterminer exactement mes risques du jour. Si je clique sur le bouton « Rassurez-moi » à trois semaines et trois jours, j'ai 70,9 % de chances de ne pas faire de fausse couche. Si je clique sur le bouton « Dites-le-moi franchement », j'obtiens une probabilité de fausse couche de 29,1 %.

Peter finit par me convaincre de sortir une fois par jour – masquée, les mains profondément enfoncées dans les poches de mon manteau d'hiver pour ne rien toucher par mégarde. Nous gravissons une colline en pente très, très raide jusqu'à un parc désert où nous nous allongeons tous les deux sous un gros arbre en fleur. Un moment, dans les bras de Peter, le soleil froid sur mon visage, j'ai l'impression que nous vivons une journée normale. Puis je m'assois et je me rends compte que le silence est tel qu'on dirait presque que l'air est absent. Je pense à chaque instant au risque de perdre mon bébé. Au cours de ces premiers mois, je crois qu'il ne s'écoule pas vingt minutes sans que je vive en un flash le chagrin et la douleur de cette perte.

Nous achetons nos maigres provisions surtout à la *potraviny* voisine, une petite boutique tenue par une jeune famille vietnamienne. Nous pensons que c'est plus sûr que d'aller dans un grand supermarché. Chaque fois que nous y achetons quelques boîtes de haricots poussiéreuses et des poivrons un peu ridés, je dis « *ahoy* » au bébé en couche-culotte, aux cheveux ébouriffés, assis près de la caisse. Je m'inquiète pour lui qui est en contact constant avec les clients, tout en sachant que ses parents n'ont guère le choix. Chaque jour, je fais une prière agnostique pour que nous traversions cette épreuve sans dommage.

Finalement, même l'ascension de la colline semble trop dangereuse et nous nous promenons dans l'immense cimetière près de chez nous. Nous portons des masques, saluons le vieux gardien et inventons des histoires sur les morts. J'ai toujours trouvé les cimetières non pas apaisants, comme je pense beaucoup de gens, mais revigorants. Le monde y proclame : « Regardez ! Regardez, vous êtes littéralement en train de mourir à cet instant. Commencez à vivre. La vie se termine pour tout le monde, alors faites qu'elle vaille la peine. »

Nous trouvons de l'espoir dans les histoires d'extrême bienveillance du monde entier. Dans le sens moral de notre communauté où les gens se comportent avec gentillesse. Dans nos promenades au parc surplombant Prague, rempli de bourgeons au printemps, comme mon corps où s'épanouit la vie. Nous trouvons de l'espoir l'un dans l'autre. Dans des soirées paisibles et des repas frugaux, réduits pour éviter les courses alimentaires, pris ensemble dans un silence paisible. Dans Peter qui se colle contre moi quand les nuits sont trop sombres et m'encourage à parler à notre bébé : « C'est notre bébé, ça va bien se passer », même si ce n'est pas facile pour lui non plus, il me rappelle que je dois me permettre de créer un lien avec notre petit amas de cellules, m'autoriser à l'aimer. Nous trouvons de l'espoir en chuchotant des histoires à notre petite graine qui vient de lui, de moi et qui est entièrement elle-même.

Un jour, à sept semaines et demie de grossesse, nous mettons nos masques et prenons avec hésitation un tram complètement vide pour nous rendre dans un cabinet privé d'échographie. Au sous-sol d'une grandiose maison pragoise, je suis debout au milieu de la salle de consultation, entièrement nue de la taille aux pieds, et je dis en plaisantant que Donald Duck doit se sentir comme ça – mortifié. Je m'allonge sur le fauteuil plastifié jaune citron et lève les jambes. J'apprends vite que l'intimité n'existe pas en République tchèque – pas de rideau, la porte restée ouverte et les patients qui arrivent à l'accueil sont accueillis par moi dans une position qui pourrait me valoir mon propre compte sur un site porno. Ça m'est complètement égal. L'examen pourrait avoir lieu dans le métro à l'heure de pointe, je m'en fiche complètement. Je veux voir mon bébé.

L'échographiste mange d'une main une pâtisserie et de l'autre actionne la baguette magique de la chatte tout en parlant des équipes de football d'Arsenal et de Liverpool en anglais avec un fort accent. Je reste silencieuse sur le fauteuil, Peter me tient la main, j'ai l'impression d'un creux dans la poitrine. Et s'il n'y avait rien, juste une membrane vitelline vide ? Juste un désir fervent et rien d'autre ? Mais là, sur l'écran, flottant dans sa propre nuit étoilée, il y a notre petit enfant. Avec un cœur qui bat et une vie à lui. Notre échographiste hoche la tête. « *Dobre, dobre*. Parfait. » Ça ressemble plutôt à une goutte de confiture dans du porridge. Ou peut-être aux minuscules grenouilles compactées dans la boue que ma sœur trouvait sous les cailloux du réservoir local. Je n'ai jamais rien vu d'aussi beau.

Ensuite, nous trouvons une boutique qui vend du café par un passe-plat et nous marchons dans les rues paisibles, silencieuses, ensoleillées de ce joli quartier que nous ne connaissons pas. Étourdis de liberté et de soulagement, nous nous asseyons sur les marches d'un parc où les fleurs tombent en cascade et éclosent sur les arbres tandis qu'une bande de gamins court autour d'un monument aux morts. Un petit garçon blond, trois ans environ, ne cesse de descendre les marches à toute vitesse et sa mère regarde en riant Peter qui doit courir pour aller le chercher et le ramener. Peter sera un bon père, un père super. Je n'arrête pas de sourire au point que j'en ai mal aux joues. N'y a-t-il pas une erreur quelque part, comment est-il possible que, avec tout ce qui se passe dans le monde, je vienne de vivre l'un des moments les plus heureux, les meilleurs de ma vie ? Je demande à Peter s'il est heureux lui aussi et il me répond : « Je suis heureux qu'il aille bien. Je suis heureux que tu sois heureuse », et il me serre contre lui.

Assis sur ces marches, nous nous mettons à parler de gratitude et de la façon d'y accéder. Fondamentalement, il ne s'agit pas seulement de gratitude mais aussi de l'impression de ne pas y avoir droit. Je dresse la liste de tout ce à quoi je ne pensais pas avoir droit naturellement : une maison, une santé mentale qui ne soit pas fragmentée, une carrière où j'ai réussi, des voyages, un sentiment de sécurité et de bonheur presque tous les jours et enfin, la maternité. Puis je recense tout ce que j'ai maintenant, miraculeusement, et que je croyais hors de portée, choses que d'autres méritaient, mais moi pas. « Je mettais tellement bas la barre de ce que serait ma vie. Comment ne pas être reconnaissante ? » dis-je à Peter.

Peu de temps après cette journée, la peur initiale d'être expulsés du pays s'éloigne. Il est évident que le gouvernement tchèque gère avec compétence la pandémie et que le pays possède d'importantes ressources en matière de santé. Peter et moi commençons lentement, très lentement à revivre. Par vivre, je n'entends rien d'extraordinaire. Nous cessons seulement de passer d'une minute saturée d'adrénaline à une autre et commençons à croire que cela aussi peut passer.

Il est fascinant de constater la vitesse à laquelle nous nous adaptons. J'ai appris tout au long de ma vie – depuis ma petite enfance, trimballée d'un parent à une famille d'accueil, et plus tard à bord de bus National Express dans des villes inconnues où notre famille logeait dans des B&B remplis d'hommes tristes et perdus assis dans la cuisine commune au milieu d'une atmosphère de désespoir et de cigarettes roulées, que peu importe si les choses paraissent inhabituelles ou effroyables au premier abord, la plupart des êtres humains sont conçus pour trouver ordre et routine. Pour s'adapter et trouver du réconfort dans les plus petites choses. C'est un élément de notre instinct de survie.

Nous nous trouvons devant un immeuble couleur glace à la menthe avec pépites de chocolat et des symboles comme dans *Blair Witch* gravés sur la façade. Nous ne serrons pas la main de Martin, le propriétaire, à son arrivée. Nous faisons un signe de tête et sourions poliment, les mains dans les poches, séparés par quelques mètres, en nous dévisageant pour nous assurer qu'aucun de nous n'est malade. Martin nous explique que l'immeuble est classé monument historique, qu'à Prague, si un bâtiment est classé, c'est qu'il n'est pas seulement vieux, mais vraiment ancien. Martin est quelqu'un de pétillant : petite taille, yeux bruns, longs cils d'enfant, soigné. Pour le décrire je dirais juste qu'il a l'air très propre, très maître de lui. Inutile de regarder ses mains pour savoir que ses ongles sont impeccables. J'ai l'impression que nous n'aurons pas de problème d'électricité s'il est notre propriétaire. Ni de chauffage. Ni d'eau. Et il n'essaiera pas de nous arnaquer sur la caution quand nous partirons.

L'appartement est au deuxième étage. Au milieu de l'escalier en spirale, il y a un ascenseur assez grand pour deux personnes, deux personnes et quelques courses même, deux personnes et un bébé dans une écharpe de portage peut-être (mais pas deux personnes et une poussette, ni même une personne et une poussette). Dans l'entrée se trouvent une petite machine à laver, puis une salle de bains carrelée en rose pâle, vestige des glorieuses années 1970, et en face les toilettes. Dans la plupart des immeubles tchèques, il est fréquent que la salle de bains et les toilettes soient séparées. Ce n'est pas idiot si on y réfléchit

– l'un peut chier, l'autre prendre un bain. Dans la plupart des vieux immeubles, un conduit de ventilation passe au centre, derrière les toilettes. Si on s'assoit sur le siège, fenêtre ouverte, on entend la vie des autres familles résonner dans le conduit : fragments d'émission de télé, parfois quelqu'un qui chante lors d'une soirée arrosée, une dispute. On pourrait trouver dérangeants ces bruits pendant qu'on fait sa crotte du matin ou qu'on change son tampon mais, surtout pendant l'isolement du confinement, il est très réconfortant d'entendre tous ces gens vaquer à leurs occupations, même si nous sommes tous séquestrés dans nos petites boîtes.

La disposition du reste de l'appartement est tout aussi bizarre. Dans la première des deux autres pièces, une moitié est constituée d'une cuisine et l'autre moitié est occupée par un canapé et une télé. Derrière le salon, une grande chambre qui doit faire le double du salon. Ça nous semble étrange, mais ça nous plaît assez. C'est propre, confortable, dans un quartier agréable et qui convient à notre budget assez limité. En plus, nous aimons bien Martin. Plus encore, nous apprécions que Martin et sa femme Olessandra déménagent avec leur petit d'un an parce qu'ils vont avoir un deuxième enfant. Tous les placards comportent une sécurité enfant, des protections en caoutchouc habillent les coins des meubles pour qu'un bébé ne se crève pas un œil en tombant. Et, au début de ma grossesse, avec le monde sens dessus dessous, même si nous ne savons pas comment à long terme nous allons payer un loyer, nous avons besoin qu'une personne rassurante, une personne calme et épanouie, avec de longs cils d'enfant et des ongles incroyablement propres, nous dise : « C'est bien ici. Ce sera bon pour vous. C'est un endroit où on peut élever un enfant. »

Si Martin peut élever un enfant ici, nous aussi. Nous sommes là, trois adultes embarrassés dans le tout petit salon, et je dis : « Nous aimerions vraiment prendre l'appartement, si vous êtes d'accord pour nous le louer. Peter va bientôt trouver du travail. » Et Martin, comme s'il n'avait rien envisagé d'autre, répond : « Bien sûr, bien sûr. »

Nous avons donc trouvé la maison où nous accueillerons notre bébé.

Tandis que, allongée sur le flanc, je geins à cause de la nausée du matin, bel et bien installée, Peter remplit de nouveau nos six cartons – qui à présent ressemblent plus à de vilains rochers. Nous appelons notre gentil chauffeur slovène qui paraît perplexe devant ce nouveau déménagement, mais content pour nous quand nous lui expliquons que je suis enceinte. Il nous recommande quelques hôpitaux. Nous traversons lentement Prague dans sa camionnette qui grince, Dora grognant sur mes genoux, jusqu'à notre nouvelle maison, notre nouvelle vie.

Notre appartement se trouve à Prague 7, aussi connu comme le quartier des arts. Si on tourne à droite en sortant de l'immeuble et qu'on marche dans les rues bordées d'arbres, habituellement remplies d'enfants emmitouflés rentrant de l'école et de personnes âgées promenant leurs chiens courtauds et lents, on arrive dans une rue bordée de cafés vietnamiens, de bars agréables, de boutiques minuscules et de quelques magasins de produits diététiques. C'est là que se trouve Vnitroblock, un immense café-bar de style industriel pourvu de longues tables où les gens s'installent toute la journée avec leur Mac avant de se retirer dans les fauteuils des années 1950 pour boire un gin tonic. Tout près, il y a aussi DOX, l'une des meilleures galeries d'art contemporain de Prague et son zeppelin en bois perché sur le toit du bâtiment de cinq étages.

Si on prend à gauche en sortant de l'appartement et qu'on va tout droit, on arrive à la rivière. Pas la belle partie de la rivière que connaissent les touristes, mais la zone industrielle avec ses voies de chemin de fer désaffectées, ses bateaux de pêche, ses cargos et un vieil hôtel sur un bateau autrefois magnifique mais aujourd'hui délabré, un cygne en métal brisé qui rouille à sa proue. Sur la rive opposée, les collines boisées abritent des maisons carrées et en bas se dressent des tours d'habitation. Elles ont l'air placées là pour que, quelle que soit la lumière – brouillard ou soleil –, elles paraissent toujours belles.

Peter a trouvé un emploi administratif dans une grosse multinationale qui va le former, lui permettre de travailler à distance et, chose essentielle, nous donner à tous les deux accès à l'assurance maladie. Le salaire tchèque est inférieur à celui que gagnerait un manutentionnaire chez Tesco, mais nous sommes extrêmement, joyeusement soulagés. Nous préparons des repas copieux que nous mangeons en regardant des thrillers des années 1990 – suffisamment datés pour ne pas représenter de menace réelle tout en étant assez prenants pour nous détourner du présent et de ce que l'avenir nous réserve peut-être. Nous écoutons des disques, souvent Leonard Cohen parce que, voyez-vous, une pandémie n'est pas assez déprimante, et nous dansons des slows dans le soleil printanier qui entre par la fenêtre ouverte.

La République tchèque étant à l'avant-garde pour le port du masque, nous trouvons un site web recensant tous les vendeurs de versions faites main. Nous en achetons en tissu imprimé de motifs enfantins, colorés, avec des nounours et des crayons. L'absurdité de cette emplette ne nous échappe pas. Les symptômes du début de ma grossesse sont assez légers. Je suis souvent fatiguée et nauséeuse, mais pas trop malade. Je dors beaucoup et mange des bonbons acidulés et des sorbets à l'ananas quand j'en trouve. Finalement, le Marks & Spencer rouvre en ville. Penauds mais ayant le mal du pays, nous sommes parmi les premiers clients à passer les portes, l'air de pédiatres de *Grey's Anatomy* avec nos masques et nos mains désinfectées dans les gants en latex rouge fournis. J'achète tous les produits familiers que réclamait mon corps de femme enceinte: chips au sel et au vinaigre, pain blanc spongieux en tranches, Marmite, crème au citron et thé Earl Grey.

Nous regardons le nombre de cas de covid baisser en République tchèque sur le site web Worldometer et, le jour de notre anniversaire de mariage, nous montons au parc Letná qui domine toute la ville. Nous achetons de la bière dans des gobelets en plastique (*nealkoholika* pour moi), enlevons nos chaussures, sentons l'herbe sous nos pieds et baissons nos masques pour boire. De temps en temps, la police patrouille dans le parc et les gens s'éloignent un peu les uns des autres, remontent leur masque, mais c'est et ce sera sans doute toujours l'un des verres les plus agréables que j'aie jamais bus. La liberté, le bonheur d'être assis au soleil sous un arbre, la conversation des autres autour de nous, un verre dans un parc, un baiser en public avec Peter.

Nous recevons les résultats de l'examen qui détermine si notre bébé a des marqueurs d'anomalies génétiques. Internet m'a très assidûment expliqué que, vu mon âge avancé, les risques de maladie génétique sont beaucoup plus élevés. J'ai donc payé 550 livres pour une échographie sommaire (le médecin n'a pas voulu me dire si le bébé allait bien), deux prélèvements sanguins recueillis maladroitement et envoyés jusqu'en Amérique. La grossièreté du médecin, le long filet de sang serpentant sur mon bras, la dépense exorbitante m'importaient peu. Je suis sortie ravie d'avoir vu notre minuscule bébé, insecte exotique turbulent dansant dans mon utérus.

Les résultats sont arrivés par e-mail ; ils sont en tchèque et il faut se battre avec Internet pour les comprendre. C'est un des moments de la vie où le couperet du destin est suspendu au-dessus de votre tête durant quelques minutes. Que ce soit l'une ou l'autre option, la vie ne sera jamais plus la même. Nous cherchons sur Google, déchiffrons, vérifions deux, trois fois. Je dis à Peter que, heureusement, la probabilité que le bébé soit atteint de trisomie 21 s'élève à 1 sur 68. « C'est peu.
– 1 sur 68 ? Ce n'est pas peu, Kerry. »

Il revérifie pendant que, assise au bord du lit, je suis en larmes. Je sais que, même alors, j'aurai ce bébé, quels que soient les résultats. Je le vois se détendre ; le risque de trisomie 21 *était* autour de 1 sur 68, mais il est tombé à moins de 1 sur 10 000. C'est aussi le cas des quatre autres marqueurs génétiques testés. Je découvre que mon sang est déjà mêlé à 5,8 % de l'ADN de mon bébé et, au-dessus de toutes ces informations, un cercle bleu pâle d'où sort joyeusement une flèche. Nous allons avoir un petit garçon. C'est ce qu'il est maintenant, dit Peter, « mais il pourra être ce qu'il choisira. Qui sait ce qu'il deviendra ».

Mon soulagement m'étonne. Pas à cause du résultat génétique, mais à cause du genre. Dès l'instant où j'ai su que j'étais enceinte, une partie de moi a fait la liste des indiscrétions et des outrages qui m'ont été infligés parce que je suis une femme : agression, viol, *male gaze*, image du corps inaccessible, deux poids deux mesures dans tous les domaines. Sans m'en rendre compte, je paniquais déjà à l'idée des réseaux sociaux, de l'image du corps et de la difficulté consistant à élever une femme forte dans une société où je sais comment sont traitées les femmes fortes (et les femmes fragiles, d'ailleurs). Faire naître un enfant dans ce monde me préoccupait, naturellement, mais surtout si c'était une fille qui risquait d'être harcelée et déçue chaque jour de sa vie.

Mais nous allons avoir un garçon. Et, oui, nous devrons nous soucier de la masculinité toxique et de la prédisposition à la schizophrénie des jeunes garçons de ma famille des deux côtés. Mais nous pouvons aussi en faire un homme bien et gentil. Élever un féministe et un allié.

Il est temps maintenant d'annoncer ma grossesse à nos familles. Nous attendions ce moment avec une grande impatience. Le téléphone brûle dans la main de Peter et ses yeux brillent de larmes quand il appelle d'abord sa mère. « Nous allons avoir un bébé ! Tout va bien, nous avons fait un examen spécifique. Tu vas être grand-mère ! » Puis son père refuznik, sourd mais appareillé : « *Hallo Hallo ? Können Sie mich hören ? Kerry ist schwanger. WIR HABEN EIN BABY. Hallo ? Ich werde dir eine E-Mail senden. ICH SAGTE, ICH SCHICKE DIR EINE E-MAIL. LIEBE DICH LIEBE DICH. TCHÜSS !* »

Quand ils ont compris que le bébé et moi sommes en bonne santé et installés de manière relativement stable à Prague, la mère et le père de Peter sont ravis. Moi, je n'ai bien sûr pas de parents à qui annoncer la nouvelle. J'en parle à une tante et à des cousins au deuxième degré qui sont contents pour moi, mais cela reste abstrait, ce qui est tout à fait naturel pour eux qui n'ont pas vu la future mère depuis vingt ans.

Après avoir écrit *Basse naissance* sur la pauvreté dans mon enfance et m'être complètement mise à nu – et par la nature du livre, avoir mis à nu les membres de ma famille également –, j'ai décidé de ne plus écrire sur eux. Tout ce que j'avais à dire était déjà construit de manière atrocement douloureuse et soigneusement articulé et réarticulé pour tenter de trouver un sens à quelque chose d'aussi énorme, douloureux et incroyablement complexe.

Je crois cependant que je n'ai pas écrit sur eux mais plutôt sur leur absence. Je n'ai pas eu de famille élargie – oncles, tantes, grands-parents, cousins – depuis l'âge de sept ans environ, quand ma mère a coupé le contact avec le reste du « clan » (comme se désigne ma famille). Mon père s'est brouillé avec la sienne en quittant les États-Unis quand il avait une trentaine d'années – il avait quarante-deux ans à ma naissance. Il a été absent presque toute mon enfance, à part quelques visites désastreuses pendant lesquelles son alcoolisme, son usage de drogue et sa maladie mentale n'étaient pas non plus des visiteurs bienvenus dans nos minuscules appartements sociaux. Il n'y avait donc que moi, ma mère, ma petite sœur et, durant quelques années tumultueuses et par intermittence, mon beau-père qui, un jour, fit irruption dans la chambre de ma sœur et moi, située en haut d'une tour d'habitation, au milieu de la nuit, et balança par la fenêtre notre seule télé dans un accès de rage alcoolique.

À vingt-quatre ans, je me suis brouillée avec ma mère, puis, environ quatre mois plus tard, ayant trouvé la force, avec mon père aussi. Je ne souhaitais pas prendre mes distances avec ma sœur. Nous nous sommes vues de temps en temps les dix années suivantes, mais elle n'a jamais accepté ma décision et a fini par couper le contact. Une brouille entraîne un genre particulier de honte qui invite à se montrer sur la défensive et à se justifier. Face à une personne qui apprend qu'on n'a pas de famille, on se sent poussé à la persuader qu'on n'est pas mauvais, cruel, déplaisant ou rempli de défauts (ce que, à mon avis, beaucoup de personnes qui se sont brouillées avec leurs proches ressentent à propos d'elles-mêmes de temps en temps). Je ne le ferai pas ici. Je dirai que ça n'a pas été une énorme « engueulade » (comme nous appelions, dans la famille, les disputes qui dégénéraient en saccage de l'appartement, en violence et injures terribles, inconcevables), mais simplement des années de souffrance, de traumatismes et la prise de conscience, avec l'indépendance, que je méritais mieux. Que ce n'était pas légitime. Que ce qui était arrivé ne serait jamais, jamais reconnu. Que ça ne changerait jamais.

Cela fait penser que la brouille donne du pouvoir. Je reconnais aujourd'hui que c'est vrai. Mais à vingt-quatre ans, sans autre famille et avec de graves problèmes psychologiques non résolus fondés sur des traumatismes non soignés, ce fut l'une des pires épreuves que j'aie jamais connues. À l'époque, tentant de formuler cela à mon amie, j'ai dit que c'était comme la mort de ses parents sans qu'on ait le droit de les pleurer et sans que personne vous montre de compassion.

On se tourne vers ses parents quand ça va mal : difficultés financières, problèmes de logement, rupture d'une relation. On se tourne aussi vers eux pour fêter un anniversaire, Noël, une bonne note et un nouveau travail. Et bien sûr, quand on attend un bébé.

Je souffre de ne pas avoir de famille à qui l'annoncer, à part ces quelques cousins et une tante très gentille mais que je connais à peine. Les jours difficiles, j'ai le cœur brisé de ne pas avoir de parent à appeler pour en parler, pour poser des questions comme : « Est-ce que j'étais comme ça ? Comment c'était pour toi ? Qu'est-ce que je dois faire dans ce cas ? » Je le dis tout le temps, j'ai tellement besoin d'une mère. Mais pas la mienne.

Il n'y a pas de raccourci dans le chagrin. Il m'a fallu quinze ans pour accepter de devoir me retirer de ma sphère familiale. Pendant un moment, j'ai souffert tous les jours – quand j'avais besoin de demander conseil à un parent ou à quelqu'un. Puis tous les mois ; je m'adaptais lentement et trouvais des moyens de me soutenir moi-même ou, de façon moins saine, de détourner mon attention. Puis seulement certains jours : à Noël, aux anniversaires, anniversaires de mariage. Fête des Mères et fête des Pères. À présent, comment vais-je expliquer à notre enfant qu'il n'a qu'un couple de grands-parents et la complexité du pourquoi ? Ceux qu'il aura vivent dans des pays différents. Il ne pourra pas courir dans tous les sens chez Nana pour obtenir des haricots, des chips ou plus d'œufs de Pâques. Franchement, je ne sais pas comment ni même si nous pourrons former une famille seulement à nous trois. Mais je ferai tout ce qui sera en mon pouvoir pour donner à notre enfant l'amour d'une immense famille étendue et remplir sa vie d'attention, de câlins, de bavardages, d'adoration et de camaraderie. Je construirai une famille choisie autour de mon bébé où lui et moi aussi nous sentirons toujours en sécurité.

4

J'ai toujours été hyper consciente de mon corps. Sa taille, sa forme, coupé, cousu, dilaté, couvert de lignes argentées dues à une alimentation désordonnée et à une activité physique extrême ou à leur abandon soudain. De tout son fonctionnement interne : ma myopie, mes mains douloureuses, la plaque métallique qui solidifie mon bras, les plaques de psoriasis qui fleurissent soudain comme des moisissures, mes jambes invraisemblablement fortes.

La grossesse est un pays des merveilles en ce qui concerne les sensations et les découvertes. Je lis tout ce que je trouve sur ce qui arrive à mon corps – l'assouplissement du col de l'utérus, la formation du bouchon muqueux, la relaxine parcourant mon corps, l'ADN du bébé se mélangeant au mien. La raison des nausées ou de la fatigue du matin, pourquoi mes pieds sont soudain brûlants la nuit et que je ne peux plus faire quelques pas sans avoir l'impression de suffoquer.

Quand je commence à avoir un peu mal au cou, comme si j'avais dormi dans une mauvaise position, je me dis que cela fait partie des petits problèmes de la grossesse dont on ne parle pas parce que l'accent est mis sur les nausées matinales, l'envie de pisser et les pieds qui grandissent.

Au début, je reste immobile quand je travaille sur l'ordinateur. Si je ne bouge pas, c'est supportable. Puis Peter m'installe dans un fauteuil, redressée et soutenue par de nombreux coussins – une vraie duchesse dorlotée.

J'ai peur de prendre des médicaments. Je ne veux pas de paracétamol, même s'il paraît que c'est sans danger, parce que j'ai lu une étude conjointe de Finlande et d'Islande montrant qu'il peut affecter le développement des organes génitaux des fœtus mâles. En définitive, je ne peux plus quitter mon lit. Quand le chiropracteur arrive, masqué, avec sa grande table pliante, je peux à peine bouger.

Je soupçonne que cet homme trapu et costaud au crâne chauve et brillant a plus l'habitude de traiter les muscles des athlètes que ceux d'une femme fragile et enceinte qui s'inquiète du stress que la douleur partagée doit causer à son bébé.

Il déploie dans notre chambre sa table de massage plastifiée – il y a tant d'objets plastifiés pendant la grossesse –, la couvre d'une serviette et me demande d'enlever le haut. Je suis allongée en pantalon de pyjama et brassière de sport, la main posée sur mon ventre arrondi. Il est nerveux et, dès qu'il me touche, je grimace et protège mon ventre rond. Au bout de cinq minutes, ses mains tremblent et je sens qu'elles sont moites de sueur froide. J'ai de la peine pour lui parce que je sais qu'il doit avoir conscience que je le sens. J'ai envie de dire : « Ne vous en faites pas, il n'y a pas plus nerveux que moi. Je transpire même des cils. » Mais je suis occupée à tenter de ne pas tomber dans les pommes.

Il me fait asseoir, manipule ma tête, et je crie de douleur, puis ris et souris pour le rassurer. « Ça va. Ça va. Ça fait un peu mal. » Nous répétons plusieurs fois le même cycle jusqu'au moment où, au bord des larmes, j'arrête de rire et de sourire.

Il finit par expliquer patiemment en mauvais anglais que j'ai un disque enflammé en haut de la colonne vertébrale. Je devrais aller à l'hôpital, mais si je ne veux pas à cause du covid (c'est le cas), le mieux est de me reposer et de faire les exercices qu'il me montre.

Je reste donc allongée deux semaines et je regarde Netflix, l'écran incliné vers moi. Peter m'apporte des bouillottes et des assiettes de frites au four, des glaces à l'eau et des bonbons acidulés pour calmer mes nausées matinales. De temps en temps, la souffrance devient si intense que je m'autorise un demi-comprimé de paracétamol et je plonge dans un sommeil profond causé par la douleur où je rêve, fiévreuse, de vieilles noix de cajou et de cornichons trop fermentés, en me demandant avec angoisse si mon fils aura un pénis normal et ce que veut dire « normal » de toute façon ?

À mi-parcours de mon séjour à l'horizontale, je dois rendre un court script pour un film français. J'étais enchantée de la commande qui faisait partie de vingt-quatre courts-métrages féministes écrits par des femmes d'après des récits réels d'actes sexistes. C'est bien payé et j'ai parfaitement conscience que nous ne pouvons pas nous permettre de nous en passer.

Je transcris le script grâce à une appli vocale, Peter tape ce qui pour moi ressemble vaguement au texte et, allongée avec l'ordinateur en équilibre sur le côté, je le corrige lentement d'un doigt en grimaçant de douleur à chaque frappe sur le clavier. Je réussis tout de même à respecter le délai. Je sais que, quand il sera programmé à la télévision française, il sera vu par des millions de spectateurs, mais c'est difficile à imaginer alors que je suis allongée dans mon pyjama sale, pas douchée et ayant un besoin urgent de mon demi-comprimé. Le respect de ce délai m'apprend beaucoup sur ce dont je suis capable et la manière dont je peux continuer à travailler.

Au bout de trois semaines, la douleur diminue. Un peu après quatre semaines, j'arrive à tenir debout et à marcher dans l'appartement sans sentir la douleur résonner dans ma colonne vertébrale jusqu'au bas du dos et dans les bras. Au bout de cinq semaines, je marche lentement dans le quartier accrochée au bras de Peter. À six semaines je me sens assez bien pour prendre le tram vers un autre quartier.

Les commerces rouvrent lentement. Pour notre premier déjeuner dehors, nous sommes assis au soleil devant un restaurant asiatique et mangeons des bao buns fourrés au bœuf sucré et collant, buvons de la limonade, et nous finissons le repas avec d'énormes donuts au levain remplis de crème anglaise et enrobés de sucre.

C'est possible car le gouvernement a mis en œuvre un confinement très strict et la population a obéi. À cause de l'obligation de porter un masque, les chiffres du covid en République tchèque figurent parmi les plus bas d'Europe. Nous nous sentons provisoirement en sécurité et nous sommes de nouveau amoureux de la liberté, de l'air printanier et du mouvement. Je suis de nouveau amoureuse de mon corps bourgeonnant, plein de promesses de nouveautés. Je ne me suis jamais sentie aussi belle.

Au deuxième trimestre de ma grossesse, nous passons quelques jours à Vienne, car les restrictions sur les voyages ont été allégées et ce n'est pas loin. Nous nous justifions en déclarant que ce sera notre dernière escapade. Nous serons prudents, masqués et nous respecterons les distances.

Je suis déjà allée à Vienne. Durant une liaison orageuse, horrible, avec un neuroscientifique, je suis descendue en larmes d'un train matinal, encore ivre et sans soutien-gorge, après avoir passé toute la nuit à me disputer avec lui en ingurgitant des *pálinka* dans un piano-bar de Budapest du nom de Piaf. C'était un jour épouvantable dans tous les sens du terme. Mon amie et moi avons marché sous une pluie battante, trouvé refuge dans un café-galerie (où j'ai vomi mes émotions dans un e-mail que j'ai envoyé au neuroscientifique). Pour des raisons que je ne peux pas expliquer, je n'ai mangé qu'un tentacule de calamar farci acheté au marché et un gros lapin de Pâques Milka. C'était une période très confuse. Après ce voyage, chaque fois que mon amie ou moi étions malheureuses, nous disions : « Je suis allée à Vienne aujourd'hui. »

Mais Peter et moi arrivons à Vienne par un après-midi ensoleillé et un immense ciel bleu. Les gens portent toujours des masques, mais on ressent un sentiment de légèreté, d'ouverture et d'espace qui manquait à Prague. Nous prenons le métro pour l'hôtel et nous promenons dans les rues estivales en mangeant de gros wraps aux falafels et de la glace à la lavande en tube.

Le lendemain matin, Vienne montre ses couleurs habituelles. Je ne connais pas de ville qui affronte des pluies aussi impressionnantes. Pas seulement continues, mais toujours glaciales et horizontales à cause du vent. Nous sommes venus avec dans nos valises des T-shirts et des vêtements légers en coton. Nous sommes constamment gelés, mais nous rions aussi constamment. Nous entrons dans des galeries d'art et des boutiques vintage, trempés, dégoulinant sur les beaux parquets brillants, et le soir, ne voulant pas aller trop loin, nous restons à l'hôtel, prenons un bain ensemble – tâche extrêmement difficile quand l'une est enceinte de quatre mois – mangeons en slip des pizzas à emporter tout en regardant des émissions nulles à la télé. Nous rions si fort un soir au bar de l'hôtel que toute la salle se tait et nous dévisage.

Le dernier matin, jour de la fête des Pères, nous nous rendons dans une vieille fête foraine presque déserte à cause du froid et de l'humidité. Nous montons dans un petit train qui passe devant des fenêtres éclairées remplies d'animaux en peluche et de machines aux rouages apparents. On y voit une forêt, le Petit Chaperon rouge, une famille de lapins sans la moindre ligne narrative, c'est un unique étalage effrayant bizarrement incohérent que nous adorons tous les deux. Nous jouons à Space Hockey et posons devant le piège mortel des années 1970. Nous nous rendons ensuite au musée de la Photographie où nous achetons un grand livre cartonné en allemand pour notre bébé, *Wir haben dieses Haus Gebaut!* Nous nous asseyons l'un en face de l'autre dans un café rempli de dorures où nous mangeons une montagne de gâteaux au chocolat en faisant semblant de lire les journaux sur leur baguette en bambou. Un petit panini avec Peter devant un garage m'aurait suffi, mais l'endroit est extraordinaire.

Je le couve des yeux par-dessus le journal et je sais qu'il sera un père formidable. Mon inquiétude a complètement disparu à cet instant. Et j'en suis si heureuse. Si heureuse de savoir que je vais partager l'éducation d'un enfant avec un homme comme lui et si heureuse que notre enfant ait un père comme lui. Il existe beaucoup de pères nuls, mais je sais que j'en ai trouvé un bon. En ce jour de fête des Pères, je ne ressens pas l'absence d'une famille, car nous avons la nôtre à présent. Bien que n'ayant pas eu un seul modèle d'homme positif dans mon enfance, j'ai miraculeusement réussi à trouver cet homme gentil, tendre, intelligent, dévoué à offrir à mon bébé. Peter conserve naturellement des réserves sur la paternité. Il ne veut pas voir notre vie changer, il ne veut pas être « dépendant », comme il dit. Je perçois cette tension. Mais je sais aussi que notre fils n'en sera jamais conscient. Il recevra en cadeau un père qui l'aimera et le protégera. Il grandira avec le spectacle de deux personnes qui s'aiment. Il se sentira aimé et entouré d'une affection inconditionnelle et durable. La vie est bien sûr plus compliquée et j'ignore quels défis nous attendent. Mais j'ai l'impression de vraiment comprendre maintenant ce que signifie une bonne famille et la force et l'immense réconfort que peut apporter au plus profond de son être un lien familial.

Pourtant le bonheur ne me va jamais très bien. Dans le train qui nous ramène à Prague, je commence à me sentir mal. D'abord une nausée, puis des crampes dans le ventre. Je suis saisie d'une panique soudaine à l'idée d'avoir tenté le sort en croyant avoir trouvé un bon père pour notre bébé ou en croyant que tout va bien se passer. Je suis tendue et silencieuse dans le taxi qui nous ramène chez nous. Une fois à la maison, je bois un verre d'eau et je sens de nouveau notre bébé bouger et se retourner dans mon ventre. Notre bébé me dit, il commence à m'apprendre, que nous méritons tous de bonnes choses. C'est normal d'attendre de bonnes choses. On n'invite pas le désespoir en espérant un avenir meilleur.

Je crois qu'on imagine souvent Prague comme une ville merveilleuse l'hiver. Ceux qui ne la connaissent pas évoquent des églises enneigées, des marchés de Noël, des patineurs sur la Vltava. À part cela, on ne pense qu'à l'architecture brutaliste lugubre et terne de l'époque soviétique : files de gens en gros manteaux de laine et énormes chapeaux, enfants aux joues rouges emmitouflés dans leur poussette sur fond de ville communiste grise. Innombrables églises imposantes. On pense peut-être aussi à des enterrements de vie de garçon où un pauvre homme est déguisé en pénis gonflable.

On peut être surpris par les étés splendides, extrêmement chauds de Prague. La ville passe apparemment du jour au lendemain de l'épanouissement magnifique des fleurs à une chaleur de four. Une chaleur telle qu'elle pèse sur vos épaules comme celle que j'ai ressentie dans le Sud-Est asiatique. Mais Prague n'est pas équipée pour de telles températures comme Bangkok : il n'y a pas de sols en marbre ni de ventilateurs au plafond, et la climatisation est rare.

Enceinte l'été, je dois me préparer à la chaleur. Notre appartement est bien isolé pour affronter les inévitables hivers pragois : une des fenêtres de notre chambre ne s'ouvre pas du tout. Mon énorme ventre ne rentre dans aucun de mes vêtements et je demande à un groupe de femmes sur Facebook si elles peuvent me vendre des habits. Je me retrouve avec un assortiment de robes à fleurs et de froufrous brodés. Pas mon style. Je suis déguisée. Mais, bizarrement et miraculeusement, un autre être humain grandit dans mon corps et, pour la première fois de ma vie, je me sens vraiment à l'aise dans ma peau distendue. Peu importe si je donne l'impression d'être du genre à avoir sur mon grille-pain un autocollant en forme de cœur avec écrit « Il est huître heures quelque part ! » et à savourer à l'avance la saison des *pumpkin spice latte*. Je n'ai jamais été autant moi-même.

J'ai envie de nager. Je rêve de plonger mon énorme corps en sueur dans l'eau fraîche, de me retrouver en apesanteur et élégante. Je fantasme en particulier sur un lac à Berlin où j'allais à vélo pour me baigner nue avant de m'asseoir innocemment en tailleur sur la rive et manger un kebab au halloumi accompagné d'une bouteille de bière encore fraîche, achetés en chemin dans un café turc. Il existe apparemment pas loin de Prague un lac où on peut nager. Peter et moi prenons le métro jusqu'à l'une des dernières stations. Nous ne sommes jamais sortis réellement des quartiers les plus centraux de Prague. Pour nous, Prague 4, à vingt minutes du centre, c'est la brousse. J'imagine qu'arriver à cette lointaine station serait comme aller à Croydon quand on ne connaît que Covent Garden. La réalité y est plus présente. On y voit des tours HLM et les gens ont l'air fatigué comme s'ils travaillaient dur. Après notre arrivée à Prague, alors que je portais des jeans déchirés et des bleus de travail, il m'a fallu longtemps pour m'apercevoir que bien s'habiller constitue un principe social ici. C'est aussi vrai dans ce quartier populaire, mais je vois bien que les vêtements propres, repassés et soigneusement entretenus, coupés dans des tissus bon marché, ne sont plus de première jeunesse. Tout le quartier paraît rétrograde, encore dans l'ombre de l'ère soviétique. J'imagine que beaucoup de ceux qui permettent à Prague de fonctionner vivent ici, assez près de la ville pour s'y rendre, profitant de loyers moins élevés qu'en centre-ville où ils augmentent sans cesse. Serveurs, barmen, éboueurs, ainsi que la gentille caissière du supermarché Albert qui me sourit toujours quand j'achète en larmes une glace pour apaiser mes hormones en folie.

Peter ne sait pas trop comment se comporter. Il n'a jamais vraiment vécu dans un quartier populaire, à part à Hackney qui, soyons francs, ne compte pas réellement depuis 2005.

Ou peut-être est-ce parce qu'il n'a jamais vécu autrement que par choix dans un tel endroit. Au pire, il a toujours eu, et aura toujours, la ferme de son frère à Bâle, la maison en pierre, grande et charmante de sa mère dans un village de Bourgogne, l'appartement chic et mansardé de son père à Zurich. J'observe son langage corporel tandis que nous tâchons de nous orienter dans la marée humaine entrant et sortant du métro et je perçois l'embarras d'un bourgeois dans un quartier pauvre. Non qu'en sortant de la station il pense attraper immédiatement une maladie, devenir pauvre ou se faire agresser d'une manière ou d'une autre, mais simplement il se trouve en terre inconnue. Mon passé et moi lui sommes complètement étrangers et, parfois, je sens l'immense abîme entre la façon dont nous avons vécu, lui et moi, nos vingt premières années.

Je suis injuste, bien sûr. Si on n'a pas grandi dans un quartier défavorisé, on y ressent peut-être encore davantage l'adversité sous-jacente et la menace du désespoir. Je veux toutefois qu'il comprenne que ces gens seront beaucoup plus souvent prêts à donner leur chemise et qu'ils voudront payer l'addition. Je me sens toujours à l'aise et en sécurité dans ces quartiers. Je rejette les épaules en arrière, je me redresse, malgré ma grossesse, car je sais qu'on ne peut pas donner une impression de faiblesse. Chaque fois que je me suis trouvée dans une ville étrangère – Tbilissi, Sarajevo, Omsk, Hanoï ou Rio de Janeiro –, chaque fois que j'ai marché a priori sans but, j'ai toujours atterri dans des quartiers populaires où j'ai immédiatement senti une sorte d'appartenance, un savoir partagé, même là où il n'y a pas de langue commune. Je marche dans des lieux complètement différents et pourtant complètement semblables à ceux de mon enfance. Des lieux avec des hommes qui fument devant des pubs ou des cafés, des femmes fatiguées qui se dépêchent de gravir des collines chargées de sacs en plastique gonflés et menaçant d'exploser, des enfants traînant près de la boutique du coin et reluquant les glaces des autres, et toujours un jardin parfaitement, soigneusement entretenu et plein de décorations. Je suis à présent absolument ravie de voir une partie de Prague qui semble plus réelle que la version idéalisée façon livre de contes de fées où j'ai émigré.

À la station de métro, nous prenons un bus pour le lac, mais nous ne tombons pas d'accord sur l'arrêt où nous devons descendre. J'ai chaud, je suis fatiguée et les bretelles de mon maillot de bain me scient les épaules. Je suis convaincue que si nous descendons bientôt, nous pourrons traverser la forêt jusqu'au lac. Peter, toujours pragmatique, suggère que je ne sais sans doute pas mieux que Google Maps. Mais je l'emporte. Nous descendons et traversons un terrain vague jusqu'aux arbres et, en avançant dans les hautes herbes drues et jaunes, nous arrivons à un campement d'une propreté qui fend le cœur – une tente tout abîmée, quelques chaises près d'un feu et à côté un empilement d'assiettes lavées et émaillées. Nous faisons marche arrière, ce n'est pas bien de traverser l'espace où vit quelqu'un.

De retour sur la route, en me dandinant, je dépasse un Lidl, un Iceland – « On doit pouvoir y acheter du Marmite » –, un grand bowling. Nous marchons au milieu des gaz d'échappement des voitures qui passent à vive allure et ma peau d'Écossaise me trahit encore une fois au soleil. Je suis toujours absolument décidée à aller au lac. J'ai apporté un pique-nique : serviettes en papier portant l'inscription « Mangez et aimez », chips au sel et au vinaigre, pain, fromage, tout cela suintant dans mon sac en tissu.

Nous dépassons quelques maisons qui ressemblent à des chaumières en pain d'épices montées en graine et nous pénétrons enfin dans la forêt. La carte nous guide au pied d'une colline géante. Je veux dire géante pour moi, une femme enceinte feignante, fatiguée, à bout de souffle même quand je marche à plat, comme si j'avais fait deux heures de HIIT. Pendant dix bonnes minutes, je reste pantelante, les épaules sensibles à cause du soleil, au pied de cette colline et je me demande où je vais trouver l'énergie pour la gravir. Je peux peut-être y arriver, mais je ne supporte pas l'idée qu'au bout de cette longue marche il n'y a peut-être pas de lac, que je vais grimper encore et encore, utiliser ce qui me reste d'énergie et, une fois au sommet, être cruellement déçue.

Nous décidons de prendre à gauche, dans un champ, à côté d'une petite ferme, l'autoroute surélevée derrière nous. Nous étalons notre couverture écossaise dans l'herbe sur les merdes de mouton et, affamés, nous ouvrons le paquet de chips. Je n'arrête pas de regarder autour de moi en me demandant où est le lac. Finalement, un vieux fermier apparaît. Le cliché qu'on a d'un éleveur de moutons tchèque est probablement très proche de la réalité : plusieurs couches de chemises un peu crasseuses, un gilet, une barbe tachée de nicotine, un chapeau noir informe vissé sur le crâne. Il tient même un bâton de berger, nom d'un chien ! Il nous observe avec curiosité, moi, mon gros ventre et ma robe rayée extensible qui ressemble à une tente de cirque en piteux état. Notre grande couverture de pique-nique, nos chips et notre baguette en plein milieu d'un champ jonché de merdes de mouton. Mais il est gentil, presque accueillant. Je souris et agite la main : « *Dobre den.* »

Il conduit un troupeau de moutons à la laine sale et emmêlée qui trottine avec ravissement derrière lui en bêlant. Tandis que nous mangeons nos chips, il leur fait faire deux fois le tour de la maison en décrivant un huit. Chaque fois qu'il passe près de nous, je fais un signe de la main, souris et dis bonjour aux moutons qui ne s'intéressent pas du tout à nous et suivent avec adoration leur propriétaire. Nous reprenons nos deux trams et notre métro, et rentrons chez nous sans même avoir aperçu le lac.

Bien que, la nuit, je me réveille soudain terrifiée à l'idée que les merdes de mouton m'ont peut-être donné la toxoplasmose, je suis contente que nous ayons pris cette déviation. C'est la preuve, s'il en fallait une, que Peter et moi sommes capables d'avoir une aventure n'importe où. Même si nous n'avons jamais atteint le lac, nous nous sommes assis dans un champ rempli de crottes et de moutons dépenaillés et pas curieux, puis nous sommes rentrés en passant par le supermarché pour acheter des pickles et nous avons tout de même passé une journée merveilleuse. Peu importe où je me trouve avec Peter, il y a toujours matière à rire. Il voit le monde d'une façon particulière et parfois absurde que je prends plaisir à partager. Il s'assoit avec moi dans un champ pourri en mangeant du fromage suintant et nous sommes heureux. Le fait que nous nous aimons et que nous veillons l'un sur l'autre n'est jamais remis en question.

Nous allons finalement nager. Une piscine en plein air à Žižkov, fréquentée par les communautés rom et sud-asiatique. Je m'en fais la remarque parce que la diversité est l'exception et non la règle à Prague. Les enfants courent joyeusement, les vieux bavardent, tandis que les parents fatigués se relaxent autour de la piscine sur les chaises longues qu'ils ont louées. Une fumée qui fait saliver s'échappe d'une cabane où on vend de la bière à la pression, des saucisses grillées et du fromage frit.

Quand j'entre dans l'eau, je me sens très légère. J'imagine mon bébé – un tout petit astronaute en apesanteur – flottant dans mon ventre. Je l'imagine se prélassant comme moi en tournant, et nos bras et nos jambes bougeant doucement, paisiblement dans l'eau. Je sens le soleil sur mon crâne et j'émerge aux sons joyeux des rires et des bavardages. Je reviens vers Peter, m'allonge sur le flanc avec mon gros ventre, et je m'endors au soleil, l'écho apaisant du bonheur dans les oreilles.

Des semaines plus tard, nous trouvons le lac. Il est bien en haut de la grande colline que j'avais décidé de ne pas gravir. Je déclare plusieurs fois ce jour-là, tandis que nous contemplons l'eau transparente comme du cristal bordée de rives sablonneuses et entourée par la forêt : « Tu imagines, si seulement j'avais trouvé un peu plus d'énergie. Si seulement je n'avais pas insisté pour descendre du bus trop tôt. Nous étions à dix minutes du but. » Et Peter répond : « Eh bien, nous y sommes maintenant. »

Le lac est magnifique, mais bruyant. Plusieurs bars diffusent à plein tube de l'europop et, dans l'aire de jeux pour les enfants, un immense trampoline est arrimé au sol comme une boursouflure multicolore. Il y a un toboggan, des kayaks et des paddles à louer.

Au bout d'un moment, nous nous dirigeons vers la zone nudiste. Comme souvent en Europe centrale, la République tchèque a une attitude décontractée envers la nudité. Les hommes pissent souvent dehors en pleine journée sans se cacher. On est nu dans les saunas, comme en Allemagne, ce que j'apprécie, contrairement au fait que les hommes pissent dans la rue. J'aime être nue ici où les corps ne sont pas sans arrêt évalués et sexualisés mais considérés comme l'enveloppe dans laquelle nous existons, qui nous permet d'exister. Ne pas couvrir son corps quand on nage, quand on prend des bains de soleil ou simplement quand on vit semble plus logique.

Nous empruntons des chemins forestiers jusqu'à l'autre bout du lac. Peter cueille quelques cerises que nous mangeons en marchant. J'ôte mes vêtements dans la cabane des toilettes près de l'entrée et j'en sors comme une enfant timide, les bras serrés contre moi pour me protéger. Mon corps n'est pas mon corps normal, mais le corps de ma grossesse. Je sais que je vais attirer la curiosité. C'est naturel.

Nous marchons main dans la main vers le bord du lac. Notre regard est brièvement attiré par un match de volley-ball où les joueurs énergiques et nus ne portent qu'un sac banane, mais dans l'ensemble il y a quelque chose d'incroyablement désuet dans la zone nudiste. La plupart des gens ont la cinquantaine ou la soixantaine. Notre gêne se dissipe rapidement. Il y a une aire de jeux pour les enfants, mais je doute qu'elle soit très utilisée. Les gens sont allongés sur des couvertures et bavardent, certains sur le ventre, d'autres étalés comme des étoiles de mer pour profiter des derniers rayons de soleil de l'après-midi.

Nous pataugeons jusqu'au lac à travers le panic érigé et j'entre doucement dans l'eau. On n'imagine pas la différence entre nager couvert d'un petit bout de Lycra et nager nu, pourtant c'est extraordinaire. C'est comme une nouvelle naissance. Peter me tient les mains et attire mes jambes autour de sa taille, je suis portée par l'eau et je tourne dans ses bras.

Il m'embrasse. Le soleil se reflète sur l'eau, la lumière frappe mon ventre rond.

Il y a d'autres lieux de baignade : l'un dans un vieux village de vacances soviétique, un autre dans la Vltava glaciale en face du marché où nous achetons des navets difformes et du pain serviette libanais le samedi. Nous y nageons, frigorifiés, en regardant les trams rouges passer sur le pont, et je sens la ville autour de nous vrombir, nous avaler. Mais je me souviens de la journée au lac comme dorée par le soleil.

Peter a fabriqué un téléphone, avec deux pots de yaourt reliés par une longue ficelle, pour parler au bébé *in vivo*. Je suis allongée sur le flanc dans le lit – être couchée sur le dos me terrifie toujours – et je tiens un pot de yaourt contre mon ventre à présent dur et tendu comme un tambour, tandis que Peter parle dans l'autre pot en adoptant le ton officiel d'un sous-directeur de banque motivé : « Bonjour, je suis ton père. »

J'éclate de rire. « *Bonjour, je suis ton père.* Vraiment ? Chéri, parle-lui comme s'il faisait véritablement partie de toi. Ce n'est pas une vague connaissance de travail. »

Nous rions et il réessaie. Pour lui, ce n'est pas naturel, et, à l'évidence, il est terriblement gêné. Finalement, nous décidons de passer au « téléphone » une chanson camerounaise que nous aimons beaucoup.

Cela témoigne toutefois d'un problème plus important. Peter fait tout ce qu'il peut pour moi. Il m'aime et veille sur moi. Il est très proche de moi, mais je ne le sens pas proche du bébé. Je sais que faire une remarque ne serait d'aucune aide. J'ai grandi avec des gens qui me faisaient remarquer tous mes défauts et la façon d'y remédier. Il m'est difficile de ne pas transmettre cette attitude critique. Mais comment me libérer de mon inquiétude ?

Il est le passager de la voiture que je conduis. Un passager charmant, drôle et bavard. Il me laisse choisir la musique et chante avec moi, même si ça ne lui plaît pas. Mais je le veux présent, pour les choses pratiques également, comme lire la carte et garder un œil sur la jauge d'essence. Je veux qu'il s'engage auprès de celui que nous appelons « le bébé », ce que nous devons acheter, les rituels que nous devons apprendre avant son arrivée, la façon dont nous lui donnerons naissance.

Il est vrai qu'il regarde avec moi une émission américaine sur l'accouchement – où tout le monde a une vingtaine d'années et en paraît cinquante-cinq, sans doute à cause du sirop de maïs et du poulet au chlore –, mais il a l'air de s'ennuyer, plaisante, tripote son téléphone comme un adolescent contraint de visionner une vidéo d'éducation sexuelle. Pour moi, c'est évidemment moins barbant et moins drôle car je suis celle qui va le vivre, cet accouchement. Il achète un livre pour les futurs pères mais l'abandonne au bout de deux pages.

Un jour, nous allons au parc de Stromovka voisin, l'un des plus grands parcs pragois. On y trouve plusieurs étangs, six ou sept aires de jeux, trois excellents bars, un planétarium, une patinoire, un aquarium, une fête foraine, un espace de parkour, des barbecues, parfois un cirque… Nous nous y promenons souvent car c'est la façon de sortir qui nous paraît la plus sûre en ces temps de covid. On aperçoit parfois un pivert ou un écureuil roux, ce qui ne manque jamais de m'étonner, car ils m'ont toujours semblé inventés, à moi qui ai grandi dans des cités HLM.

En haut du parc, nous achetons à boire à la fenêtre ouverte du café de l'école de sculpture. Tout en racontant des bêtises sur l'avenir, je ne cesse de jeter à Peter des œillades pleines d'espoir. Ce sera super, hein ? Ce sera merveilleux quand on se promènera ici avec notre bébé, non ? Tu ne crois pas que ce sera magique de faire sa connaissance ? J'ai tellement hâte de le connaître, pas toi ? Tu ne penses pas qu'on sera des parents géniaux ? Nous trouverons charmant tout ce qu'il fera. Et Peter, d'ordinaire si expansif avec moi – si je commence une conversation sur les Polo à la menthe, il enchaîne avec un bon mot ou une anecdote –, hoche discrètement la tête, regarde ailleurs et change de sujet.

Nous nous asseyons sur un banc dans une pente raide. Devant nous, d'énormes chiens, langue pendante, tirent leurs maîtres vers le bas, les cyclistes font de gros efforts pour la gravir, un enfant assis sur un skateboard la dévale en criant. Nous ne le quittons pas des yeux, nos verres à la main et mon gros ventre de femme enceinte entre nous. « J'ai besoin que tu sois là avec moi, dis-je à Peter.

– Je suis assis juste à côté de toi.

– Non, j'ai besoin que tu sois là avec moi et avec le bébé. Je vois bien que tu n'es toujours pas sûr. Que tu as des doutes ou… une certaine réticence, et nous ne pouvons pas faire ça à un bébé. »

Il répond qu'il n'en a pas du tout l'intention. Il est effrayé. Il est nerveux. Il n'avait pas prévu d'être père, après tout. Je suis dans tous mes états. « Ça ne fait rien. Ça ne fait rien. Tu aurais dû me le dire si tu ne voulais pas. On aurait arrêté d'essayer. Tu as eu des années pour le dire, bon sang. On a décidé d'avoir cet enfant. On va le mettre au monde et on doit l'aimer comme il faut. Et commencer maintenant. Dès sa naissance il doit se sentir aimé, soigné et choyé. Après l'enfance que j'ai eue, je préférerais mourir que de mettre un enfant au monde et qu'il ne reçoive pas l'amour qui lui est dû. S'il te plaît, je t'en supplie. Essaie. Essaie de penser à ce bébé comme un plus. Il ne va rien nous enlever. Il nous donnera quelque chose. C'est quelque chose de nouveau, un nouveau départ, une nouvelle vie. Une couche supplémentaire, plus profonde, dans la relation que nous avons déjà. S'il te plaît, je t'en supplie, essaie. »

Je pleure – en cause, les hormones et une inquiétude très réelle. Parce que je connais les pères ambivalents. Il y a eu le mien, puis d'autres. Un père qui ne me voyait qu'une semaine par an au mieux, qui ne m'aimait que comme un reflet de lui-même et n'hésitait pas à me blesser ou à me dire des mots cruels si son ego l'exigeait. Il m'oubliait vite si c'était là encore dans son intérêt. J'ai donc cru, comme on me l'a appris dès le plus jeune âge, que a) les hommes ne valaient rien et mon père comme mon beau-père en étaient constamment la preuve ; et que b) je n'avais de la valeur pour les hommes que si j'étais exactement ce qu'ils voulaient, quoi que ce fût. À l'adolescence, j'étais très cruelle avec les garçons et les hommes corrects qui me traitaient bien, pensant qu'ils avaient en eux quelque chose de fondamentalement faible et qui clochait. J'étais aussi la proie d'hommes qui décelaient mes fragilités et en profitaient. J'ai souvent répété ce cycle une fois adulte. Je sais que Peter ne sera jamais comme ça. Ce n'est pas dans sa nature. Si je lui offrais une plante d'intérieur, il se mettrait en quatre pour la garder en vie, la soigner et s'assurer qu'elle a de la place, de l'eau et de la lumière. Je sais qu'il ne sera pas un mauvais père, mais j'espère qu'il sera un père heureux. Je ne veux pas que ce qui m'arrive de mieux dans la vie le soit aux dépens de la sienne. De notre vie ensemble. Et je veux qu'il soit ici avec moi. Plus encore, je suis moi aussi terrifiée. Seule dans un pays inconnu avec lui seul. J'ai besoin de lui. J'ai besoin qu'il ne soit pas seulement mon mari et moi sa femme. Ça, nous savons faire. J'ai besoin qu'il soit le père et moi la mère. J'ai besoin que ce soit un vrai partenariat.

« Écoute. Je sais pourquoi tu t'inquiètes. Moi aussi j'ai vu des couples rompre après la naissance de leurs enfants.

– Je veux juste que ça ne change pas et on dirait que ça arrive à tout le monde et… »

Je pose ma main sur la sienne. « Mais nous ne sommes pas tout le monde. Nous sommes nous. Et nous, c'est plutôt spécial. On n'est pas comme les autres couples. C'est un fait. Je te le promets. »

Nous faisons une trêve fragile. Il s'engage à essayer de lutter contre ses angoisses. Il embrasse mes larmes, caresse mon ventre et tente vaillamment de parler au bébé en lui disant qu'il l'aime et qu'il est impatient de le connaître. Puis nous nous levons et descendons ensemble la colline vers ce que l'avenir nous réserve.

Mais la grossesse change les choses. Ou, non pas la grossesse, mais le spectre des changements dans notre vie. La ville que Peter et moi avons construite ensemble si méticuleusement, avec ses fondations solides et un motif de satisfaction dans chaque rue, va devoir passer le test. Être parents va nous amener à examiner chaque aspect de nous-même et de l'autre et la façon dont les pièces de ce puzzle complexe s'accordent. Ou pas. La naissance prochaine m'évoque une immense tente de cirque installée en périphérie de notre ville. Nous l'apercevons au loin et nous nous demandons ce qu'elle va changer dans notre douce manière de vivre si prévisible.

C'est sûr, cela semble intéressant, peut-être même amusant et nous l'attendions. Mais c'est aussi l'inconnu qui se profile sur un horizon auquel nous nous étions tant habitués.

5

Une grossesse pendant une pandémie est forcément étrange. Sur un groupe Facebook de mères attendant leur bébé dans les mois à venir – elles avaient migré d'un forum Mumsnet sur la conception –, je lis les changements dans les services au Royaume-Uni. Les visiteurs ne sont plus autorisés lors des échographies, les rendez-vous annulés, il n'y a plus d'examens. À Prague, les choses fonctionnent encore, mais de manière inconnue et souvent impénétrable. J'essaie d'obtenir un test de glycémie en serrant dans ma main moite la lettre de mon gynécologue-obstétricien – une feuille format A5 indéchiffrable – et me rends à l'hôpital universitaire à 6 heures du matin à jeun depuis douze heures. L'hôpital est kafkaïen, des bâtiments à l'intérieur d'autres bâtiments sur plusieurs niveaux. Il faut imaginer une femme proche de son terme, vêtue d'un kaftan rouge vif, essoufflée derrière son masque, qui monte et descend des escaliers sans début ni fin en traînant les pieds : un ballon de plage rebondissant dans les angles aigus d'un tableau d'Escher. Je me dandine d'un bâtiment à l'autre, je montre mon papier à une personne au visage sévère, puis à une autre, qui m'envoie à un endroit, puis à un autre.

Je finis par trouver un bureau d'accueil, mais il est désert. Un jeune étudiant en médecine qui parle anglais me demande de prendre un ticket – exactement comme ceux des rayons fromage de ma jeunesse – et de m'asseoir. Ce que je fais en serrant mon ticket, mon téléphone allumé sur Google Translate, mon dossier jaune clinquant rempli d'autres feuilles encore plus indéchiffrables. Le secrétariat est entièrement vide, mais j'attends. Une femme de ménage avec une magnifique coupe mulet rouge vif des années 1980 promène son balai à franges sur le lino impeccable des années 1970 et disparaît. Un vieux type dont le nez dégouline de sang jusque sur son menton, dans les plis de son cou, sur les poils de sa poitrine, s'assoit, pitoyable. J'ai des haut-le-cœur, mais mon ventre est heureusement vide à cause de la nécessité d'être à jeun depuis douze heures. Je me lève et lui donne un paquet de mouchoirs pour enfant ornés de dessins de pandas en train de danser. Il le prend avec gratitude et un peu de méfiance. Je me rassois. Une heure passe. Je suis crevée et j'ai faim. À des moments comme celui-ci, assise à l'accueil presque vide d'un bâtiment niché dans un groupe de bâtiments, dans une ville où je ne connais personne à part Peter, ma grossesse me paraît incroyablement précaire. Et si je ne reçois pas les soins qui me sont nécessaires ? Et si quelque chose de crucial m'échappe ? Et si Google Translate me laisse tomber comme ça lui arrive même dans des situations sans enjeu, au restaurant par exemple et qu'on me donne l'équivalent médical d'un jarret de porc au lieu d'un cheeseburger ?

Je suis assise sur un siège inconfortable, l'homme au nez en sang et moi évitons poliment de nous regarder et je sens tout le poids de ma vulnérabilité. Quelqu'un arrive à l'accueil et l'homme est emmené immédiatement. Il revient environ vingt minutes plus tard, le visage nettoyé, et me rend le reste du paquet de mouchoirs. Nous nous sourions, faisons un signe de tête et il s'en va. Quand c'est mon tour, je tends mon papier en piteux état et taché de sueur. J'essaie d'abord de prononcer les mots tchèques, puis utilise Google Translate pour expliquer que je suis ici pour un test de glycémie.

« Non.

– Non ?

– Non. »

Ce n'est pas ici. C'est complètement ailleurs. On me montre l'adresse et je parcours en hâte les quinze minutes de marche jusqu'à la clinique. Quand j'arrive, l'hôtesse principale me fait signe de me mettre devant la queue. « Vous êtes une mère. Vous avez l'air fatigué », me dit-elle gentiment en anglais. Et, presque en larmes, je lui réponds que oui. Je tiens toujours mon bout de papier, aussi ramolli et en piteux état que ma détermination, et je le lui montre. Elle m'indique une autre porte dans le couloir et m'encourage d'un signe de tête alors que j'hésite. « Oui, oui. »

Je me retrouve dans une autre queue, immense, qui serpente de la salle d'examen au couloir Art déco en marbre équipé d'une rampe d'escalier en chrome et teck. Tout le monde porte un masque, l'odeur de gel hydraulique forme un nuage autour de nous. Je suis tellement fatiguée. J'ai l'impression de faire du mal à mon bébé. J'espère qu'on me fera passer devant ici aussi, mais tout le monde n'en peut certainement plus de faire la queue. Enfin, après quinze, vingt minutes à avancer lentement, c'est mon tour. C'est fini. Je vais faire l'examen. Il sera normal. Je rentrerai à la maison et m'allongerai sur le côté gauche pour le reste de la journée.

Devant le dernier bureau, où les hôtesses n'ont rien à envier aux poissonnières dans le genre redoutable et « je connais la chanson », je pousse un soupir de soulagement, souris derrière mon masque et tends mon papier. La femme a les bras de quelqu'un travaillant dans une carrière ou d'une femme qui réduit en miettes soixante-dix pains de seigle rassis par jour (ils ne servent à rien dans l'administration). Elle le lit et me pose une question en tchèque à toute vitesse. Je lui réponds en tchèque que je suis désolée, je ne comprends pas. Elle me crie dessus. Tout le service, toutes les rangées de gens qui étouffent sur leur siège sans rien avoir d'autre à faire, me regardent. Je suis désolée, dis-je en anglais. Je suis désespérée. J'ai envie de m'enfuir mais je sais que je dois rester. Derrière moi, une jeune femme avec des dreadlocks et des Dr. Martens violettes propose de m'aider. Elle me sert gentiment d'interprète pendant que l'effort de retenir mes larmes me fait trembler. Je ne veux pas apparaître comme une femme enceinte hystérique qui pleure sans raison. Je cherche désespérément un point d'ancrage dans ma tête, comme chaque fois que je suis dans cet état – je me dis que des gens ont de vrais problèmes. Ce n'est pas un vrai problème, malgré ce que prétend mon corps. Il n'y a pas de vraie menace. Pas de danger pour moi ou mon enfant. C'est une réponse apprise, inscrite dans mes gènes et répétée toute mon enfance, mais mon esprit rationnel est plus fort. Je suis plus forte. Le temps, quelques secondes, que mon corps et mon esprit fassent le tour de cette fuite, cette frayeur, cette habitude de négocier avec moi-même pour trouver la paix, la jeune femme m'apprend qu'il est trop tard. Il fallait être là à 6 h 30. Merci, lui dis-je. J'étais là à 6 heures, mais personne n'entend ces mots car je me précipite dehors pour pleurer dans la rue.

Je tiens mon ventre et j'appelle Peter à travers le voile flou de mes larmes. Je marche, paniquée, vers le café le plus proche, bien nommé Mamacoffee. Vingt minutes plus tard, je mange des crêpes et un yaourt, je respire régulièrement et ne pleure plus. Je reviendrai. Je reviendrai le lendemain et, si ça ne marche pas, le surlendemain. Je me frotte le ventre. Je ne fais pas de mal à mon bébé. Je fais simplement ce que je peux et c'est bien comme ça. Même si j'apprends cette leçon pour la première fois, je sais que je vais sans doute devoir l'apprendre encore et encore.

Je reviens le lendemain. Un jeune laborantin au visage rond et amical qui parle un anglais parfait est appelé immédiatement, et tout se passe comme si j'étais une VIP. Cela arrive souvent dans les centres médicaux tchèques. Je me trouve d'abord confrontée à la difficulté déconcertante de franchir la barrière de la langue puis, une fois que je suis entrée dans le système, que j'ai passé les gardiens, je suis accueillie avec l'attention et la gentillesse extrêmes de gens qui essaient de soulager mon inconfort en me mettant à l'aise. Il fait la prise de sang à mon bras toujours dépourvu de veine avec une telle douceur et un tel savoir-faire que je le traite en plaisantant de Dracula. Je bois le liquide orange vif à l'insuline et vais m'allonger sur un banc dans le parc d'en face, écœurée et vaseuse à cause du sucre et de mon départ au petit matin, jusqu'à ce que deux policiers me demandent poliment de partir. Je découvre au vu de mes résultats que j'ai un diabète gestationnel. Je ne l'avais jamais envisagé. J'interroge le gentil laborantin : « Qu'est-ce que je dois faire ? » Mais bien sûr, son travail consiste seulement à effectuer des prises de sang. Il me caresse le coude et me remet lui aussi une feuille de papier – autre piste dans l'étrange chasse au trésor médicale avec mon bébé comme récompense – en me disant de l'apporter à mon médecin.

Mon médecin me donne encore un papier et une adresse. J'ai besoin d'un traitement. En fin de compte, il me faut de l'insuline. Pour l'obtenir, ainsi que le petit dispositif avec lequel me piquer le doigt pour tester mon sang trois fois par jour, je me rends à l'annexe la plus éloignée de l'hôpital Na Bulovce, en haut d'une colline dominant les maisons de la banlieue de Prague. Je traverse les locaux de l'hôpital et m'arrête pour prendre des photos des signaux jaune fluo peints à la bombe sur les trottoirs, qui guident les patients vers le centre anti-covid. J'arrive dans un service qui, avec sa façade en brique rouge et son sol couvert d'un lino austère, ressemble à un hôpital psychiatrique des années 1930.

Assis à l'accueil, un homme mince et âgé aux cheveux gris et tombants, vêtu d'un pull couleur d'automne, me fait signe d'entrer. Il n'y a pas de secrétariat, il me faut juste trouver la porte sans étiquette du bureau de mon médecin et m'installer sur une chaise – une sur deux est barrée d'un scotch de couleur vive pour faire respecter les distances sanitaires – jusqu'à ce que quelqu'un daigne, ou non, venir me chercher.

Je reste assise longtemps, les yeux fixés sur la porte capitonnée, en me disant que quelqu'un finira bien par apparaître. Je traduis l'inscription sur la porte : « Ne frappez pas. Quelqu'un va venir. » J'attends toujours. Le bâtiment abrite aussi le service de cardiologie et je regarde passer sur des brancards des personnes âgées à la peau d'une pâleur gris rosé, comme du thon très transformé. Elles errent tout près de la mort alors que mon ventre annonce la vie. Je souris, dis poliment « *Dobre den* » et me frotte le ventre avec une conviction croissante. Le côté symbolique me semble assez juste. Finalement, je prends mon courage à deux mains et frappe prudemment. Quand la porte s'ouvre, je serre simplement mon ventre – je le fais souvent, n'ayant pas les mots pour exprimer que j'ai besoin d'aide, que je suis vulnérable – et tends le papier de mon gynécologue. Les infirmières ne vont sûrement pas crier sur une femme enceinte (certaines personnes le font, cela arrive même souvent, mais pas ces femmes apparemment douces et gentilles). Elles me font entrer dans un petit bureau, accueillantes mais stupéfaites de me voir débarquer sans parler tchèque, elles échangent des regards perplexes. Après avoir consulté plusieurs grands registres, elles me donnent un rendez-vous avec un médecin qui parle anglais et je suis admise dans le service.

Le médecin et les deux infirmières sont d'une gentillesse exceptionnelle. Ils me montrent le paquet du pain que je peux manger et trouver au supermarché (un petit pain rond et noir), m'aident à établir mon régime, me donnent les noms en tchèque des aliments autorisés et me montrent comment percer mon doigt, lire le résultat, injecter l'insuline. Mon assurance santé européenne pose problème, mon inscription à l'assurance de Peter n'est pas encore effective. Ils passent plusieurs coups de téléphone à l'administration pour s'assurer que les bandelettes d'analyse de sang et l'insuline seront fournies gratuitement, même si je propose plusieurs fois de payer.

Chaque soir, je pince un bon gros morceau de cuisse entre le pouce et l'index. Ça fait mal. Ma cuisse est pleine de bleus violets, jaunes, verts comme la peinture au doigt d'un enfant. Je clique sur les dosages d'insuline sur le stylo – bas grâce à un régime sévère composé de Babybel et de concombre, de viande hachée et de tranches de jambon –, appuie l'extrémité sur ma peau, clic. Je suis brièvement enveloppée par l'odeur chimique.

Chaque semaine, je me pointe avec les résultats quotidiens de ma glycémie, une feuille tachée de traces marron de sang séché, car je me dépêche de noter le chiffre avant que l'appareil ne s'éteigne. « Qu'est-ce que vous avez mangé là ? » me demandent-ils en me réprimandant gentiment. « Une petite pomme de terre. Pas plus grosse que mon poing. J'ai cru que ça irait. » Ils me pèsent et surveillent aussi la croissance de mon ventre et de mon bébé. À chaque étape, sur la balance, en lisant les résultats, ils me tapotent le bras et le dos. Ces petites tapes signifient : allez, regardez comme vous vous débrouillez bien. Votre bébé grandit comme il faut. J'apprends qu'ils sont tous diabétiques et je me demande à quel point les spécialités médicales seraient différentes si les médecins et les infirmières chargés des patients avaient une expérience personnelle de la maladie qu'ils traitent.

La grossesse n'est pas sans autres frayeurs. Les jours où ni ma position sur le dos, ni le Coca-Cola (avant le diabète), ni l'eau glacée (après le diagnostic), ni le heavy metal transmis à mon ventre ne convainc notre grosse carpe japonaise, habituellement très active, de nager. Après une journée passée à marcher en ville, quand nous prenons un taxi pour aller directement à l'hôpital. Un autre taxi, tard le soir, quand le chauffeur a vraiment cru que j'étais en train d'accoucher et a rejoué *2 Fast 2 Furious* dans les petites rues de la banlieue de Prague. On me dit que mon placenta est en position haute. Mon liquide amniotique est peu abondant. Il n'y a rien à faire, sinon être vigilante et bien hydratée. Et donc je tiens mon ventre et retiens mon souffle, descends des litres d'eau, prends mon insuline, me pique le doigt et compte les jours qui nous séparent de la naissance quand nous saurons si notre bébé va bien ou non.

Bien sûr, j'aurais préféré pour mon enfant une grossesse sans souci et en bonne santé, pendant cette période étrange où je me sens seule, mais je suis très reconnaissante de sa gentillesse à l'équipe qui surveille mon diabète. De ce que, à part Peter, des gens soient présents à mes côtés au fil des semaines. Et, moi qui ai constamment tellement peur pour le bébé, en sortant de ces rendez-vous toujours positifs, je me sens beaucoup plus légère. Quand je quitte le vieux bâtiment en face de la cantine du personnel, je descends la colline avec des infirmières et des médecins manifestement épuisés (tous font des heures supplémentaires à cause du covid), encore en blouse, bas et sabots en plastique. Ils discutent et mangent des glaces à l'eau. N'est-ce pas super de voir un adulte si heureux avec une glace à l'eau, un peu de soleil, un bavardage décontracté au milieu de tout cela ? me dis-je. Par « tout cela », je n'entends même pas la pandémie, j'entends la vie. Je descends cette colline, je vois leurs visages rayonnant d'une joie innocente tandis qu'ils mordent dans leur glace à l'eau, et je me sens pleine d'espoir pour le bébé en moi.

6

Dans ce qui semble être une tendance, en septembre le nombre de cas de covid augmente de nouveau en République tchèque. J'ai de plus en plus peur de sortir. J'ai peur que Peter ou moi l'attrapions, que nous nous retrouvions avec les terribles symptômes d'un covid long et devions élever notre enfant tout en luttant contre la maladie. Nous sommes devenus pathologiquement prudents. Une fois par semaine, je prends un Uber toutes vitres baissées, un masque sur le visage, pour me rendre chez mon diabétologue ; à part cela, nous restons dans le quartier et faisons quotidiennement une « promenade d'épidémie ». Nous allons souvent dans un café vietnamien moderne près de chez nous, nous nous asseyons sur un banc sous un arbre au soleil, buvons du thé servi dans une théière noire avec une anse en bois. Ou bien nous nous installons dehors devant notre boulangerie – je mange des bâtons de saucisson et de fromage, tandis que Peter dévore une énorme tranche de gâteau aux myrtilles et au fromage blanc. Nous partons parfois dans la direction opposée, vers la rivière, contempler les mouettes qui se balancent sur les vaguelettes, ou pique-niquer près des anciennes voies ferrées, jambes pendantes au bord du quai. Nous découvrons un jardin communautaire où tout le monde peut cueillir des fleurs et des légumes, à côté d'un petit boulodrome où nous buvons parfois un café.

Tous les dimanches, je prends une photo de mon corps. J'ai toujours détesté me voir en entier sur une photo. J'ai extrêmement conscience de toutes mes imperfections et difformités, je sais qu'une mauvaise photo peut déclencher instantanément des larmes, provoquer une spirale d'angoisse pendant des jours et un régime agressif et extrême durant des semaines. J'ai un jour décrit mon corps comme un affreux manteau que je ne peux jamais ôter. Mais j'adore ces photos de mon corps gravide. Parce qu'il n'est plus censé être idéal, beau ou sexy. Je suis en quelque sorte à la fois complètement à l'écart et pourtant indissociablement liée à ce qu'on attend en général d'une femme. Et je suis tellement contente de ce répit temporaire que je ne peux que regarder ces photos pleine d'admiration pour la magie de ce que mon corps accomplit.

J'ai l'impression que ma peau ne peut plus s'étirer davantage. Mes deux pipis nocturnes sont passés à quatre. Je commence à prendre conscience que ce bébé va devoir sortir d'une manière ou d'une autre. Chaque jour, aux informations, on parle de l'effondrement imminent du système de santé. Nous sommes passés du « meilleur en temps de covid », comme le déclarait notre Président au début, au « meilleur du pire du covid », comme plaisante maintenant le Twitter tchèque. Un immense hôpital militaire temporaire a été installé près de la fête foraine, c'est déjà ça. Qui peut résister devant l'ironie de cette situation : les tentes d'un hôpital en période d'épidémie à côté d'un train fantôme ?

Je dis tous les jours : « Je serai tellement contente quand notre bébé sera là, en sécurité avec nous. » J'ai constamment peur d'une urgence médicale de dernière minute et m'inquiète de la façon dont j'accéderai au système de santé déjà sous tension, sans parler tchèque. Nous avons trouvé une doula, une femme sévère et directe qui n'a guère confiance dans les services de maternité et qui, je l'espère, me soutiendra dans la salle d'accouchement. Qui pourra dire en tchèque : elle ne veut pas d'épisiotomie systématique et aussi, s'il vous plaît, pas de forceps, elle veut bien tous les médicaments disponibles. Mais les règles ont changé et un seul adulte aura le droit de m'accompagner. On parle maintenant d'interdire la présence du compagnon de la parturiente.

Je n'ai vécu que des moments positifs, bien qu'un peu déroutants, avec le système de santé tchèque, mais l'idée de me retrouver seule dans cet hôpital des années 1970, entourée du personnel médical tchèque très compétent quoique pas forcément très chaleureux, alors que je suis sur le point d'accoucher de mon premier enfant, me remplit d'une terreur abjecte. Je me rappelle toutes mes amies, enceintes avant moi, qui disaient environ un mois avant la naissance : « Je suis très stressée. Je suis tellement stressée. Cet accouchement me terrifie complètement. » Et je souriais avec indulgence, buvais une gorgée de vin et leur affirmais que les femmes accouchaient depuis toujours et que c'était la chose la plus naturelle du monde. Maintenant que c'est mon tour, je donnerais volontiers un coup de poing dans la gueule de mon ancien moi. J'ai acheté une série de leçons d'accouchement sous hypnose qui m'ont déjà mise en colère à cause d'un de leurs mantras : « Mon corps sait ce qu'il fait. Je fais confiance à mon corps. » N'est-il pas déjà prouvé qu'avec un diabète gestationnel, peu de liquide amniotique et un placenta haut, mon corps ne sait pas ce qu'il fait ? Si mon corps savait ce qu'il faisait, il m'aurait fait tomber enceinte à Liverpool, avant la pandémie, plutôt que d'attendre que je sois bloquée dans un pays étranger en plein milieu d'une pandémie mondiale.

J'écoute tôt le matin le podcast américain *Histoires de naissances*. Des femmes au doux accent du Middle West un peu voilé par le manque de sommeil détaillent avec intelligence, précision et perspicacité tout ce qu'elles espéraient de leur accouchement. Puis j'écoute la suite du podcast où tout ce qu'elles attendaient a complètement foiré. Celles qui ne voulaient pas de médicaments ont pris tout ce qu'elles pouvaient. Celles qui souhaitaient une naissance naturelle ont eu droit à plusieurs interventions. Beaucoup déclarent avoir vécu un état de stress post-traumatique après une naissance difficile ou un conflit en salle d'accouchement, à la suite de quoi beaucoup affirment qu'elles ont eu du mal à créer un lien avec leur bébé. Qu'elles étaient effondrées et épuisées durant les premières semaines. Qu'elles essayaient d'apprendre à s'occuper d'un être humain tout en s'efforçant de se remettre de l'expérience la plus indicible qu'elles aient jamais vécue. Je ne sais pas grand-chose de l'amour maternel, on ne m'a guère appris ce qu'est une éducation qui fonctionne, mais je sais que je veux être mentalement et émotionnellement en bonne santé pour mon enfant. Et pour moi-même. J'ai passé la moitié de ma vie à disposer soigneusement des carrés de mosaïque de stabilité, d'apprentissage et de bonnes décisions pour construire une sorte de bouclier de santé mentale, mais si on y regarde de plus près, les fêlures sont toujours là et je ne veux pas y donner de coup de marteau. Surtout pas maintenant, quand mon bébé aura le plus besoin de moi. Je ne suis pas qu'un ventre qui va accoucher, je suis aussi une mère.

Le matin, je me tourne vers Peter avec terreur et lui raconte l'histoire de ces femmes. Il me regarde comme je regardais mes amies quand je n'avais pas cet énorme bébé en moi qui devait sortir, et me dit : « Tout va bien. C'est la chose la plus naturelle du monde. Les femmes accouchent depuis toujours. »

Le mot « naturel » ne cesse de revenir tandis que j'essaie de me préparer. Une insistance vertueuse veut qu'un accouchement naturel par voie basse soit d'une certaine façon la seule manière de « gagner ». Mais j'apprends aussi, en fouillant plus profondément, au-delà des platitudes et des phrases chocs que, dans les cas où il risque d'y avoir une intervention médicale, il est en fait plus sûr pour la mère et pour l'enfant de prévoir une césarienne.

On considère que le bébé doit toujours être la priorité. Le bébé doit toujours venir en premier, naturellement, mais il me semble que la mère doit être en bonne santé physique et mentale, et, bon sang, être également heureuse pour élever son enfant. Je sais, pour l'avoir vécu, à quel point il est nocif et terrible pour un enfant d'avoir une mère mentalement instable. Cela a des répercussions non seulement pendant l'enfance quand on est le plus vulnérable, mais aussi à l'âge adulte quand on subit les conséquences d'une enfance passée à côtoyer une personne responsable instable de façon violente, viscérale et, souvent pire que tout, imprévisible. Je décide d'envisager dans une optique féministe toutes les options qui s'offrent à moi concernant la parentalité, la mise au monde et l'attention portée à l'enfant, ainsi que la répartition du travail, de l'allaitement, du sevrage, de l'aide extérieure, des méthodes d'éducation.

Ma première question sera toujours : qu'est-ce qui est le meilleur pour l'enfant ? Mais ma question suivante sera toujours : qu'est-ce qui est le meilleur pour moi ? Comment être la meilleure possible pour mon enfant ? Existe-t-il une solution qui nous permettra d'être bien soignés, en sécurité, en bonne santé et heureux ? C'est la raison pour laquelle je demande une césarienne programmée.

On peut penser ce qu'on veut de la paresse des mois de grossesse quand je n'ai rien fait d'autre que rester allongée sur le côté, rêver de mon bébé et dévorer des crackers au fromage disposés artistiquement par Peter, mais je me bats pour mon bébé. Je me bats pour moi-même et mon bébé au milieu d'une pandémie, au milieu d'un pays étranger, au milieu de la terre inconnue que sont pour moi la grossesse et la maternité. Avec personne d'autre que Peter à mes côtés, je me bats pour nous tous.

J'utilise ce qui me reste d'énergie pour me rendre dans un musée voisin. Je veux y acheter un livre pour notre bébé qui montre à chaque page une illustration différente et incroyablement détaillée de Prague à l'automne – carrés de potirons, défilés de lanternes, chiens folâtrant dans des tas de feuilles dorées. Je veux qu'il se sente lié à cette saison, car c'est ainsi que je me rappellerai toujours ces dernières semaines, les feuilles d'automne et la chaleur déclinante de la fin de l'été qui nous pousse à enfiler des pulls et à hiberner.

La librairie-boutique du musée, mieux approvisionnée que la plupart, propose une belle sélection de livres d'art et une collection de sculptures en verre à 500 livres pièce et de robes en toile ressemblant à des tentes à 1 000 livres. Nous prenons plaisir à flâner, même si j'ai de plus en plus de mal à respirer sous mon masque. Nous nous trouvons transportés dans notre vie d'avant dans l'est de Londres, quand nous avions du temps et de l'énergie. Nous nous arrêtons ensuite au restaurant d'un hôtel qui ne reçoit plus de clients depuis de nombreux mois.

Toujours prudents, nous nous asseyons dehors et commandons des steaks, puis Peter mange un tiramisu et je m'autorise un expresso brûlant. Enveloppés dans des couvertures rouges, avec la gentille serveuse coiffée de nattes, souriante et enjouée, qui nous demande quand le bébé va naître, nous éprouvons un sentiment de profonde satisfaction. L'impression que nous pourrions reprendre la vie que nous avions, pleine d'interactions agréables, de bons repas et de dimanches détendus sans grands soucis. Je ris et lui réponds que le bébé est pour bientôt et que nous viendrons le lui présenter. Elle m'assure qu'une chaise haute l'attend et nous la saluons. C'était une journée magnifique. Peter et moi avons été sur la même longueur d'onde comme si notre relation était à son tout début et que nous étions encore excités comme des puces à l'idée de passer la journée ensemble.

Mais de retour à l'appartement où je m'allonge sur le canapé et regarde encore un épisode de *One Born Every Minute*, tandis que Peter s'affaire dans la cuisine, je vois son humeur s'assombrir en même temps que le soleil se couche. Je me lève et presse gauchement mon ventre proéminent contre son dos droit. « Peter ? Tu as l'air contrarié. Je pensais qu'on avait passé une belle journée.

– Oui, oui. C'était super. Mais ça m'a fait comprendre à quel point tout va changer. Tu sais, les musées, les déjeuners et les promenades dans le quartier faisaient partie de notre vie. Et notre vie ne sera plus la même.

– Je comprends. Mais nous aurons une nouvelle vie avec de nouvelles choses et de nouvelles aventures. De toute façon, pourquoi ne pas emmener notre enfant avec nous au musée ou déjeuner dehors ? On se promènera dans les rues et on partagera tout ça avec ce magnifique bout de chou. »

Il acquiesce sans enthousiasme, et une tension, telle une ligne tendue entre nous, s'installe le reste de la soirée. Je reste en retrait, parce que j'ai peur que Peter ne prenne pas goût à la paternité. Qu'il continue à regretter la vie que nous avions, qu'il soit absent et indifférent à notre nouvelle vie. Peter aussi est lointain parce qu'il a l'impression d'avoir accepté vaillamment ce sale tour mais qu'en réalité il aimait beaucoup sa vie sans bébé et regrette la perte de tout ce que lui et nous aurions pu faire sans devenir parents.

Mais nous n'y pouvons rien, car entre nous et la ligne tendue, il y a la conscience que, en moi, pinçant cette corde qui émet une note profonde et sonore, nous avons un enfant. Nous l'avons créé et maintenant nous devons l'accueillir. Nous en sommes donc là tous les trois. À nous demander à quoi ressemblera l'avenir.

Je suis à présent si grosse que les gens me dévisagent avec inquiétude quand j'entre dans leur boutique ou leur café. Je me dis que, bien sûr, j'ai déjà le plus beau cadeau que je pouvais espérer, mais une partie de moi, puérile, qui aime se faire plaisir, voudrait encore marquer le coup pour boucler mes trente-neuf ans. Faire une dernière folie avant la naissance. Peut-être aller à Berlin comme nous le faisons presque tous les ans en octobre pour mon anniversaire, manger des *Eis* artisanales et nous promener dans les rues, traînasser au bar sous mon ancien appartement à Kreuzberg, puis manger au Burgmeister ou à un *street food* coréen. Même si j'éviterais peut-être cette année de faire du roller à Tempelhof.

Mais les chiffres du covid montent de façon alarmante. Un nouveau variant, un nouveau boom après la décrue ou peut-être une décrue après un boom. Nous changeons donc nos plans, en ayant conscience que nous avons énormément de chance si nous ne devons faire face cette année qu'à une modification de nos projets d'anniversaire. Ça m'est égal, en fait. Mon instinct de protection est une présence tangible et solide, mon seul souci étant que Peter n'attrape pas le covid, moi non plus, et que je réussisse à protéger mon bébé. On discute beaucoup en ligne sur le nombre de semaines, parfois de jours qui restent avant l'effondrement complet du système de santé. Je plaisante sur Twitter sur la façon d'apprendre à accoucher seule avec de l'eau chaude, des serviettes et ma voisine du dessus, Julia, une gentille retraitée de la mairie. Mais ce n'est pas une blague. En République tchèque, on reste souvent sept jours à l'hôpital après la naissance. Je fais secrètement des recherches compliquées pour savoir si je peux être autorisée à sortir juste après l'accouchement. Je trouve un pédiatre, juste en haut de notre rue, qui soutient cette pratique. Cette demande étant extrêmement inhabituelle ici, où le parcours médical est interminable, minutieux et approfondi, les femmes qui veulent agir ainsi ont leur groupe de défense en ligne, avec leurs avocats bénévoles et des documents à remettre au personnel médical l'informant sur la législation actuelle.

Tout ça me trotte dans la tête quand je me réveille le matin de mes quarante ans. Ça et le fait stupéfiant d'avoir atteint cet âge alors que, pendant si longtemps, je considérais comme un miracle d'atteindre mes vingt ans, puis mes vingt-cinq ans et mes trente ans. Un rapport récent de l'Office national des statistiques montrait que les femmes nées en Angleterre dans des conditions de privation extrême vivaient presque vingt ans de moins que les plus aisées. Je fête maintenant le milieu de ma vie. J'ai comme projet de défier ces probabilités et de vivre longtemps pour voir mon fils grandir et se développer.

Peter me réveille et me conduit dans un salon rempli de ballons avec une banderole d'anniversaire. Il a organisé une chasse au trésor dans notre petit appartement de trente-huit mètres carrés. Les indices se révèlent assez difficiles pour une femme somnolente et enceinte à l'esprit occupé et, séchant chaque fois, je dois le regarder pour obtenir la réponse. Il a caché des cadeaux dans le grille-pain, sur le rebord de la fenêtre, dans la cheminée attachés par une ficelle. Il y a des choses dans les paquets de céréales et derrière les cadres au mur. C'est touchant. C'est épuisant. Je me déplace en pantalon de pyjama et robe de chambre, avec mon ventre et mes seins nus et gonflés qui dépassent. Je transpire et je suis hors d'haleine, mais je ne veux pas que Peter s'en aperçoive et je crie de joie et d'excitation en essayant de me précipiter. Finalement, notre panier de courses en osier est rempli de cadeaux que j'ouvre avec gratitude, étendue sur le lit. Ce sont des cadeaux très attentionnés. Un pull ample, gris, en laine qui s'adapte à mon ventre, mais que je pourrai porter après l'accouchement. Du chocolat pour quand je pourrai en manger de nouveau, des carnets et des stylos, un collier avec des perles en caoutchouc dur que le bébé mordra quand il fera ses dents.

Plus tard, nous nous installons dans le jardin communautaire et je bois un unique verre de prosecco – deux heures de recherche la veille –, longe un peu la rivière, regarde *The Game* et m'endors sur le canapé.

Ce n'est pas le quarantième anniversaire que j'imaginais. Je n'ai jamais fait de fête d'anniversaire depuis que je suis adulte, pas même un grand dîner – étant mal à l'aise en société, je trouve l'attention insupportable –, mais j'essaie de rendre ma vie aussi palpitante et intéressante que possible. Et il faut faire la fête pour célébrer la chance ou même l'absence de malchance. Il y avait quelque chose de doux, de domestique et de tendre dans cette journée. Le lendemain, tout le pays va se replier sur lui-même dans un confinement extrême et les cinémas, les restaurants et tout ce qui n'est pas essentiel vont de nouveau fermer leurs portes. Nous nous retrouverons isolés, juste tous les deux, dans l'attente de notre bébé.

7

Les vingt premières années de ma vie ont été pleines de drames. Chaque jour pouvait tourner sur son axe et sombrer dans le chaos ou l'oubli d'une manière ou d'une autre. Les variables étaient si nombreuses : la présence d'adultes avec des problèmes de santé mentale ou de drogue, l'absence d'argent ou d'un foyer sûr, le fait qu'étant une fille née pauvre je risquais deux fois plus de me faire baiser encore et encore par ceux qui détenaient plus de pouvoir. Je suis donc fière à juste titre d'avoir réussi à maîtriser le chaos une fois adulte. Il peut encore surgir, évidemment, quand je m'y attends le moins, après une soirée arrosée, lors d'un mauvais syndrome prémenstruel, si j'arrête les anxiolytiques, au moment d'une rupture émotionnelle ou quand je ne peux pas contrôler ce qui se passe. Mais, dans l'ensemble, je suis parvenue à comprendre que la vie pouvait être paisible. Comme il n'existe pas de traitement véritable pour soigner un chaos hérité des générations précédentes, des traumatismes, de la pauvreté et du fait d'être une femme, lentement, j'ai fini par croire que je pouvais maintenir la folie à distance. Que je pouvais la contrôler plutôt qu'elle ne me contrôlait. Ou, au moins, la réprimer suffisamment pour qu'elle se contente d'ébranler mes fondations sans détruire tout l'édifice. Mais de tels changements sismiques se sont produits cette année que je ne m'attendais pas à ce que le chagrin s'introduise aussi dans notre vie.

Peter ouvre sa boîte vocale sur la voix mélodieuse et nordique de Stella, l'amie de sa mère : « Bonjour, Peter. Je suis désolée de t'appeler pour ça. Peux-tu me rappeler d'urgence ? »

Nous sommes dans la cour d'un café pour le petit déjeuner, le ventre plein de saucisses, de pain noir et de moutarde, l'humidité de l'automne sur nos vêtements, et je sens que notre monde risque d'être bouleversé. Peter est quelqu'un de très sensible, mais pas émotif. Cependant, son visage ainsi que sa structure changent quand il souffre. J'imagine tous les petits muscles tendus pendant que ses os deviennent plus proéminents, les cernes sous ses yeux plus sombres. Ces années avec lui m'ont appris à reconnaître quand il est en détresse, car il vieillit en quelques secondes devant moi.

Peter rappelle et je suis debout, serrant mon ventre. Souhaitant de tout mon cœur que tout aille bien. Il parle d'une voix calme et douce à Stella qui vit en France dans le même village isolé que sa mère. Je le regarde, mais il ne laisse rien paraître. « Oui… D'accord… Y a-t-il un numéro que je peux appeler ? Merci. Merci. »

Sa mère a fait une « mauvaise chute ». Terrible nouvelle, mais pas la pire. Tout mon corps se détend un peu. « Bon. C'est… c'est moins grave. C'est moins grave que je ne craignais. Elle va bien ? »

Elle ne va pas bien. Peter me raconte qu'elle est restée étendue vingt-quatre heures sur le sol en pierre. Quand le Samu est arrivé, elle délirait. Elle a été emmenée à l'hôpital.

Le lendemain est compliqué. Une série d'appels infructueux au standard de l'hôpital et beaucoup de Google Translate. Je recherche sur Facebook tous les groupes d'étrangers en France et poste des questions pour savoir si, compte tenu des restrictions de circulation, Peter peut se rendre près d'elle et aura ensuite l'autorisation de revenir ici pour la naissance. Nous parlons aux amis de la mère de Peter qui assurent la permanence à notre place. Peter réussit à avoir l'hôpital. Je suis désolée pour lui. Il baisse la tête et son corps est penché en avant pour se protéger tandis qu'il répète à plusieurs reprises en mauvais français qu'il essaie de joindre sa mère qui a eu un accident. On finit par lui répondre qu'elle a été admise la veille au soir, qu'elle dort et que son état est stable. Je sens mon corps se détendre un peu plus, mais j'ai toujours un poids sur le plexus comme si une graine y avait été plantée et avait poussé.

Il s'avère que la maman de Peter était si déshydratée qu'elle a commencé à halluciner. Peter craint la démence, surtout parce que au téléphone elle n'arrive pas à se rappeler certaines choses ni à faire de phrases cohérentes. Ce n'est pas un AVC, peut-être un Alzheimer, lui dit-on.

Finalement, elle sort de l'hôpital et des infirmières se rendent chez elle deux fois par jour. Mais le covid fait aussi son retour en France, et la crainte qu'elle attrape le virus qui pourrait l'achever est constante.

Peter et moi nous demandons s'il doit aller en France ou rester à Prague. Je dois subir ma césarienne dans deux semaines. Je ne connais toujours presque personne en ville et certainement pas quiconque intimement au point que je puisse l'appeler pour venir me chercher à l'hôpital, me déshabiller et me mettre au lit ou m'aider à m'occuper d'un nouveau-né pendant que je me remets d'une grosse opération. Je ne peux demander à personne de m'y accompagner. J'envisage un accouchement par voie basse, pour récupérer peut-être plus facilement. Sans doute pourrais-je me lever au bout de quelques jours et m'occuper seule du bébé ? Mais ce plan ne tient pas compte des éventuelles complications. Et s'il arrive quelque chose au bébé et que Peter n'est pas là parce qu'il est coincé en France ? Et si quelque chose m'arrive à moi ? Mais si la santé de sa maman se dégrade ?

Ces discussions tournent en boucle aussi souvent que les offres de vols sur Skyscanner sont actualisées.

J'ai de la peine pour Peter, tiraillé comme il est entre moi, son enfant et sa mère. Sa mère, bien que sortie de la clinique, continue à imaginer des gens, des lieux et des scénarios qui n'existent pas. Elle tombe de nouveau. Quelques jours avant mon hospitalisation. Cette fois, on la retrouve dans une mare de sang. L'hôpital apprend à Peter qu'ils vont la garder six jours.

Je lui dis de se rendre auprès de sa mère. C'est ce qu'il faut faire. Je lui soutiens que je vais me débrouiller, que nous sommes forts – même si, en vérité, je suis terrifiée. Je lui trouve des vols. Saturée d'hormones, je pleure souvent et me sens coupable quand Peter me console alors que c'est moi qui devrais le réconforter. Mais je ne peux pas me contrôler. C'est impossible.

À mon dernier check-up, je demande si mon mari aura l'autorisation d'être avec moi pour la naissance et la docteure me répond simplement qu'elle ne sait pas, que ça change tous les jours. Je sanglote sans pouvoir me contrôler, puis m'excuse quand elle me tend une boîte de Kleenex. « Pas de problème, toutes les femmes enceintes pleurent à leur dernier check-up. » Elle tâte mon col de l'utérus, me chatouillant un peu du bout de son gant, et me promet que tout va bien se passer.

Le lendemain matin, je réveille Peter et m'accroche à lui. Je n'ai jamais rien connu d'aussi primal. J'ai tellement peur d'être abandonnée. Tellement peur que mon bébé souffre du fait qu'il ne soit pas là pour nous protéger et s'occuper de nous. J'abandonne finalement tout simulacre de force. Je ne peux plus étouffer mon instinct égoïste de protection pour moi-même et mon enfant.

Je ne sais qu'une chose : je suis terrifiée. Je sais aussi que c'est une décision impossible, atroce. Ce soir-là, nous buvons du thé au jardin communautaire. Nous nous étreignons dans un calme absolu. Nous parlons peu et écoutons les oiseaux chanter en ce début de soirée. Il y a de la paix et de l'amour entre nous. Un soir rempli de tendresse après la tempête.

8

Peter fait une blague et je ris sans pouvoir m'arrêter. Ensuite je pisse sans pouvoir m'arrêter. Je suis morte de honte. J'ai mouillé le lit de notre propriétaire. Je me lève et Peter étend des serviettes sous moi tandis que je lui crie où trouver les protections spéciales maternité, épaisses comme un matelas, que j'ai achetées. Je me rends compte alors qu'il ne s'agit probablement pas d'un pipi au lit d'adulte. Je suis stupéfaite. On m'avait dit de m'attendre à un filet de liquide quand je perdrais les eaux, pas à la version hollywoodienne d'une cascade de petits pois congelés dans un supermarché, mais c'est ce qui se passe. La serviette grise délavée sous moi devient de la couleur d'un ciel d'été rose très pâle et nous commençons à paniquer.

Je m'assois sur le lit et fais ce que j'ai fait chaque fois qu'il se passait quelque chose d'inquiétant ces six derniers mois – je vais sur Google, sur des forums participatifs pour trouver des informations issues d'autres mères terrifiées. Peter court frénétiquement dans tous les sens, rassemble ce dont nous pourrions avoir besoin. Il affiche une expression de pure terreur.

« Peter, ça va ?

– Oui. J'organise.

– Tu ne deviens pas un peu dingue ?

– Je prépare. »

Il s'assoit à côté de moi et m'embrasse. Avec notre valise soigneusement remplie pour l'hôpital, un foulard arc-en-ciel autour de la poignée, nous nous serrons dans le vieil ascenseur grinçant.

Notre Uber est une Skoda déglinguée. J'étais stressée à ce sujet. Je ne veux pas que le chauffeur soit en colère parce qu'il est complice sans le vouloir de ce moment profondément privé. Parce qu'il a dans sa voiture une femme enceinte, en travail, avec toutes les taches et les odeurs que cela implique. Quand nous mettons notre petite valise dans le coffre, je me tourne vers le chauffeur blond et mince, peut-être un peu plus jeune que nous. Je souris et touche mon ventre. « Notre bébé va naître. » Il hoche gravement la tête tout en traduisant dans sa tête mes paroles en anglais, puis ouvre les mains avec un grand sourire quand il comprend. « Maintenant ?
– Exactement ! »

Nous étalons une serviette pliée sur le siège arrière bien que le chauffeur nous dise gentiment que ça n'a pas d'importance. Il conduit comme dans une course-poursuite. Je n'ai pas de contractions, mais je le vois me regarder avec anxiété à chaque ralentisseur, évaluer si nous parviendrons à faire le trajet de quinze minutes jusqu'à l'hôpital. Je ris et bavarde pour le rassurer. Peter est assis à côté de moi, complètement immobile, et serre ma main dans la sienne.

Le chauffeur s'arrête en faisant crisser les pneus devant la maternité avec plus de cinéma que nécessaire, sort notre valise et nous serre les mains. « Félicitations, bonne chance. » J'ai l'impression que nous allons être les protagonistes de l'histoire qu'il racontera au pub le soir, s'il peut y aller, et je suis contente que les dieux d'Uber nous aient attribué quelqu'un qui a perçu l'excitation et la joie de l'événement.

Quand une infirmière apparaît dans le service, je lève l'écran de mon téléphone sur lequel Google Translate est ouvert et affiche que j'ai perdu les eaux. Peter doit rester dans la salle d'attente en compagnie d'autres pères au teint pâle, l'air d'être en sueur. On me branche à un moniteur avec des bandes autour du ventre dans une salle d'observation vert pâle et rose complètement vide. Je m'assois, les pieds surélevés, et je m'aperçois que Peter a tendrement enfilé ses chaussettes rouge vif – achetées trois ans plus tôt pour notre mariage – sur mes gros pieds gonflés. Je me sens calme et prête. C'est vraiment extraordinaire, compte tenu de l'angoisse animale de la veille, mais je sais que je me suis préparée de mon mieux. Nous avons pris toutes les bonnes décisions possibles au vu des circonstances. En outre, ce que j'imaginais de pire a été évité. Peter est ici avec moi. Il sera là pour voir la naissance de notre bébé. Quoi qu'il puisse arriver maintenant arrivera et je devrai tenir le coup. Je devrai tenir le coup avec force pour moi, pour Peter, pour notre bébé.

La médecin m'examine et je m'excuse de laisser des flaques sur le sol et sur la table d'examen. Elle hausse les épaules. Comme chaque fois, la porte grande ouverte, elle examine mon col de l'utérus et me dit que les contractions n'ont pas encore commencé. On me donne ensuite une chemise de nuit bien usée et souvent lavée. Je demande si mon mari peut assister à la césarienne. Ils se consultent en tchèque, s'en vont et reviennent avec deux blouses bleues géantes et des chaussons bleus en papier et font entrer Peter. J'ai l'impression d'avoir gagné le hors-bord au jeu télévisé *Bullseye*. J'en pleurerais de gratitude.

Ma césarienne est reprogrammée pour la soirée. J'ai cinq heures à tuer. La chambre d'hôpital où nous sommes seuls se trouve au premier étage. Les immenses fenêtres donnent sur les feuilles tachetées de l'automne en cet après-midi ensoleillé. J'ai fait une sélection de toute la musique que je veux entendre pendant l'accouchement et branche mon téléphone sur une enceinte de voyage pour que nous l'écoutions. J'ai fait des recherches fiévreuses sur ce qu'on appelle une « césarienne douce » et j'ai payé notre doula afin qu'elle traduise mes désirs pour l'accouchement : *Je veux que mon mari soit présent. Je veux un contact peau à peau immédiat. Je veux qu'on baisse le champ opératoire au moment de la naissance de mon bébé.*

Nous n'avons rien d'autre à faire que de nous pelotonner ensemble sur le lit d'hôpital et écouter la musique. C'est une musique paisible, liée aux souvenirs de la personne que j'étais et ne serai plus. Des souvenirs de trajets en bus la nuit en Amérique du Sud en mangeant des petits gâteaux à la vanille, de promenades dans les rizières au Vietnam, de refuges infestés de puces à Chelsea, New York, d'un compartiment de train partagé avec un prétendu mafioso amical en revenant de Naples, des souvenirs d'être assise à l'ombre fraîche du minaret d'une mosquée en Bosnie, de danser ivre dans un bar de tango à Buenos Aires en préparant mon autodestruction, de déambuler dans la rue sous la pluie, et de pleurer, complètement seule et accablée, à 4 heures du matin à un arrêt de bus londonien tout en regardant un renard méfiant passer furtivement et en me demandant comment trouver un jour une base solide.

Je suis si contente que Peter soit à mes côtés. Je suis calme, dans l'ensemble, je n'ai pas trop peur, le soleil brille et la brise entre doucement par la fenêtre ouverte.

Quelques heures plus tard, une femme est amenée dans la pièce voisine et la porte de communication est fermée. Je l'entends gémir et coupe la musique – même si j'ai envie de donner naissance à Björk, je comprends que ça peut ne pas lui plaire. Peter et moi, cramponnés l'un à l'autre, l'écoutons dans un silence fasciné, horrifié, gémir, pleurer et crier avec quelque chose d'animal. Comme souvent dans des moments de terreur, je m'aperçois que je ris bêtement. Je chuchote à Peter : « Oh mon Dieu. C'est terrifiant. Tellement effrayant. Je suis si contente qu'il ne sorte pas de ma chatte. »

Les cris montent en puissance et j'enfonce mes ongles dans le bras de Peter. Et puis le premier chant du nouveau-né. Les pleurs de la mère. Les paroles chaleureuses, encourageantes de l'infirmière. C'est l'un des moments les plus stupéfiants que j'aie connus. « Quel privilège. Quelle beauté. » Je pleure et Peter est plus pâle que jamais. « Ça va être notre tour. »

Les infirmières passent de temps en temps voir si tout va bien. Elles ont l'air, à juste titre, un peu déconcertées de nous trouver tous les deux enlacés sur le lit étroit en train d'écouter de l'électro alternative, le regard fixé sur la fenêtre. Les contractions ont commencé et, tandis que Peter mesure les intervalles, je respire en méditant et prie pour que ça n'aille pas trop vite. Je n'ai pas honte de dire que je suis parfaitement incapable de gérer la douleur d'un accouchement plus traditionnel. En fermant les yeux, je revois une vidéo de YouTube où une femme faisait sortir une balle de tennis du trou minuscule d'un ballon gonflé à bloc. Je me rappelle que j'imaginais les contractions comme une montagne, qu'elles duraient en moyenne soixante à quatre-vingt-dix secondes pendant lesquelles elles augmentaient et diminuaient en intensité.

Finalement, les infirmières viennent me raser les poils pubiens. J'ai un vrai buisson des années 1970 car je n'ai eu ni l'envie ni la capacité de me raser sous mon énorme bosse et je m'excuse sans enthousiasme tandis qu'elles taillent habilement dedans avec un rasoir jetable en plastique rose. En cinq minutes, je ressemble à une star du porno. Ou du moins ma vulve y ressemble. Je suis extrêmement impressionnée.

Suit un lavement. Surprise ! J'imagine que je peux le refuser, mais c'est la procédure habituelle dans la plupart des hôpitaux tchèques et, en outre, je n'en ai jamais subi. Je suis curieuse et il reste deux heures à tuer. Peter se tient au pied du lit. Je me mets à rire et lui suggère de ne pas y assister, ou au moins de se détourner, et on le fait sortir de la pièce. Il revient après le lavement. Nous sommes allongés tous les deux quand il remarque un changement sur mon visage et dit gentiment, comme s'il s'agissait d'un petit rien : « Selon mon expérience personnelle, je te déconseille de péter juste après un lavement. » Je cours aux toilettes. Il a absolument raison. Son cadeau d'accouchement pour moi, c'est s'assurer que je ne me chie pas dessus. Ça vaut mieux que n'importe quel bijou en toc de chez Tiffany.

On pose ensuite une perfusion dans ma veine toujours rebelle et un cathéter dans mon urètre. La douleur provoquée par le cathéter est intense et me coupe le souffle. On me pousse jusqu'au bloc opératoire où Peter ne peut pas entrer. Je sais à quoi ressemble un bloc, j'appartiens à la génération d'*Urgences*, mais c'est presque une expérience extracorporelle de voir l'éclairage opératoire, les nombreux plateaux où sont bien alignés les outils chirurgicaux. Un nombre étonnant de gens en blouse verte sont présents et je comprends alors que je ne vais pas regarder quelqu'un subir une opération qui va changer sa vie grâce à un élastique dans *Grey's Anatomy*, mais que c'est moi qu'on va ouvrir. Je suppose que l'homme d'âge moyen avec des poches sous ses yeux bordés de rouge est le médecin – car je n'échappe pas au conditionnement sexiste. Il n'arrête pas de bâiller et, quand je lui dis bonjour, il fait un signe de tête brusque et se tourne vers la fenêtre, ayant manifestement besoin de repos. Je suis sérieusement alarmée par son évidente fatigue, même si je n'ignore pas à quel point le service de santé est sous pression. Honnêtement, je ne sais pas si je lui ferais confiance pour exécuter correctement ma liste de courses, encore moins pour pratiquer une opération importante et mettre au monde sans encombre mon bébé. Je me répète un mantra qui m'a accompagnée dans les périodes les plus difficiles : « Tu n'y peux rien. Tombe dans les pommes ou fais avec. »

Une voix près de mon épaule. Je fais la connaissance de mon anesthésiste, une femme blonde, belle comme un ange, aux grands yeux bleus. J'ai le sentiment qu'elle doit porter des vêtements couleur pastel en dehors du travail. Que sa maison doit être propre et superbe, et qu'elle a conservé la même bande de meilleurs amis depuis le lycée. Elle me dit qu'elle sera là tout du long, que je ne dois pas m'inquiéter. Elle parle un anglais parfait, pesant soigneusement ses mots comme si elle lisait un poème.

Je veux savoir si mon mari va bientôt venir. Elle me répond qu'ils vont s'assurer qu'il viendra. C'est le moment de ma péridurale et elle me demande de « faire le dos rond, encore, encore, encore », comme elle le fait elle-même devant moi telle une bossue ou une femme très douée pour la posture du chat. Je sens la pointe du stylo sur ma colonne vertébrale à l'endroit où l'aiguille va pénétrer. Je tremble. Peter n'est pas là.

Je tiens un vieux coussin bosselé contre moi et je me penche en avant en tâchant d'arrondir le dos le plus possible, mais je n'y arrive pas. Chaque fois que l'aiguille effleure ma peau, j'ai un sursaut et me confonds en excuses. « Je suis désolée. Je suis désolée. C'est juste que… j'ai peur.

– Ne vous en faites pas. Mais il ne faut pas bouger, c'est vraiment important. Vous ne devez pas bouger. D'accord ? C'est très important et après ce sera terminé.

– Je vois. D'accord. »

Nous réessayons trois fois, jusqu'à ce qu'une femme aux bras puissants et aux lunettes rouges se mette devant moi et m'immobilise complètement en me serrant contre elle. Enfin c'est fait. Comme après chaque piqûre, j'éprouve un instant de soulagement, je me tourne pour sourire et je dis : « Bon, ce n'était pas si terrible, en fin de compte ! »

Je m'allonge, on lève le champ opératoire et remonte ma blouse sans cérémonie jusqu'à ma poitrine. Je sens qu'on passe la solution saline froide sur mon ventre, mes cuisses, mon entrejambe. Je ne cesse de demander : « Est-ce que mon mari va venir ? Est-ce qu'il peut venir, s'il vous plaît ? »

Un bon nombre de semaines plus tôt, j'ai dit à Peter que j'aurais besoin qu'il soit convaincant pour moi. Si je n'avais pas de doula à mes côtés, j'avais besoin de compter sur lui comme porte-parole, pour leur dire ce que je refusais. Il devait venir dans cet hôpital et nous protéger. Protéger notre bébé, me protéger. Sa gentillesse est l'une des choses que j'adore chez lui, mais sur la table d'opération, j'ai peur qu'il soit poliment assis quelque part dans une salle d'attente, ne souhaitant déranger personne, n'exigeant pas de voir sa femme et ne demandant pas pourquoi il n'a pas encore été emmené au bloc.

Je répète constamment : « Je veux vraiment voir mon mari, s'il vous plaît. C'est très important qu'il soit là. Je ne le ferai pas sans lui. » Mais je suis anesthésiée de la taille aux pieds et toute idée de protestation ou de délai n'est rien de plus qu'une idée. On finit par faire entrer Peter et on approche un tabouret bas pour lui permettre de s'asseoir près de ma tête. À côté de moi, l'anesthésiste me prodigue des encouragements d'une voix lente et continue. Maintenant que Peter est là, je ne le quitte pas des yeux. Je voudrais qu'il me touche, mais, naturellement, il ne sait pas s'il en a le droit. L'anesthésiste lui dit : « Vous pouvez toucher sa tête. Allez-y. » Elle nous guide tous les deux dans cette étrange activité. Avant l'accouchement, je lui explique : « Je sais que ça va être dur et effrayant pour toi, je te demande seulement de me regarder dans les yeux. Si tu es là et que tu me regardes dans les yeux, je peux le faire. »

On me présente le vrai chirurgien, un homme petit et alerte, aux cheveux noirs et aux yeux brillants. Au moins, cet homme a suffisamment dormi ou bu assez de café pour pratiquer une opération. Il sourit, me salue et se présente. Il prononce quelques mots en tchèque à l'anesthésiste, qui prend la parole : « Nous disions qu'il est très inhabituel qu'une étrangère vienne ici. C'est très inhabituel pour nous. » Je suis surprise d'entendre ces mots, qu'ils soient vrais ou non. Je me dis qu'ils vont bien travailler pour me montrer l'excellence des services de santé tchèques.

On teste mon ventre du bout d'un scalpel et je ne sens rien. Puis je déduis de ce que les médecins et les infirmières disent entre eux en tchèque qu'ils ont commencé. Quand le scalpel pénètre en moi, je me tourne vers Peter. « Ça va ? On va avoir notre bébé. »

On m'a expliqué à quoi m'attendre – j'aurai l'impression qu'on fait la lessive dans mon ventre. Mais en fait, j'ai plutôt l'impression qu'on essaie de sortir un moteur d'une vieille bagnole. Ce n'est pas déplaisant. Je n'ai pas mal, mais c'est inconfortable et ça ne paraît pas bien naturel. Je les imagine me retenir tandis que le petit chirurgien alerte prend appui avec le pied sur la table tout en tirant mon bébé. Je suis soudain inquiète et l'infirmière aux lunettes rouges me demande : « Ça va ?

– Oui, ça va.

– Vous sentez quelque chose ? »

Je lui réponds que non, que c'est simplement bizarre. Et je ris, je souris, je me tourne vers Peter et je ris et souris. Parce que j'ai l'habitude d'apaiser ceux qui sont autour de moi, même quand on sort un être entier d'une plaie ouverte dans mon ventre.

Je sais le moment exact où ça se produit. Je sens l'absence. Je sens la séparation. Je me sens perdue et un peu vide, mais j'entends son cri. Un petit bruit, plus profond que je ne le pensais, plutôt un grognement. Mon bébé qui dit : « Alors, c'est ça la vie. » Je me tourne vers Peter et crie : « Notre bébé, c'est notre bébé. » Puis je demande à plusieurs reprises : « Il va bien ? Il va bien ? » et tout le monde hoche la tête, me rassure, il va bien.

Les infirmières bavardent en se passant le bébé habilement, doucement, rapidement. Elles l'emmènent pour le peser et Peter les suit. « Veille sur lui. »

Quand ils reviennent, le bébé est enveloppé dans une couverture et coiffé d'un petit bonnet rose, bleu et blanc. C'est un elfe avec un menton pointu, des yeux bleu sombre, et clairement une toute nouvelle version de mon propre nez.

Dès que je le vois, dès qu'on le pose sur ma poitrine nue et que je le laisse frotter son nez contre mon sein, je le reconnais. Je caresse sa joue parfaite et me dis : « Bien sûr. Bien sûr, c'est toi. » Et tout haut : « Bonjour, mon chéri. Bonjour. Je t'aime. Je t'aime tellement, mon tout petit. Je suis ta maman. Je vais veiller sur toi. »

Il porte un petit jeton à la cheville, numéro 52, qui correspond à celui qui est attaché par un élastique à mon poignet. Comme s'il était un manteau que je dépose au vestiaire. On l'emmène de nouveau et j'ai maintenant l'impression d'un soulagement et d'une fête au bloc. Tout le monde sourit. Moi aussi. Mon bébé est là. L'infirmière aux lunettes rouges me sourit, me frotte le bras, me dit bravo. « Vous avez réussi ! Félicitations. »

Le chirurgien s'en va de sa démarche élastique et je le soupçonne de savoir qu'il a fait du très bon travail. Son assurance me donne déjà des forces. Peter m'apprend que, de là où il observe notre bébé qu'on pèse et à qui on envoie de l'air dans les poumons, il voit des montagnes de papier bleu sanguinolent au pied de la table d'opération comme s'il y avait eu un massacre. Mais ça m'est égal. La seule chose qui compte, c'est que j'ai enfin mon bébé. Et Peter est avec moi. C'est maintenant que tout commence.

Deuxième partie

Amour

9

Je suis préparée, mais ça reste un déchirement. Mon bébé est dans son berceau à roulettes et me regarde à travers le Plexiglas. Peter est debout dans le couloir entre mon brancard et le berceau. Son regard effaré navigue entre nous deux comme celui d'un spectateur à un match de tennis, il ne sait pas trop où fixer son attention. Je n'arrête pas de lui répéter: « Je t'aime. Je t'aime. » Il me dit qu'il m'aime aussi. Mais quelque chose ne va pas. Je lui demande ce qui le contrarie et il répond: « Rien, ça fait simplement beaucoup à la fois. »

On m'emmène dans le service de soins intensifs et une infirmière qui parle avec prudence un bon anglais me branche à toutes sortes de fils et de câbles. La salle d'une propreté impeccable, comme le reste de l'hôpital, doit sa dernière rénovation aux années 1950. J'y suis seule. Je ne peux ni boire ni manger, mais l'infirmière me donne des analgésiques et une canule. Elle me dit de m'allonger, de me détendre et de me reposer. Allongée là, je pratique la respiration profonde: inspirer jusqu'à quatre, retenir mon souffle jusqu'à quatre, expirer jusqu'à quatre. J'ai à l'esprit l'image de mon enfant. Son expression, sa douceur. L'avoir porté, l'avoir fait naître, et rien de mauvais ne s'est produit.

J'ai peur dans cette grande salle froide et vide où je suis seule, complètement immobile à cause de la péridurale, avec des machines qui bipent. Je respire et tente de rester calme. Je sais qu'on va bientôt m'apporter mon bébé. Il arrive une quarantaine de minutes plus tard. Je le serre contre moi et place sa petite bouche contre mon sein pour essayer de le faire téter. Il somnole. Je le tiens, le caresse, l'embrasse et répète : « Bonjour, mon chéri. Bonjour. Tu es beau. Je t'aime. Je t'aime. Ton papa t'aime. Nous t'aimons », pendant que l'infirmière prend des photos avec mon téléphone. Je les envoie à Peter et, quand je l'appelle, il me raconte qu'il est épuisé, qu'il a commandé une pizza.

Je lui dis que j'ai un peu peur. J'ai alternativement horriblement chaud et horriblement froid et chaque fois que je demande à l'infirmière pourquoi, elle me répond que c'est normal. J'ai faim. Mais plus que tout, vraiment plus que tout, je suis loin de mon bébé. J'ai soudain une peur terrible d'avoir fait une erreur. « Peter, est-ce que je te déçois ? Je pensais faire ce qu'il fallait, ce qu'il y avait de plus sûr. Mais c'est mal d'être loin de mon bébé, hein ? Et s'il ne va pas bien ? Et s'il ne connaît pas mon odeur ? » Je pleure. L'infirmière arrive. D'un ton neutre, elle me demande de lui dire au revoir. « Demain tout sera nouveau. Vous et votre bébé serez nouveaux. Mais maintenant vous devez vous reposer.

– Je suis désolée. C'est juste que… ça a été une grosse journée. »

Elle me regarde et s'adoucit un peu. « Est-ce que vous voulez dormir ?

– Oui, j'aimerais vraiment dormir. »

Elle m'apporte deux comprimés. Et vingt minutes plus tard, tout se dissout.

L'infirmière me réveille quand il fait encore nuit, dans la lumière orange des lampadaires de la rue et le bip des machines autour de moi. Elle vérifie et vide ma poche de colostomie. Elle m'indique que mon bébé va très bien. Je lui demande si elle est restée éveillée toute la nuit. Elle me répond que oui. Elle n'a pas l'air d'en souffrir. Elle m'explique que son service étant terminé, elle va prendre sa voiture pour rentrer chez elle en banlieue et s'occuper de ses deux garçons adolescents, à qui elle fait l'école à la maison. Puis revenir et travailler toute la nuit. « Je suis désolée. Ça fait beaucoup. Ce doit être une période très difficile. » Elle hoche la tête et hausse les épaules. Je lui demande quand je pourrai voir mon bébé. Elle me répond qu'elle va s'assurer qu'on me l'apporte immédiatement. Je commence à m'échauffer en vue de mes habituelles acrobaties mentales et émotionnelles souvent répétées. De quoi puis-je être reconnaissante ? Qu'est-ce que j'apprends ? Sur quoi me concentrer pour m'aider à me sentir plus positive pour mon bébé ? Je commence par penser à toutes les bonnes choses qui se sont produites la veille.

Je suis reconnaissante d'avoir perdu les eaux en riant et non en pleurant. D'avoir porté les chaussettes de mariage rouges de Peter et mon pull gris d'anniversaire. Que nous nous soyons allongés ensemble en écoutant de la musique les dernières heures avant de devenir parents. D'avoir reconnu instantanément mon bébé, même si on m'avait dit que je ne devais pas m'attendre à éprouver immédiatement une bouffée d'amour pour lui ou que je pouvais même être un peu stupéfaite en me disant que je ne reconnaissais pas cet enfant. Et je l'ai aimé tout de suite, sorte de magie dont je n'avais jamais rêvé. De la gentillesse des infirmières. Je suis reconnaissante du fait que celle-ci parlait anglais. Et de la salle vide où je n'avais pas besoin de penser aux autres mères qui souffraient. J'ai pu me concentrer sur la façon d'aller mieux. Ensuite je passe directement à l'idée de revoir mon bébé. Peter et moi allons l'emmener chez nous. Nous l'envelopperons dans sa minuscule combinaison et le déposerons, bien couvert, dans sa poussette beige amoureusement nettoyée par Peter, et nous nous promènerons dans les rues de Prague en regardant son petit visage.

Et le voici dans son berceau, l'infirmière me le tend, un peu plus réveillé que la veille au soir. Je tente de nouveau de lui donner le sein sans succès et me contente de tenir ses petites mains. De le bercer sur ma poitrine. Je prends une photo de moi avec lui dans les bras. Je suis pâle et épuisée sur la photo, mais on voit bien que nous sommes faits pour être ensemble.

Je souris quand on vient le chercher. On me dit que j'irai dans une chambre normale dès que je pourrai uriner et me doucher, et j'en fais mon objectif. L'infirmière m'apporte un bol de bouillon de légumes complètement clair et une boisson nutritive jaune qui a un goût de banane artificielle, comme les antibiotiques des années 1980. Je n'ai jamais été aussi heureuse de voir de la nourriture.

Je suis toujours collée à plat sur le dos et le bol de soupe est donc coincé dans un bassin hygiénique en carton en équilibre sur ma poitrine. Je trouve extrêmement étrange de ne pas être avec mon enfant. Mais mon bébé va bien. Je vais bien. Nous avons tous les deux passé la nuit. Nous serons bientôt ensemble. Je répète ces points positifs comme une mélopée. L'ocytocine qui circule dans mes veines est si puissante que je n'arrête pas de sourire. Il est bientôt l'heure du départ de mon infirmière de nuit. Elle est remplacée par deux autres qui ne parlent pas anglais. L'atmosphère change – l'une est indifférente, mais l'autre, soit par manque délibéré d'attention et ne pensant qu'au travail, soit par fébrilité, exécute tout si vite et si brutalement qu'elle me fait mal. Elles me sortent du lit et quand je m'assois la douleur est plus vive que tout ce que j'ai connu. Je geins comme un animal. Les infirmières m'encadrent et me lèvent. « Debout, debout. Épaules en arrière. Redressez-vous. Respirez, respirez. » Difficile de comprendre les mots tchèques prononcés rapidement et je ne peux pas me tenir droite. Je suis une bossue clopinant entre elles qui me portent chacune par un bras, puis contre toute attente je me rappelle que, si j'y arrive, je pourrai voir mon bébé. L'un de mes premiers actes en tant que mère est de serrer les dents, de me redresser et de ramener les épaules en arrière. Inspirer jusqu'à quatre. Expirer jusqu'à quatre. Me concentrer et avancer en rythme.

Une fois devant le lavabo, elles me déshabillent. À la brutalité de l'infirmière, je comprends qu'elle a trop à faire, pas assez de temps et qu'elle est franchement en colère de devoir s'occuper de moi. Elle me lave à l'éponge avec une vigueur qui me fait mal partout. J'essaie plusieurs fois de me retourner, de lever les mains et de dire : « Doucement, doucement s'il vous plaît, moins vite, plus doucement. » Je m'en veux de ne pas avoir appris ces mots en tchèque. Je tente de mimer une caresse très douce à un chaton, mais soit elle ne comprend pas, soit elle ne veut pas comprendre. J'encaisse finalement la douleur et j'extrais quelques gouttes brûlantes d'urine sirupeuse. Après quoi, elle m'enduit d'une crème au menthol pour le corps. Tandis qu'elle me ramène en hâte à mon lit, je lui demande des analgésiques, mais, de nouveau, elle n'a pas l'air de comprendre. Je m'allonge et elle enfonce les doigts dans mon ventre, fait bouger la cicatrice. Instinctivement, sans réfléchir, je saisis son poignet et l'écarte fermement. « *Ne!* » Nous nous dévisageons sous le choc, j'ôte ma main et dis : « Pardon, pardon. » Mais l'atmosphère a changé et elle est un tout petit peu plus douce.

Le médecin entre et je lui demande si je peux avoir une chambre individuelle. Ce n'est pas cher – environ 19 livres la nuit, mais cela me semble tout de même un luxe ostentatoire et ma question m'embarrasse un peu. Mais dans une chambre individuelle, je serais seule avec mon bébé. Je ne me retrouverais pas sous le regard des autres mères et n'aurais pas à m'atteler à la tâche épuisante d'essayer de me débrouiller avec mes quelques mots de tchèque. Il me répond qu'il fera de son mieux et j'insiste, s'il vous plaît, si vous pouvez. Je lui confie : « Je ne parle pas tchèque. » Il hoche la tête. Quand c'est le moment de partir, l'infirmière brutale me hisse dans un fauteuil roulant. Je porte toujours ma chemise d'hôpital et pas de sous-vêtements. Mon cul nu dépasse à l'arrière du fauteuil. L'aide-soignant trapu, qui a l'air de s'être enfilé quelques pintes après son service la veille au soir ou même avant de reprendre le travail aujourd'hui, regarde, amusé. Je dis franchement : « Je m'en fiche. Je viens d'avoir un bébé. Je n'ai plus de dignité. Ce n'est qu'un cul, après tout. » Je ne veux qu'une chose, descendre retrouver mon bébé. Mais l'infirmière plus douce ne voit pas les choses comme ça, elle place un linge d'hôpital derrière moi – un pâle cache-misère –, et je m'en vais.

On m'emmène dans ma chambre du service maternité et je me sens immédiatement soulagée. Elle me rappelle ma chambre de la résidence universitaire, mais sans l'odeur persistante de Loulou Blue et d'Aftershock Red. Toutes les surfaces sont plastifiées. Il y a un lit et un petit placard, et de l'autre côté une baignoire pour bébé et une table à langer avec un panier rempli de couches, de crèmes et de lingettes. Il y a un bureau dans le coin au cas où j'aurais envie de respecter des engagements et je me demande un instant si j'aurais dû emporter mon ordinateur. Il y a dans les toilettes un grand panier de protections hygiéniques de l'épaisseur d'un livre de poche. Je demande à l'infirmière, une adolescente rousse, si je peux me doucher. Elle me répond que oui, mais que je dois éviter de me mouiller le ventre et, péniblement, avec précaution, je prends la meilleure douche de ma vie. On m'apporte des vêtements. J'ai passé un temps fou à choisir soigneusement ce que j'allais apporter – des hauts avec des cols amples et ouverts pour donner le sein, de couleur sombre parce qu'il y aura du sang et d'autres « substances » –, mais j'aime bien ce qu'on m'a donné. Une chemise de nuit en coton épais, doux, souvent lavée, aux motifs de petites branches de lilas en fleur. Accouchement mais genre *Petite maison dans la prairie*. C'est incroyablement réconfortant. Je m'attends à voir apparaître à tout moment quelqu'un avec un ragoût.

Je demande à voir mon bébé et tout de suite après des médicaments contre la douleur. On m'en apporte plusieurs dans de petits gobelets en papier blanc. Je les prends tous sans savoir à quoi ils servent et en riant en moi-même de tous les vœux que j'ai exprimés pour la naissance et de mon besoin de contrôle. Je comprends que je dois suivre la voie de la moindre résistance en ce lieu où je ne parle pas la langue et où je dois m'occuper d'un bébé. Je dois faire confiance à l'équipe médicale. Je prends donc tout ce qu'on me donne et tombe dans un sommeil très profond. Je finis par ouvrir un œil et vois qu'on m'apporte mon bébé, mais il repart avant que je sois bien lucide.

Quand je me réveille vraiment, vers 17 heures, je marche lentement jusqu'au bureau des infirmières. La maternité est complètement fermée aux visiteurs à cause du covid. Il y a des rangées de chambres avec de nombreux lits et les femmes promènent leurs bébés dans leurs berceaux en Plexiglas quelle que soit l'heure, comme si nous étions dans un étrange supermarché stérile. Je n'ai pas encore mon bébé parce que la règle est de donner aux mères qui ont subi une césarienne le temps de se reposer après l'opération. Alors je marche en traînant les pieds, à tout petits pas, dans mes tongs Primark, en m'efforçant de me rappeler tout ce que j'ai lu sur l'importance de se tenir droite et de bouger le plus possible pour se rétablir rapidement. Je demande à voir mon bébé. On m'indique le service de néonatalogie et je frappe pour attirer l'attention de l'infirmière. Elle est très jeune et fâchée de me voir. Elle regarde le numéro 52 à mon poignet et va chercher mon beau bébé pour l'emmener dans un petit coin où on peut s'asseoir. Voici mon bébé. Tout mon corps réagit comme s'il faisait une ola à l'échelle cellulaire. Il est emmailloté dans une couverture en polaire Winnie l'Ourson, avec à côté de son visage un carré de mousseline. Je suis bouleversée en le voyant. Je souris et me mets à parler doucement, pas assez fort pour réveiller le – mon – bébé. L'infirmière marmonne, puis me lance : « Ne le touchez pas. Ne le réveillez pas. Vous comprenez ? » Ma bouche répond : « Bien sûr je comprends. » Mais je pense en moi-même : « Tu n'as pas à me dire ce que je dois faire avec un bébé qui a grandi dans mon corps. »

Je m'arrête de nouveau sur le carré de mousseline près de son visage. Malgré le brouillard dû à la douleur postopératoire, aux analgésiques, à la quantité d'ocytocine, d'endorphines et d'adrénaline, les kilomètres d'informations lus sur la façon d'assurer la sécurité d'un bébé endormi commencent à me revenir. Je n'ai jamais fait autant de recherches pour un emploi que j'en ai fait pour la maternité. Toutes les statistiques. Toutes les études. Et le voir là dans son berceau avec ce bout de mousseline tout près de son tout petit visage me persuade que je dois emmener ce bébé avec moi immédiatement. Il est censé passer la nuit en néonatalogie pendant que je retrouve des forces. Je suis censée dormir et me reposer. Mais je ne veux pas laisser mon bébé. J'appelle l'infirmière : « Je veux emmener mon bébé tout de suite. » Elle ne peut pas refuser. C'est mon bébé après tout. Elle m'explique qu'il me faudra revenir ici toutes les heures afin qu'elle me donne le lait maternisé pour le nourrir le temps qu'il apprenne à prendre le sein.

« Toute la nuit. Toutes les heures.

– Pas de problème. »

Je fais demi-tour en traînant les pieds dans mes tongs à la semelle encore crottée par la Vltava et pousse mon bébé dans le couloir, le cœur battant à tout rompre, effrayée mais tenace. Absolument certaine que je vais réussir.

De retour dans ma chambre, j'appelle Peter en vidéo et lui montre notre beau bébé endormi. Quand je lui parle de la néonatalogie, ses premiers mots sont pour dire que le bébé n'est pas censé avoir un tissu tout près de sa bouche. Peut-être qu'en fin de compte il était attentif ces derniers mois. Je lui explique que c'est la raison pour laquelle j'ai pris le bébé avec moi. « Je sais. Je n'en doute absolument pas. »

J'enveloppe le bébé dans une mousseline rose à imprimé léopard que j'ai apportée et je le berce dans mes bras avec précaution. Je suis terrifiée. Quand j'ai annoncé que j'étais enceinte, beaucoup m'ont très vite dit que j'allais transmettre les ombres de mon enfance difficile, que ça allait réveiller les traumatismes, que je devrais lutter. C'étaient pour la plupart de vagues connaissances ou des gens que je n'avais pas vus depuis des années et qui m'avaient trouvée sur les réseaux sociaux. Quand *Basse naissance* a paru, un critique d'Amazon a écrit un long article me suppliant de ne pas faire d'enfant pour le bien dudit enfant. Que si je décidais d'en avoir un, je devais demander à être hospitalisée dans un service pour malades mentaux très atteints. La critique a été postée au moment où je perdais tout espoir de tomber enceinte et je crois que c'est à ce moment-là que j'ai finalement abandonné. J'ai écrit un jour que dans la vie les gifles font plus mal que les coups, c'est mon cas du moins, et je me rends compte que quelque part, j'ai commencé à croire ces gens lointains qui avaient tout un tas d'opinions sur mes traumatismes et mes capacités sans me connaître réellement.

Et je suis là, dans cette chambre, dans ce lieu dont je ne parle pas la langue, avec ce tout petit être vulnérable, alors que même m'asseoir correctement est un exploit qui me demande une force surhumaine. Et ce petit être dans mes bras n'est même pas encore un bébé, plutôt une créature mythique. Une collection de courbes, de bosses, d'angles délicats et d'excès de peau. Le regarder me fait penser aux forts de fées[2] dans les contes pour enfants.

Mais je sais avec certitude que j'y parviendrai. Et je me mets à penser à la façon dont, très jeune, je m'occupais de

2. Structures circulaires en Irlande, datant de l'âge de fer jusqu'au début du christianisme, qui apparaissent dans certains contes.

ma petite sœur, souvent toute seule, au point qu'à treize ans je le faisais avec une telle habitude et une telle lassitude que les gens croyaient souvent qu'elle était ma fille. Je pense à mes séjours au pair à Rome et à Cannes (emplois trouvés depuis le minuscule salon d'un logement social en cherchant des annonces pour des « domestiques » dans *The Lady*). Je me suis occupée d'enfants de six ans dans une colonie de vacances du New Hampshire assaillie par des tornades estivales, et j'ai chanté et dansé pour des enfants quand j'étais employée comme elfe de Noël chez Harrods. Plus récemment, j'ai gardé et choyé mon filleul et ma filleule, les faisant rire au point qu'ils n'arrivaient presque plus à respirer. Comme c'est étrange que je laisse des gens me dire quelle sorte de mère je serais ou pourrais être en s'appuyant sur mon passé. D'autant que j'ai travaillé d'arrache-pied pour ne pas laisser le passé me définir de quelque manière. Je sais que je suis maternelle, attentionnée et tendre. En dépit de tout ce que j'ai vu et vécu dans ma jeunesse, je sais avec certitude que j'y parviendrai.

Je me bats pour mon enfant, en étant courageuse et en sachant que je ferai tout ce qu'il faut quoi qu'il arrive pour m'assurer qu'il est en sécurité. La moindre action est un triomphe. Je change sa couche, place ses petits bras dans un Babygro en coton doux et l'emmène dans son berceau à roulettes chercher ses premiers trente grammes de lait maternisé. Je veux l'allaiter, mais je n'ai pas encore de lait. On m'a montré comment utiliser la tétine en forme de doigt – l'idée étant d'imiter l'allaitement – mais, de retour dans ma chambre, le lait se répand sur sa poitrine et sur ses vêtements. Je ne m'en rends pas compte tout de suite, et je ne comprends qu'il doit être mouillé et avoir froid que quand il continue à pleurer. J'ai l'impression d'échouer. La moindre bourde est dévastatrice. Mais je n'échouerai pas. Je le déshabille, change sa couche et lui mets des vêtements secs. J'ai mal, je suis si épuisée que je vois double et je me répète sans arrêt que je fais ça pour mon bébé. Nous allons bientôt rentrer à la maison et je fais ça pour mon bébé. Même si mon instinct m'intime de veiller au-dessus de son berceau toute la nuit, je l'approche du lit et, pendant qu'il dort, j'essaie de m'allonger en restant aussi immobile que possible, les jambes et les bras écartés sur le lit, et de me concentrer sur ma respiration ou de me rappeler que même si je ne dors pas – et j'ai bien sûr trop peur pour parvenir à dormir –, rester allongée sans bouger constitue une forme de repos, et mon bébé a besoin que je sois reposée. Je mets l'alarme sur cinquante minutes toute la nuit pour ses biberons, me lève péniblement et emprunte avec lui le couloir pour le nourrir. Je me rends compte au milieu de la nuit qu'on aurait sans doute pu m'apporter ces biberons et qu'on aurait peut-être dû le faire. Mais ça m'est égal. Même durant cette première nuit stressante, difficile, épuisante, je le regarde et mon cœur semble battre enfin à son rythme.

J'ai l'impression que la pression de ma joie écrase mes pommettes quand je me réveille près de lui le matin. Je le change et le baigne, déploie ses petits membres, ses doigts serrés puis, lentement, douloureusement, je valse avec lui dans la chambre au son très doux de Björk et je chante pour lui. Je vois alors pour la toute première fois ses petites paupières s'ouvrir en grand, une étincelle dans ses yeux bleu foncé. Je ris, souris et appelle Peter pour qu'il nous regarde valser en musique dans la chambre, rire devant le téléphone. Le matin, je suis convaincue que je peux y arriver. J'ai tenu toute la nuit et je l'ai fait pour mon fils. Je peux y arriver.

Ces quelques premiers jours font honnêtement partie des meilleurs de ma vie. Peter me manque. Un soir, il vient jusqu'à la porte du service pour me donner un sac d'aliments – des céréales, du lait, du fromage, du jambon. Un autre soir, il se rend au tram à l'hôpital et se poste sur le parking de la maternité. Nous parlons au téléphone et je lève pour lui notre bébé devant la fenêtre du deuxième étage. Nous nous voyons à peine dans la pénombre du crépuscule, mais le moment est si délicieux et romantique que je le garderai toujours en mémoire, et le savoir me rend heureuse. À part cela, les jours passent dans une routine floue. Je croyais que je voudrais sortir aussi vite que possible, mais je suis contente de cette expérience, disons, de cocon, dans le service de maternité. En outre, il faut s'assurer que nous sommes tous les deux en bonne santé, que je ne vais pas tout bousiller par accident, avant de nous laisser sortir. J'oublie mes projets de revendication d'un retour rapide à la maison et je m'installe.

Les visites des médecins ont lieu le matin. Ma première visite, une jeune femme parlant un anglais excellent, me demande si j'ai eu une montée de lait. Je réponds que non, je ne crois pas. Elle s'enquiert poliment : « Je peux ? » J'acquiesce et souris. Elle baisse le devant de ma chemise de nuit, sort mon sein et pince extrêmement fort le mamelon. « Pas encore, mais bientôt. » Le bébé fait son premier caca goudronneux et heureusement les infirmières sont là et m'aident à tenir son corps glissant au-dessus du lavabo pendant que nous le douchons et lui appliquons de la crème sur les fesses.

Tout ce que j'ai appris si soigneusement est, comme en cuisine, très différent quand on ne suit pas exactement la recette. Je bois beaucoup d'infusions aux fruits qu'on dépose près de mon lit chaque matin dans une grande cruche en plastique et je me repose quand le bébé se repose, allongée sans bouger en écoutant de la musique. J'aime à penser que mon bébé sera sensible à la musique et réagira à ces premières chansons. Elles paraissent assurément l'apaiser. Je regarde la lumière changer et évalue la force du vent au mouvement des branches. Quand je vais chercher le lait maternisé, je dis « *Dobre den* » aux autres femmes et les complimente sur leurs *heski*, leurs beaux bébés. Elles doivent penser que je prends beaucoup de médicaments, car elles semblent abattues, épuisées, grises et détaillent leur corps comme si on leur avait sorti une courge de concours du ventre. Non que je sois sexy avec mon pas traînant et mon dos voûté d'après-césarienne, mais je suis sûre qu'elles sont complètement déroutées par mon inaltérable euphorie. Je me redresse lentement. Je marche encore prudemment, mais je fais des pas au lieu de traîner les pieds. Quand je marche avec mon bébé, je lui parle sans arrêt : « Bon, on va descendre chercher ton lait. Tu es prêt ? Allez, on y va. » « Bon, on va aller voir d'autres mamans. On va essayer l'allaitement. Tu veux téter ? »

La consultation d'allaitement 24/7 a lieu dans une pièce spéciale à l'extérieur du service de néonatalité. On y trouve un tire-lait, des fauteuils confortables disposés en cercle, des coussins d'allaitement en forme de croissant et quelques bouées gonflées. Les infirmières font tout ce qu'elles peuvent : me placer dans différentes positions, mettre elles-mêmes le bébé au sein pour que je puisse me concentrer. Elles essaient de faire en sorte que je me détende en respirant à fond. Elles me demandent de le bercer sous mon bras comme un petit pain que je chérirais. Il y a un protège-mamelon et un leurre avec un peu de lait, puis mon sein, toujours complètement vide, est introduit en hâte dans sa bouche. « C'est ça, dedans,

dedans, comme un gros burger. Un gros burger ! » Elles me disent de penser à quel point j'aime mon bébé, je ris et réponds que je ne cesse pas de l'aimer. Elles finissent par m'attacher à un tire-lait mais rien ne vient. Mon sein reste sec et aride, ne produit rien d'autre que de la déception pour tout le monde. Je fais la connaissance des autres femmes aux seins défaillants. Une jeune femme d'une vingtaine d'années aux longs cheveux châtains et aux épaisses lunettes vertes et carrées est terriblement malheureuse d'être incapable d'allaiter. « Bon, on est des mères merdiques », me dit-elle en anglais. Je lui souris. « Ce n'est pas si grave. Ça arrive, voilà tout. » Je veux allaiter mon bébé. Je veux faire ce qui est bon pour lui. Mais j'ai aussi vu des femmes détruites par une dépression post-partum, en partie parce qu'allaiter était très pénible. J'ai eu des amies qui pleuraient sur leur bébé qui tétait leur mamelon crevassé et rempli de pus. J'ai connu des couples qui ont rompu dans les premières semaines suivant une naissance à cause du conflit. Donc, bien avant d'arriver à l'hôpital, je me suis dit que j'allaiterais si je le pouvais, mais que si je n'y arrivais pas, je me rappellerais que des milliers d'autres facteurs président à l'épanouissement ou non d'un enfant. Que les avantages de l'allaitement sont largement surévalués et que la santé mentale de la mère est tout aussi importante.

Une mère qui refuse de porter la chemise de nuit *Petite maison dans la prairie* de l'hôpital vient aussi fréquemment dans cette pièce. Elle s'habille en T-shirt death metal et en short de running. Elle a des cheveux vert vif et j'aimerais bien devenir son amie, mais elle ne s'intéresse à personne. Chaque fois que j'entre dans la pièce où j'ai souvent dix bonnes années de plus que les autres femmes, j'éprouve un sentiment maternel envers elle. Je souris et lui dis que son bébé est magnifique. Les formatrices sont des femmes attentionnées, gentilles, mais au bout de trois jours, nous n'obtenons qu'un seul et unique succès avec un protège-mamelon.

Je vais peut-être rentrer à la maison, car le nombre de cas de covid augmente de nouveau et on fait sortir toutes les personnes qui ne présentent pas de risques. Je suis hospitalisée depuis trois jours et l'idée m'enchante. Le médecin demande : « Urinez-vous ? Vous sentez-vous bien ? Est-ce qu'il mange ? » Je réponds qu'il est nourri au biberon, que je ne l'allaite pas encore mais que j'ai une doula qui peut me donner des conseils en ligne. Je précise que s'occuper d'un bébé après une césarienne est difficile et que j'aimerais avoir l'aide de mon mari. On emmène le bébé, on ôte le cordon ombilical – procédure standard en République tchèque –, on pique son talon pour effectuer des analyses de sang et je fais ma valise. J'appelle Peter et lui annonce la nouvelle. Il n'est pas aussi enthousiaste que j'imaginais. Il explique : « Ne t'attends pas à des miracles. Je ferai de mon mieux. L'appartement n'est pas aussi rangé qu'il le devrait. » Je réponds d'accord. Dire que je ne suis pas une bonne ménagère est un euphémisme, me traiter de souillon est trop aimable. J'ai paniqué jusqu'à la naissance car j'étais épuisée et n'avais pas le courage de ranger l'appartement. La poussée d'énergie et l'envie d'être fière de ma maison auxquelles je m'attendais avec la grossesse ne se sont pas produites. Nous nous sommes dit que ce n'était pas grave. Peter rangerait l'appartement pendant que je serais à l'hôpital.

J'habille le bébé d'un pull bleu à capuche orné d'oreilles d'ours en peluche dans lequel son petit corps disparaît malgré les manches roulées quatre fois. En même temps je chante, car j'ai remarqué que chaque fois je vois dans ses yeux une attention à la musique et je trouve ça miraculeux. C'est vraiment extraordinaire de découvrir un miracle chaque jour.

Je pousse le berceau en Plexiglas comme un Caddie dans le couloir et croise le regard de Peter à travers la vitre. Je rayonne de fierté, comme si notre bébé était un excellent fromage géant et très bon marché pour lequel je me serais battue. Peter a l'air épuisé, presque autant que les jeunes mères du service. Il attend dans une zone peuplée d'autres pères avec des sièges auto à leurs pieds, anxieux. Tous ont la même expression hébétée, nauséeuse. Nous sommes neufs l'un à l'autre à présent, liés de façon permanente, inextricable, une « mère » et un « père », et plus seulement des compagnons. Je lui tends le bébé, sachant que quoi qu'il fasse en cet instant, cela ne suffira pas à mes besoins. Il a l'air sonné, fou de joie, terrifié. « Je peux le toucher ? » Je ris. « Oui, c'est ton bébé. Bien sûr que tu peux le toucher. Il est magnifique, non ? Tu ne trouves pas qu'il est magnifique ? »

La médecin un peu brusque nous autorise à sortir. Elle s'assure que nous avons un pédiatre qui peut venir chez nous dès demain. Elle nous confie qu'il lui est difficile d'expliquer les choses en anglais. Peut-elle parler allemand ? Je lui réponds que oui, avec mon mari. Elle me demande plusieurs fois : « Êtes-vous sûre que ça ne pose pas de problème de parler à votre mari ? » et je suis touchée par sa prévenance alors que je ne comprends pas la langue moi-même. Elle explique à Peter les horaires des biberons et des médicaments et l'enregistrement bureaucratique complexe d'une naissance. En s'exprimant dans une langue qu'elle maîtrise, elle paraît immédiatement plus chaleureuse, plus détendue. Je suis soudain touchée par l'effort supplémentaire que tous les membres de l'équipe ont fourni pour me comprendre et être compris, une difficulté de plus dans leurs journées déjà remplies et éprouvantes.

De retour dans ma chambre, je me change. Mon corps n'a pas encore reçu le message de mon accouchement, je ressemble à un gros marshmallow mou et lent. Je remets mes immenses leggings de maternité, une grande robe-chemise de couleur vive et des chaussures dont soudain je n'ai plus l'habitude. Je suis de nouveau moi. Sauf que je suis aussi une femme complètement nouvelle. Je suis mère.

Je dis au revoir aux aides-soignantes et aux infirmières bienveillantes. J'ai dû me servir de Google Translate la plupart du temps pour communiquer et je continue. J'écris que je leur suis très reconnaissante, que c'est un endroit merveilleux. Elles traversent une pandémie, effectuent des heures supplémentaires et doivent gérer leurs soucis personnels, mais chacune d'elles, même la moins gentille, a fait tout son possible pour que moi et mon petit garçon soyons à l'aise et en bonne santé. Elles nous ont apporté paix et sécurité à un moment où il y a très peu de sécurité à l'extérieur. Un lieu sûr, chaleureux et merveilleux pour établir le lien avec mon bébé.

Peter commande un Uber et arrive un mini-van. Je me dis que le chauffeur ne doit pas être enchanté de transporter un nouveau-né – un chargement à risque et si précieux. Mais il est ravi. Peter a regardé pendant des semaines des vidéos sur YouTube pour s'entraîner à installer le siège auto et s'y prend adroitement, comme un soldat remontant son arme les yeux bandés. Pour m'installer à l'avant, je dois monter trois marches. Le chauffeur me tient les bras en souriant et me conseille d'y aller « doucement, doucement. Prenez votre temps. Ce n'est pas un problème. Vous avez travaillé dur ». J'essaie de parler un peu à Peter pendant le trajet, mais il reste assez silencieux, les yeux rivés sur son fils.

10

Arrivée à la maison, je m'effondre. Dans l'ascenseur, Peter me dit : « S'il te plaît, n'oublie pas que tu rentres plus tôt que prévu. J'ai lavé par terre parce que c'était sale. Puis je me suis rendu compte que je ne pouvais pas arriver à l'hôpital comme un clodo, alors je me suis douché et pomponné. » Je lui répète : « Ne t'en fais pas, je m'en fiche. » L'adrénaline, l'énergie et la pugnacité quittent mon corps, parce que maintenant Peter est là, je ne suis plus toute seule. Parce que c'est effrayant de ramener le bébé à la maison, mais en même temps un grand soulagement. Parce que j'ai à peine dormi et mangé depuis trois jours. Parce que j'ai encore très mal et qu'on a taillé dans sept couches de chair et de muscles il y a à peine quelques jours.

Nous entrons dans l'appartement qui me paraît plus exigu que jamais et posons notre bébé dans son siège auto sur le tapis. Il est si minuscule. « Bienvenue à la maison. Bienvenue à la maison, mon chéri. C'est chez toi. » Dora apparaît et nous observons attentivement, prêts à intervenir, la chatte qui flaire prudemment son tendre petit pied puis s'en va pour s'asseoir sur le rebord de la fenêtre et épier cette nouvelle chose bizarre qui est entrée dans notre vie. Je me mets à pleurer. Je demande à Peter : « J'ai bien travaillé, non ? J'ai réussi. Il est parfait, non ? Et maintenant on est tous à la maison. »

Il me serre dans ses bras, m'embrasse et se force à bouger. « Allonge-toi, d'accord ? Allonge-toi. » Il m'emmène dans la chambre et me met sous les couvertures. Je l'invite à venir aussi au lit et à prendre son bébé. Il le sort du siège auto et le tient contre lui. Il me le passe et nous nous blottissons dans le lit. Je lui dis que le bébé a besoin d'un contact peau à peau. Il enlève son T-shirt, moi ma chemise et nous le tenons entre nous deux. Un petit être parfait, beau, chiffonné, un bouton aux pétales collés pas encore épanoui.

Peter est complètement conquis. Il tient notre bébé et l'observe en dépliant ses mains et ses doigts et en admirant ses grands pieds de bébé. Il se tourne vers moi, les yeux pleins de larmes. « Je ne veux pas le lâcher. Je ne veux jamais le lâcher. » Je lui réponds que ce n'est pas nécessaire. Je leur souris à tous les deux.

Peter regarde le visage de notre enfant, de notre avenir. « Bienvenue à la maison. Nous t'aimons. »

Nous lui choisissons un nom avec soin, bien trop conscients de l'impossibilité d'attribuer à quelqu'un un mot qui représente sa globalité. Pour les besoins de ce livre, je lui donnerai le surnom de Sammy. Nous posons Sammy dans son berceau à côté du lit et Peter me dit qu'il va sortir acheter quelques trucs. Il revient avec des plats vietnamiens, *bún cha* et nems croustillants, qui me transportent toujours à Hanoï que j'ai visité à vélo – et, comme dessert, une pile de paracétamol, de la crème pour aider à la cicatrisation, des laxatifs, du lait maternisé pour notre bébé. Il me raconte qu'il a vu à la pharmacie un autre père aperçu à l'hôpital, aussi nerveux que lui, serrant dans sa main une liste de tout ce qu'on l'avait envoyé chercher.

Nous couchons Sammy sur le matelas entre nous. Épuisée, reconnaissante, je mange le *bún cha* suivi d'un gros morceau de chocolat Cadbury commandé exprès pour moi au Royaume-Uni. Je prends mes analgésiques. Peter m'embrasse sur le front et me dit de dormir.

Je suis inquiète. Je me demande si Peter sait comment faire. Il tient notre petit lutin contre sa poitrine et je l'interroge : « Ça va aller ? De quoi as-tu besoin ? Est-ce que tu comprends tout ce qu'il faut faire ?

– Je me débrouillerai. Je pense vraiment que tu as besoin de te reposer. Tu as vécu des moments éprouvants. »

Ainsi, dans notre lit aux draps grenus pleins de miettes, notre pagaille habituelle tout autour, tandis que Peter, au salon, notre bébé lové contre sa poitrine, programme un documentaire sur le changement climatique, je sombre enfin dans un sommeil profond et paisible.

Je meurs d'envie de sortir. Je veux emmener mon bébé voir le monde. Je veux lui montrer les maisons aux couleurs des crayons des années 1970. Je veux lui faire voir la rivière gris-bleu, les oiseaux et le ciel. Je veux qu'il sente le temps qu'il fait sur sa peau. Je convaincs Peter que je peux marcher, tire délicatement mes vêtements sur la cicatrice de ma césarienne et avale quelques analgésiques.

Nous avons un immense foulard en tissu bleu pastel qui me rappelle l'époque où j'observais les femmes déployer leur sari au vent près d'un lac à Udaipur pour le laver. Je l'enroule, le noue autour de Peter. J'ai le cœur gros de ne pas porter le bébé, mais je sais que je n'en ai pas la force. Je croise donc le tissu tout autour de Peter, comme je me suis entraînée à le faire avec un renard en velours côtelé serré contre ma poitrine quelques mois plus tôt. Peter est né pour ça, avec sa poitrine plate contre laquelle Sammy est blotti, satisfait, petit et adorable ; une créature des bois, une noix nichée dans sa coquille. Son joli nez, ses lèvres, la courbure de son front dépassent à peine du tissu clair.

Peter a l'air constamment terrifié. Rien d'étonnant, car il finit par m'avouer qu'il n'a jamais tenu un bébé avant Sammy, mais il est également profondément épris. Je dois souvent lui prendre Sammy des bras pour le câliner moi aussi. Peter est fait pour aimer et choyer, et comment ne pas aimer et choyer notre bébé ? Nous marchons à tout petits pas. Je vérifie sans cesse que le nez et la bouche du bébé sont visibles et pas obstrués. Que ses petites joues ne sont pas trop froides. Mais il paraît content, étonné même et ouvre un peu plus grand ses yeux bleu foncé. J'essaie d'imaginer ce que ça fait d'être soudain dans la ville avec toutes ses stimulations sensorielles – les voitures, les lumières, les couleurs, l'air froid, le bruissement de nos manteaux d'hiver, les odeurs s'échappant de la vitrine ouverte du café où nous commandons un *bundt cake* épais et un *chai latte* sucré.

Pâles et épuisés, nous nous asseyons sur un banc devant le café. J'ai conscience que nous avons l'air d'avoir créé un petit être en puisant dans notre propre vie. Les gens nous dépassent en souriant, ceux qui ont eux-mêmes des enfants plus grands qui sautillent et gambadent sourient largement. Je me retiens de crier : « Regardez, voici ce que nous avons créé ! Merde, il est fabuleux, non ? »

Je voudrais aller jusqu'à la rivière, mais j'en suis clairement incapable. Mes épaules commencent à s'affaisser, ma respiration devient laborieuse, bruit auquel nous sommes si habitués que nous ne le remarquons presque plus. Nous rentrons.

Notre bébé dort et nous nous asseyons à côté l'un de l'autre sur le canapé sans nous toucher, en silence, les yeux dans le vague, submergés par la beauté, l'épuisement et la prise de conscience viscérale d'avoir créé une vie dont nous sommes maintenant responsables.

Les premières semaines suivant la naissance d'un enfant forment une étrange contrée. On l'appelle le quatrième trimestre car, en réalité, le bébé devrait encore être dans le ventre de sa mère. Il doit en sortir pour ne pas ouvrir sa mère en deux en naissant, bien que ce soit ce qu'il se passe souvent quand même. Mais moi j'ai au contraire l'impression que nous l'avons rejoint dans le ventre. Dans notre petit appartement encombré, chauffé, où ma banderole d'anniversaire flotte encore n'importe comment, le jour et la nuit n'existent pas. Comme dit Peter en haussant les épaules quand nous nous apercevons qu'il est 23 heures et que nous ne sommes pas encore couchés : « De toute façon, qu'est-ce que c'est, l'heure ? »

Nous établissons une sorte de roulement nocturne. Nous assurons chacun la moitié de la nuit en dormant à côté du berceau et en répondant aux besoins de Sammy d'être nourri, changé ou juste câliné pendant que l'autre dort du côté opposé du lit. Nous avons renoncé à essayer de le forcer à téter. Je répète le mantra : « Le biberon, c'est bien. »

Nous appelons « partir en vacances » cet autre côté du lit où se trouve le bon oreiller à mémoire de forme. Je me réveille de temps en temps et chuchote à Peter avec un accent australien prononcé : « Bienvenue à bord du Boeing 253 pour Melbourne, vous y trouverez une température agréable de vingt-six degrés et nous servirons des cacahuètes et du gin tonic. »

Peter devient profondément attaché à sa moitié de nuit avec Sammy. Ils se couchent tard, regardent des documentaires sous-titrés et, tandis que je meurs d'envie d'aller me coucher, je vois que Peter désire ce moment rien que pour lui, Sammy et le silence de la nuit. Nous changeons de rôle à 3 ou 4 heures du matin. Peter part en vacances et je vais du côté du lit opposé. Nous nous levons, nous touchons brièvement, traversons la frontière au pied du lit avant d'adopter notre nouvelle position.

J'aime les biberons nocturnes. Je dors la première partie de la nuit parce que, vers 20 ou 21 heures, j'ai l'impression que je vais mourir si je ne m'allonge pas et si je ne ferme pas les yeux. Je n'exagère pas. J'ai vraiment l'impression que je vais mourir. Bien qu'insomniaque depuis toujours, quand je m'allonge et lance une méditation guidée par un duo appelé, de manière suspecte, les Honest Guys, je m'endors instantanément comme si on m'avait ôté mes piles. Ça ne dure pas. Lorsque Peter et Sammy viennent me rejoindre, le bébé grogne et pète comme un vieil homme qui aurait mangé un kebab douteux. Peter, je ne sais comment, arrive à contrôler son esprit de sorte que, pendant qu'il est côté vacances, il dort. Les bruits du bébé ne le réveillent pas du tout. En fait, les bruits du bébé ne le réveillent pas souvent non plus quand il est côté non-vacances. Mais je suis biologiquement prédisposée à entendre les cris de mon bébé, à y répondre ainsi qu'au moindre murmure, à la moindre flatulence. Le moindre bruit provenant du berceau allume une flamme en moi, annonce un danger dans le ciel. C'est pourquoi les heures où je suis réveillée en sachant que je dois l'être constituent un soulagement bienvenu qui vaut mieux que d'être constamment tirée d'un sommeil dont j'ai terriblement besoin.

J'emmène Sammy au salon et j'allume la télé avec sous-titres. Je regarde des émissions devant lesquelles les gens de soixante ans s'installent le dimanche soir en farfouillant dans les boîtes de chocolats pour trouver ceux qui leur plaisent. Je donne le biberon à mon bébé et le tiens contre moi, si petit, si mignon et si vulnérable. Je suis fatiguée, incroyablement fatiguée, mais en contemplant par la fenêtre le jour se lever, pareil à une aquarelle très pâle, je sais que je conserverai précieusement ces moments.

Je lis partout que nous devons sortir de l'appartement une fois par jour et nous faisons de notre mieux. Je trouve déroutant que nous ayons pu être des gens actifs qui entraient et sortaient de la maison et faisaient mille choses, alors qu'il nous est maintenant difficile ne serait-ce que d'enfiler des vêtements – pas forcément lavés ou séchés et absolument jamais élégants – pour aller dehors.

Nous sommes encore en confinement strict et nous filons vers l'hiver pragois le plus rude. Alors, nous marchons jusqu'à la rue principale et prenons un café ou une part de gâteau sous de grands arbres dans une cour devant le supermarché. Peter téléphone à sa mère qui se remet lentement, mais je devine la tension sur son visage à chaque conversation. Pour le moment, nous choyons cette nouvelle vie et nous nous donnons le temps de ne pas réfléchir aux changements inévitables qu'il nous faudra faire pour sa mère dans un avenir très proche. Nous ne sommes bien sûr qu'à peine réveillés et nous mangeons beaucoup de plats à emporter. D'énormes *schnitzels* au poulet étalés sur des montagnes de purée de pommes de terre épaisse ou des pizzas nageant dans de l'huile rouge. Ni famille ni amis ne viennent nous rendre visite, mais nous connaissons très bien nos livreurs Uber Eats.

Comme nous ne pouvons aller nulle part, ces aperçus du monde du « dehors » font partie de notre communauté. Les gens du voisinage commencent à nous reconnaître avec notre bébé dans sa poussette couleur champignon. Ils se penchent à leurs passe-plats improvisés de vente à emporter et le saluent d'un « *ahoy* » derrière leur masque. J'espère que, quand le bébé sera assez grand pour comprendre les gens, il pourra voir leur visage. Il comprendra ce que sont les sourires. Qu'ils n'apparaissent pas seulement en haut du visage, que quelque chose de très particulier se produit aussi en bas.

Le bébé dort des heures pendant la journée, au point que cela nous inquiète. Je passe un temps fou sur Google à chercher anxieusement tout et n'importe quoi, frustrée de constater que mes recherches faites auparavant n'ont naturellement pas suffi. Nous regardons les films de *Rocky* dans l'ordre, avec Sylvester Stallone et sa tête de chou qui se fait tabasser, tandis que notre bébé dort gentiment dans son berceau à côté du radiateur au bruit des nez qu'on écrase.

11

Il nous faut envoyer par FedEx des documents pour le passeport de Sammy. Peter propose que je m'en occupe, que je prenne l'air et un peu de repos. Je ne veux pas quitter mon bébé – ce serait la première fois en trois semaines, sans compter les neuf mois où nous étions toujours ensemble –, mais j'y vais quand même. Impossible de décrire l'étrange sentiment que j'éprouve en quittant l'appartement toute seule. Comme si une partie de moi avait été tranchée. Je mets mes écouteurs et monte dans un tram. Je porte un manteau informe, des Converse blanches éraflées, une salopette kaki – je m'aperçois que je la portais aussi lorsque j'ai fait mon test de grossesse. Joni Mitchell et moi fredonnons doucement. Je ne sais pas si c'est l'ocytocine ou le café que je m'achète en marchant ou si c'est parce que Sammy a assez bien dormi cette nuit, mais je n'aurais jamais imaginé que le monde paraîtrait tellement plus beau quand je serais devenue maman. Qu'il me semblerait tout neuf parce qu'il attendait simplement que je le partage avec mon enfant. Pendant ce court trajet, partout où se porte mon regard, je remarque des choses que je vais montrer à mon bébé. Une pâtisserie où je tiendrai les mains collantes de Sammy loin de la vitrine. La bibliothèque où je lui ferai la lecture sur un canapé en vinyle couleur citron vert. Un vieux couple en baskets assorties qui se tient par la main.

Il va vivre dans ce monde et en connaître toute la beauté que je trouverai à partager avec lui.

À mon retour, Peter regarde un documentaire sur la représentation des personnes trans dans les médias, le bébé sur sa poitrine enveloppé dans une couverture blanche. J'ai apporté des gâteaux dans du papier sulfurisé sur un plateau doré – génoise et crème recouvertes de massepain. Quel bon moment, songé-je en mordant dans le gâteau assise à côté de Peter, tout en admirant le bébé se frotter le visage de ses petites mains gantées. Lentement, lentement, il s'éveille et s'épanouit. Secondes parfaites. Je suis si heureuse.

Le soir, je reçois un e-mail inattendu d'une femme qui m'a connue bébé. Plus précisément, elle a connu ma mère quand j'étais bébé. Depuis que mes livres ont paru, depuis que je suis dans les journaux ou à la radio, il n'est pas inhabituel que mon passé m'envoie des messages. Ils ont généralement pour titre : « Ça fait longtemps », ou : « Une vieille amie », ou pire : « Tu te rappelles… ? » Celui-ci a pour objet « Une amie du passé » et à l'instant où je le vois, mon corps affiche des drapeaux rouges, tout mon corps devient un drapeau rouge qui agite mes traumatismes et mon instinct de protection envers notre famille toute neuve et vulnérable. Mon esprit, mon cœur et mon corps passent, *staccato*, par les réponses habituelles : se battre, fuir, bloquer ou flatter ? Je me sens mal. Ma première réaction consiste à effacer ces messages. On ne réveille pas un chat qui dort – en fait, merde, qu'il crève. Mais je ne résiste pas à l'envie de les ouvrir, le cœur battant, le bout de mes doigts picoté d'angoisse. Je réveille le chat, prête à affronter sa colère. Mais il se trouve que celui-ci est gentil.

Kerry

Tu ne me connais pas ou du moins tu ne peux pas te souvenir de moi parce que j'ai arrêté de voir ta mère quand tu étais petite, quand elle a déménagé à Buchan Terrace, je crois.

Si j'ai fait ce soir une recherche sur Facebook à propos de ta mère, c'est uniquement parce qu'il y a un groupe dans lequel beaucoup de gens écrivent sur le bon vieux temps. Il s'appelle Aberdonia Unlimited.

Ta mère et moi, on était amies à l'école et on l'est restées pendant des années après son départ à Londres. J'ai connu ton père quand ils sont passés tous les deux à Aberdeen. Ensuite, bien sûr, elle a été enceinte et a mis fin à sa liaison avec ton père. Ta mère et ta grand-mère s'adoraient et la minute suivante elles se détestaient. Ta mère est revenue enceinte et a vécu avec ta grand-mère qui venait de déménager. Puis ta mère a dû arrêter de travailler. Elle était angoissée parce qu'elle n'avait rien du tout pour préparer ta naissance. Ma famille n'était pas riche, mais on s'est mobilisés comme le font la plupart des amis et des familles, et on t'a trouvé une poussette et le nécessaire. Ma mère et ma sœur ont beaucoup tricoté pour toi. Ma mère aimait vraiment la tienne. Je pense qu'elle avait un peu de peine pour elle. Quand ta mère a obtenu son appartement, on a réussi à rassembler de la vaisselle, des ustensiles, des trucs et des machins.

J'allais voir ta mère toutes les semaines, mais elle changeait, elle était en train de devenir ce qu'elle détestait le plus chez sa mère et ses tantes. Elle buvait, fumait comme tout le monde à l'époque… Je l'ai prévenue qu'elle risquait de te perdre.

La dernière fois que j'ai vu ta mère c'est quand elle est sortie du pub avec des gens qu'elle avait rencontrés. Je dois dire que je n'aimais pas l'allure de ses amis. Dommage parce qu'on était très amies à l'école et on rigolait bien. On travaillait toutes les deux au Wimpy après les cours quand on avait quinze ans, avant qu'elle parte à Londres. On allait danser au Palace quand on avait dix-sept ans et c'est là qu'on a bu pour la première fois.

Je me rappelle que tu avais une tante. Elle est partie de la maison à quinze ou seize ans et a rejoint les Wrens. Elle adorait chanter du folk. Elle avait une belle voix. Elle a fait la première robe de soirée de ta mère pour le bal de l'école. Ta mère a commencé à travailler dans un bureau mais ta grand-mère l'a fait démissionner pour aller à la conserverie parce que c'était mieux payé. Dommage vraiment parce qu'elle serait peut-être restée à Aberdeen, mais évidemment tu ne serais pas née si ça avait été le cas hein.

J'ai lu des extraits sur Internet et j'ai appris avec tristesse que tu as été placée en famille d'accueil.

Malheureusement, je n'ai pas eu d'enfants. Je me suis remariée avec un Gallois adorable et j'habite toujours à Aberdeen. Je travaille encore mais à la maison pour le moment à cause du covid. Les gens passent dans notre vie plus ou moins longtemps, mais je suis contente que tu t'en sois bien sortie et j'aurais aimé te voir grandir. Je ne suis pas sûre d'avoir des photos de ta mère. Quand j'ai rompu avec mon ex, il a pris toutes les photos et il m'en reste très peu, mais je vais chercher dès que j'en aurai l'occasion.

J'adore lire et je dois lire au moins un livre par semaine. Surtout des thrillers psychologiques. Mais j'aime changer souvent, alors je vais lire l'un des tiens ou peut-être tous, ah ah.

En tout cas, je suis vraiment contente que tu ailles bien. Dommage qu'Aberdeen ne s'en soit pas aussi bien sorti, hein. Ah on ne croirait jamais que ça a été la capitale européenne du pétrole. On a l'air d'être les parents pauvres, mais les gens sont le sel de la terre.

Je te souhaite le meilleur dans tout ce que tu fais et, si tu es encore en lien avec ta mère, peux-tu lui dire bonjour de ma part ?

Moira

Comme toujours, j'en parle à Peter et nous analysons « ce que ça signifie réellement ». Je laisse ensuite le message dormir un certain temps dans ma boîte mail, même s'il est gentil, parce que j'ai besoin de me rappeler que, en fait, je contrôle qui je fais ou non entrer dans ma vie. Finalement, je réponds.

Chère Moira,

Avoir de tes nouvelles m'a fait plaisir. Je suis désolée de ne pas avoir répondu plus tôt, j'ai un bébé de cinq semaines et j'ai du mal à gérer mes e-mails (j'écris ces mots au moment du biberon de la nuit et je n'ai pas beaucoup de temps car il va bientôt se réveiller et réclamer !). Je me rappelle que maman parlait de toi. Malheureusement, maman et moi sommes brouillées depuis plus de dix ans. Nous avions une relation très difficile pour des raisons que tu peux imaginer.

Je suis contente d'avoir de tes nouvelles et j'espère que la vie t'a bien traitée. Je vis actuellement à Prague avec mon mari, un chat et notre petit Sammy et tout va très bien. J'ai de la chance de vivre ainsi après avoir été élevée comme ça.

Je te remercie de penser à ces photos – j'aimerais beaucoup en avoir un scan si c'est possible (j'en ai très peu moi-même).

J'espère que toi et ta famille restez en bonne santé durant cette année bizarre !

Je t'embrasse, Kerry

Je m'attends au baby-blues. C'est ce qu'on dit, non ? L'ocytocine s'estompe et la réalité vous frappe de plein fouet. Mais elle ne me frappe pas. Chaque fois que je regarde Sammy, j'ai l'impression d'être la femme la plus chanceuse du monde.

Les choses commencent cependant à déraper un petit peu entre Peter et moi. Déraper « un petit peu », est-ce possible ? Pas vraiment. Quand on commence à vaciller, plus rien ne fonctionne tout à fait.

Tout d'abord, je dois lui demander de me toucher. Je lui explique qu'il me manque, je lui demande de placer sa main sur mon dos ou, de temps en temps, de poser sa main sur la mienne quand nous tenons la poussette.

Nous avons toujours été un couple très tactile. Si nous sommes tout près, nous nous touchons – un pied, un bras, une main ou une épaule. J'ai appris à me servir de son contact comme d'un ancrage. Nous aimons tellement montrer notre amour en public que nous disons en plaisantant que nous ne pourrons jamais revenir à certains endroits. Je souffre du fait qu'il soit devenu brusquement si lointain physiquement, absent même. Je trouve inquiétant de devoir lui demander de me manifester cette affection d'habitude si instinctive.

Il a aussi conçu un intérêt prononcé pour l'écologie et une angoisse encore plus intense à propos du changement climatique. Il lit exclusivement des livres sur ce sujet et regarde aux petites heures de la nuit avec Sammy des documentaires expliquant en détail – image par image – la destruction de la planète. Chaque jour il apporte de nouvelles preuves montrant à quel point nous sommes foutus. Chaque jour il signale quelque chose qui ne va pas à la maison – est-ce que je sais que les biberons de Sammy contiennent des microplastiques ? Est-ce que je comprends que nous ne devons plus voyager en avion ? Il faudrait que nous réduisions notre consommation de viande et de poisson. De sachets de thé et de bougies parfumées. Il critique même notre utilisation d'Internet. Mais, inévitablement, toutes les solutions qu'il propose – biberons en verre, camping, régime végétarien, thé en vrac, utilisation d'Internet une fois par jour – viennent s'ajouter à la charge de travail qui semble déjà impossible à gérer, et nous nous disputons. Je lui déclare que nous sommes déjà en mode survie, que je n'ai pour l'instant pas de place pour une corvée supplémentaire ou un nouveau projet. Il me répond que « rien n'est plus important que le changement climatique ».

Ça me serait égal si son intérêt était apparu progressivement et avait pris de l'importance, mais cela s'est produit si subitement et avec une telle force – avec fanatisme, même – que je suis atterrée par ce changement chez mon mari qui a toujours été rationnel et cartésien, que je connaissais si bien. Il me parle moins. Il est plus distant. Il est prompt à imaginer le pire chez moi. Si je réponds sans réfléchir, si je me montre un peu distraite (comme tout le monde quand on manque de sommeil) en écoutant une autre de ses histoires horribles sur le climat, il entre dans une colère froide.

Il reprend son emploi au bout de quinze jours, mais toujours à la maison, et commence la difficulté de concilier Sammy et son travail – qui implique beaucoup de conversations téléphoniques en haut allemand incompréhensible – dans le peu d'espace que nous avons. Même si je suis bien contente de pouvoir lui laisser Sammy une minute car je n'arrive pas encore à baisser mon pantalon pour me soulager tout en tenant le bébé. À 17 heures, il sort de la chambre et je prends quarante minutes pour moi. « Pour moi » veut dire que je mets mes écouteurs et suis des podcasts en accomplissant les tâches ménagères.

Je nettoie la cuisine à fond, lave à la main les biberons qui sont devenus une plaie. Il faut les démonter, les frotter avec une brosse minuscule et les stériliser soigneusement. Je prépare à manger. Rien de compliqué ou qui prenne du temps, mais des plats savoureux et réconfortants. La cuisine, le petit moment où je suis absorbée par l'histoire de quelqu'un d'autre tout en coupant, mélangeant, sachant que nous allons manger quelque chose de savoureux, me permet de rester en contact avec moi-même. Les podcasts parlent des épouses de l'État islamique, d'arnaqueuses, de vieilles actrices de Hollywood, de femmes aux vies extraordinaires. Si différentes de la mienne.

Je me sens pourtant coupable de ces quarante minutes. Mais j'essaie de me rappeler que pour être une bonne mère, je dois aussi être en bonne santé mentale. Et que, si Peter veut être un bon père, il doit connaître le bébé et passer du temps avec lui.

12

Nous décidons de ne rien faire pour Noël. Le bébé n'a que huit semaines. Oublions Noël cette année. Accordons-nous cette permission. Mais en définitive, malgré ma fatigue, je ne peux pas l'oublier. C'est notre premier Noël avec notre bébé et je rêve de lui donner toutes les bonnes choses que je n'ai pas eues. Je veux des photos de lui les yeux écarquillés devant notre sapin qui scintille, de lui qui essaie de manger le papier cadeau. Nous achetons un petit sapin presque déplumé devant le supermarché, et quelques guirlandes lumineuses poussiéreuses ainsi qu'un cactus peint à la bombe avec des paillettes violettes au *potraviny* vietnamien.

Le lendemain, j'emmène Sammy dans sa poussette et je m'arrête à la papeterie voisine. Ces papeteries sont des vestiges très caractéristiques de l'ancienne Prague. On y vend des fournitures de bureau et de travaux manuels, des jouets et des bougies parfumées. Les articles sont très bon marché, mais tout se trouve derrière le comptoir et il faut demander au vendeur ce que l'on cherche.

Je manœuvre dans cet endroit exigu, surchauffé, gare la poussette devant un étalage de guirlandes de Noël en espérant qu'elles captiveront Sammy quelques instants. Je m'approche de la caissière et, avec autant de bonne humeur et de patience que la mère d'un bébé de huit semaines peut rassembler, je fais des signes, je grimace et j'utilise mes quelques mots de tchèque et elle son peu d'anglais. C'est un échange normal, mais je suis de nouveau frappée par la chorégraphie humaine qu'exige une vie sans langage. Cette sorte de conversation nécessite de la bonne volonté, de la bonne foi de la part des deux interlocuteurs, et quand ça se passe bien, ce qui est le cas cette fois-ci, on ressent la même douce montée d'euphorie qu'à la fin d'une danse, comme si on voulait rester debout, croiser le regard de son partenaire et applaudir avant de passer au cavalier et à la danse suivante.

J'achète quelques bricoles pour décorer l'arbre sans trop dépenser – des rubans et des petites cloches dorées à attacher sur un cordon argenté, du papier doré pour faire des flocons de neige. Tandis que je rentre à l'appartement, je reçois un autre e-mail de Moira, la vieille amie de ma mère. Elle joint les photos qu'elle avait promis d'envoyer.

Kerry

Ta réponse m'a fait plaisir. J'espère que tu ne m'en voudras pas, mais j'ai jeté un petit coup d'œil à Sammy sur Instagram et il est magnifique. Il brisera des cœurs quand il sera grand. Je suis vraiment contente que tu aies rencontré quelqu'un et que tu sois si heureuse.

Je comprends parfaitement ta relation avec ta mère. Elle a elle-même eu une enfance difficile, mais au moins elle avait un foyer et ne déménageait pas tout le temps. Elle ne sortait pas comme les autres gamins parce qu'elle devait courir partout dans les boutiques, etc., et faire le ménage pour ta grand-mère. Quel dommage qu'elle ait malgré tout eu le même genre de vie hein. Si j'avais su que tu étais en famille d'accueil j'aurais été là pour toi. Ça ne sert à rien de dire ça maintenant. Ça ne peut pas t'aider.

J'ai scanné quelques photos.

J'espère que tu passeras un bon Noël, ce sera très différent pour toi cette année hein. Je te souhaite santé, richesse et bonheur. Envoie-moi un mot quand tu auras un moment dans les mois qui viennent pour me parler un peu de Prague et des endroits à visiter et où dormir pour un long week-end.

Prends soin de toi et je te souhaite un joyeux Noël et une bonne année.

Moira

La première photo montre ma mère et elle adolescentes. Ma mère était une beauté, mais je ne m'étais jamais rendu compte à quel point. Sur la photo, elle porte une robe des années 1970 imprimée de fleurs roses de cerisier. Elle a les cheveux courts. Elle tient un grand verre de vin, yeux mi-clos, sourire indolent. Un homme chauve, beaucoup plus vieux, avec une cravate large et un costume en tweed, la dévore des yeux.

La suivante montre ma grand-mère et ma mère. Ma grand-mère porte des bigoudis sous un foulard vert en tulle. Ma mère est vêtue d'un pull rouge vif. Toutes deux tiennent un verre de vin.

Sur la troisième photo, c'est moi. Je ressemble beaucoup à mon fils. Je suis prise d'un accès de panique, de l'envie irrépressible de prendre Sammy et de le serrer contre moi, puis d'un lent soulagement en me rendant compte que mon fils n'est pas moi et ne connaîtra pas ce que j'ai traversé. Ma mère porte un pull rose à fleurs et me soulève. Je suis complètement nue, le ventre rond, les joues rouges. Elle sourit, mais je regarde ailleurs.

Sur une autre photo, je suis sur les genoux de ma mère, toujours nue, riant devant le photographe. Sur la dernière, la seule de moi bébé que je connaissais, je suis allongée sur un matelas à langer orange à fleurs des années 1970, là encore complètement nue.

Des sentiments complexes m'habitent que n'aident pas la présence de Sammy et mon nouveau statut incertain de mère. Sur les photos, ma mère semble m'aimer. Moi aussi, je souris. Mais je me demande pourquoi je suis toujours nue alors qu'elle porte un pull. Je sais qu'en fait la réalité était très différente de ces photos. Il y a quelques années, j'ai obtenu mes dossiers d'aide sociale et j'ai appris que, loin de ces moments figés de bonheur familial, j'étais fréquemment laissée à des étrangers, souvent plusieurs jours, que ma mère était « ambivalente » sur le fait de me garder quand on m'a emmenée en famille d'accueil. Ce mot, « ambivalent », refait surface de temps en temps et me brûle quand je tiens Sammy et je ne peux imaginer être séparée de lui.

J'ai envie de me précipiter à l'intérieur de ces photos, de rafler cette petite fille et de la protéger, car elle le mérite. Je voudrais l'élever en même temps que Sammy, lui donner tout ce qu'il a. Pas seulement les choses matérielles, mais l'amour, la paix, l'affection, la stabilité. Mon fils n'a jamais entendu une voix coléreuse s'élever contre lui. Il ne connaît que l'amour et la tendresse. Depuis sa naissance, tous ses besoins et ses désirs sont comblés. C'est vrai, parfois, en tant que parents, la frustration nous fait craquer, mais j'ai su, même bien avant d'être enceinte, quelle serait mon attitude. Ce que devait être l'amour parental. Et je savais avec certitude ce qu'il n'était pas.

L'un de mes cousins beaucoup plus vieux m'a un jour raconté avoir vu ma mère me laver, encore bébé, dans le lavabo d'un logement social. Je m'agitais, je pleurais beaucoup. « Ta mère te lavait dans le lavabo tout en parlant. Tu t'es mise à pleurer, peut-être parce que tu avais du savon dans les yeux. Elle a lancé comme sur un terrain de manœuvre : "TAIS-TOI !" Et tu as arrêté de pleurer. J'ai été frappé par ton expression. Je me suis dit : cette petite fille A COMPRIS. »

J'aimerais prendre cette petite fille et en faire la sœur de Sammy. Je les maternerais tous les deux. Peter serait leur père à tous les deux. Et je me rends compte que c'est déjà le cas, d'une certaine façon.

13

Je ne suis pas atteinte par le baby-blues, mais par le manque de sommeil. Nous le sommes tous les deux. Peter et moi sommes passés d'un lien si fort, si étroit que nous devinions souvent à quoi pensait l'autre, à une quasi-absence de paroles. Épuisés, nous nous éloignons de plus en plus. Cela commence par un espace laissé entre nous sur le canapé. Et puis nous passons beaucoup de temps chacun dans une pièce, et maintenant un gouffre semble s'être installé. Nous nous disputons souvent, nous nous chamaillons pour rien – quelle est la meilleure manière de mettre Sammy dans sa gigoteuse, avons-nous lavé assez de biberons, où est la crème pour les fesses, qui prépare le dîner, qui aurait dû acheter quoi au supermarché mais ne l'a pas fait. Ça n'a rien de nouveau. Je vois ces scènes depuis des dizaines d'années chez des amis ou dans la famille. Mais comme tous les couples bientôt parents, lorsque nous étions assis sur notre banc dans le parc il y a des mois, nous étions persuadés que nous serions différents. Nous ne serions pas comme tous les autres, nous étions Kerry et Peter, un couple spécial. Pour nous, ce ne serait pas pareil. Et pourtant, si, nous sommes comme tous les autres et ça nous a pris en traître.

Cependant, telle une perle dans la poussière, surgissent des moments de grande gentillesse. Quand Peter sort, il me rapporte des petits cadeaux. Un paquet de M&M's, un Twix, une canette de limonade italienne. Il sait quand je suis épuisée et il m'encourage à sortir me promener. Je vais à la pharmacie acheter des couches et du lait maternisé, je parcours les allées lentement et calmement. Je rentre et prends mon temps pour préparer le repas – feta au four imbibée de miel et couverte d'une croûte de graines de sésame, polenta aux champignons et à l'ail. Un soir, la neige tombe à gros flocons, juste avant l'heure du coucher de Sammy. Nous l'installons dans sa poussette, déjà habillé pour la nuit. Nous passons notre manteau sur notre pyjama, enfilons nos bottes sans chaussettes et nous sortons. Nous nous arrêtons au coin de la rue sous les lampadaires et laissons notre bébé sentir pour la première fois la neige sur son visage. Avec cet enfant, il y a toujours quelque chose de beau. Avec cet enfant, il y a toujours un point cousu au fil doré épais, solide et brillant et – je l'espère – assez gros pour tenir ensemble les pièces éparses de ce que nous sommes.

Après l'excitation due à la première neige vient la réalité. La neige se transforme en glace compacte, la neige fondue recouvre tout d'une couche grise. Il n'y a pas d'espaces publics en intérieur où nous rendre, et de toute façon je ne peux pas maîtriser la poussette dans les rues verglacées ou sur les pavés enneigés. Je suis coincée dans l'appartement depuis quinze jours et répète le même cycle épuisant : couches, changes, siestes, tentative de croquer une bouchée de sandwich. Je reste en pyjama sale toute la journée et me douche à peine. Quand le bébé dort, il dort sur moi et je suis souvent bloquée deux ou trois heures là où je suis assise, le cou à un angle bizarre si j'ai eu la chance de lancer Netflix sur mon ordinateur.

Il m'arrive d'être affamée, et Peter approche sur la pointe des pieds. Il dépose un morceau de fromage ou un biscuit dans ma bouche. Je mâche aussi silencieusement que possible pour ne pas déranger et énerver le petit mollusque collé à ma poitrine.

En dépit des moments de gentillesse de Peter et des miens en retour – un sandwich pendant qu'il travaille, une grasse matinée, le petit déjeuner au lit avec une marguerite dans la tasse d'expresso –, nous sommes encore plus distants. Nous ne nous embrassons pas ni ne nous câlinons. Je suis angoissée, fréquemment frustrée et furieuse. Tandis que Peter est déprimé et tout aussi frustré et furieux. Nous nous parlons sèchement. Nous ne rions pas ensemble. Nous cherchons le pire chez l'autre. Et nous le trouvons.

Notre relation n'a jamais ressemblé à ça. Peut-être une heure ou deux après une dispute, mais ensuite on oubliait. Je n'ai jamais connu le sentiment que la personne qui dort dans mon lit pense que je suis l'ennemie. C'est bouleversant.

Mais nous n'avons pas d'énergie, pas de ressources pour tenter de nous attaquer au problème, le traiter ou le comprendre. Nous ne connaissons toujours presque personne à Prague, pas de baby-sitter que nous payerions. Il n'y a que nous, jour après jour, plus encore en étant confinés, sans étrangers pour nous détourner de notre ressenti ou nous offrir de nouvelles perspectives. Nous sommes dans la survie et je suis toujours convaincue que ce qui importe le plus c'est que notre beau petit garçon se sente aimé, bien traité et choyé. Je canalise tout ce que j'ai en moi dans ce but.

Il y a des instants d'espoir. Je suis assise dans la pénombre de la pièce, au fond du fauteuil Ikea que tout le monde possède, les pieds sur un vieux tabouret poussiéreux, et le bébé dort sur moi. Peter arrive, touche mes pieds, les juge froids, va chercher sans bruit une paire de ses chaussettes arc-en-ciel qu'il m'enfile doucement avant de ressortir aussi silencieusement.

Le lendemain matin, c'est la Saint-Valentin. Je commande un petit déjeuner de *monkey bread* et de danoises. Peter a trouvé le temps de m'acheter une chemise vintage et de la faire livrer d'Italie. Nous décidons de faire un tour en ville. Tout le monde tente de vivre d'une manière ou d'une autre et, sur la colline de Petřín, nous regardons les enfants faire de la luge et se lancer des boules de neige, les chiens gambader et mordre la neige. Nous prenons des photos du stade de Strahov, un monolithe en béton brutaliste délabré, le plus grand stade moderne jamais construit, où se déroulaient des spectacles de gymnastique rythmique rassemblant plusieurs milliers de sportifs, dont beaucoup d'étudiants et de militaires incorporés par le régime soviétique.

Nous avançons sous une vive lumière blanche, nous relayant pour pousser notre bébé tandis que l'autre fait des photos. Je reprends un peu espoir, un autre point au fil d'or nous maintient ensemble. En rentrant, nous traversons le long tunnel piétonnier de Žižkov qui relie deux quartiers de la ville. Il paraît qu'il y a d'un côté un laboratoire et de l'autre un énorme bunker. Je souris en pensant à tous les secrets de la ville. À cause de la façon dont le tunnel est construit, il y siffle un vent glacial tandis que je pousse Sammy. Je halète et je suffoque, j'avance le souffle coupé. J'ai toujours l'impression d'être hors d'haleine ces jours-ci. Peter passe un bras protecteur autour de mes épaules et me remplace aux commandes de la poussette. Encore un point au fil doré.

Les vieux sont de nouveau rassemblés devant le pub en face de chez nous, les doigts serrés autour de leur Pilsner, ils grattent leur ventre de buveurs de bière sans cesser de s'envoyer leurs paroles d'ivrognes à la figure. Parfois, furieuse et épuisée, j'ai envie de me pencher à la fenêtre et de leur crier : « Rentrez chez vous. Écartez-vous les uns des autres. Mettez un putain de masque ! Bande de cons ! » Mais je ne veux pas élever la voix devant mon bébé. En fait, j'ai souvent envie de crier en ce moment. Chaque fois que je vois quelqu'un porter son masque sous son nez ou que j'entends une réunion illégale dans l'immeuble, j'éprouve une grande colère, estimant ces gens personnellement responsables des épreuves d'un nouveau confinement. Mais on ne se crie pas dessus en République tchèque.

Alors je nous imagine une autre vie en Asie du Sud-Est où j'ai été infiniment, béatement heureuse. Dans ma tentative désespérée d'améliorer les choses, car je suis une réparatrice, même mal à propos, même si les autres n'en ont pas envie, je me convaincs que ça pourrait être une bonne idée. Je me dis que ce serait un endroit idéal où vivre avant que Sammy n'entre à l'école. La vie y est moins chère. Peter n'aurait pas besoin de travailler autant.

Je sais que je m'accroche aussi au désir d'aventure et de nouveauté. Je recherche celle qui arpentait sans but les rues de Bangkok avec assurance et curiosité. Qui dansait et buvait des shots dans des verres fluo au bar nommé Désolé je suis gay. La femme assise à un immense bureau en bois sous un ventilateur dans l'immeuble néoclassique de la bibliothèque Neilson Hays, qui finissait son deuxième roman avant de prendre le train pour le bord de mer, se balançait, assise, sur les marches devant la portière ouverte du wagon et regardait défiler la banlieue de Bangkok.

Le bébé dort sur ma poitrine dans la chambre sombre. D'une main j'équilibre mon ordinateur sur le bras du fauteuil et de l'autre je tape tout un business plan. Je monterai un atelier d'écriture. La demande existe toujours et je sais le faire. Je dresse le budget. Je trouve des appartements dans le charmant quartier où nous avons habité il y a quelques années, à côté du grand marché, et fais apparaître l'image du poulet frit d'une femme qui usait de sa machette avec une adresse et une rapidité telles qu'on distinguait à peine sa main. Je retrouve le goût de la crème de pandanus et des crêpes emballées dans un sachet en plastique, que nous mangions avec des brochettes tout en choisissant nos fruits et nos légumes. J'imagine la piscine de vingt mètres de notre ancienne résidence et notre bébé devenu un petit garçon qui agite les jambes avec ses brassards. Je me rappelle les femmes chaleureuses et amicales du café au rez-de-chaussée et me réjouis en pensant combien elles seraient charmées par notre enfant, notre rayon de soleil. En creusant de plus en plus profondément dans les détails de mon fantasme, je me renseigne sur l'assurance maladie, l'école à la maison et les démarches pour emmener notre chatte.

À mesure que je travaille, je me sens plus heureuse, plus légère que ces dernières semaines. Je ne crois pas que je concrétiserai ce projet. Je me raconte une histoire. Comme les femmes qui se connectent sur les applications de rencontres pour flirter avec des hommes sans chercher à coucher avec eux. Sauf que je flirte avec un tout autre style de vie. Je suppose que j'ai juste besoin de savoir que je peux le faire si je veux.

Un jour, alors que Peter et moi promenons Sammy au parc, je lui parle de mon rêve. Il n'est pas enthousiaste. Il n'a jamais bien saisi que, souvent, quand je parle de ce genre de chose, il s'agit seulement de fantasmes, et c'est compréhensible car parfois je les prends au sérieux. Et puis quand je prends les choses au sérieux, elles peuvent se produire très vite. C'est ainsi que nous nous sommes retrouvés à Prague. J'avais établi un budget, un business plan et cherché des appartements. Mais dans ce cas, il ne s'agit que d'un monde alternatif tentant, quelque chose à quoi se raccrocher pendant un foutu hiver glacial où nous sommes isolés, confinés.

Il me répond que de toute façon c'est impossible car il ne veut plus prendre l'avion. C'est trop mauvais pour le climat. Je lui demande s'il est assez inquiet à ce sujet pour renoncer à son café qui doit aussi consommer quelques miles aériens. Va-t-il analyser toutes ses habitudes quotidiennes ? Ou suis-je la seule à devoir me priver de certaines choses en vertu de ses principes ? Je change d'approche et lui fais remarquer que la compensation carbone existe. Il me répond que la compensation carbone ne marche pas. La conversation implose. Nous implosons. Nos frustrations et nos récriminations mesquines débordent. Je suis dans une telle fureur que, si je le pouvais, je réserverais les vols à l'instant, ici, sur cette aire de jeux enneigée. Il est si déterminé qu'il me déclare ne plus jamais vouloir voyager au-delà de l'Europe.

Mais bien sûr, le problème n'est pas que nous campons chacun sur nos positions. Il veut insister parce qu'il est frustré, coincé et épuisé. J'insiste parce que, bon, moi aussi.

Dans ce parc, il faut descendre la pente en slalomant pour atteindre les étangs. Nous fonçons en nous hurlant dessus. J'ai honte après coup. Un spectacle très choquant à Prague où on voit rarement un désaccord en public et encore moins une vraie dispute. Le soir, je lis les dégâts que les cris devant un enfant peuvent provoquer et je pleure pendant des heures. J'ai pourtant grandi dans un foyer où les hurlements quotidiens étaient la norme et je sais exactement à quel point c'est horrible. Je le sais parce que mes plus petits muscles se crispent encore quand j'entends quelqu'un élever la voix, même joyeusement ou lors d'une fête. Je me dis que je n'ai pas pu m'en empêcher, que la pression a fait sauter la valve qui ne pouvait plus tenir. Je suis furieuse, éreintée par la maternité et quatre heures de mauvais sommeil la nuit. Je voudrais que Peter ne dise pas systématiquement non. Il est tellement circonspect, prédisant toujours, voire recherchant l'issue la pire, toujours prêt à se plaindre sans jamais trouver de solutions. J'ai souvent l'impression que si je voulais aller ailleurs, je devrais y aller seule en les portant sur mon dos, lui et maintenant Sammy aussi. Je voudrais qu'il soit moins passif, qu'il dise parfois oui, faisons-le, faisons-le ensemble, ça peut être super, même s'il ne s'agit que d'un fantasme. Mais plus encore, je me dis que plus jamais je n'élèverai la voix devant notre bébé. Être mère m'a donné une feuille blanche sur laquelle écrire une nouvelle histoire pour Sammy et, d'une certaine manière, pour moi aussi, et il est hors de question que mon tout petit garçon blessé intérieurement, frustré, gribouille sur cette page avec une rage impuissante. Je promets que Sammy grandira dans un foyer paisible, peu importe le reste.

14

Je dis à Peter que nous ne pouvons pas continuer comme ça. L'appartement est minuscule. Je suffoque. Je ne veux plus devoir me glisser sans bruit dans le salon pour me rendre aux toilettes. Je ne veux plus être empêchée d'aller chercher un verre d'eau une fois le bébé endormi. Je ne peux pas travailler dans cet appartement, il est étouffant, je n'ai pas un moment pour moi. Les affaires du bébé encombrent toutes les surfaces – notre vie entière est devenue une partie de « Le sol c'est de la lave ! ».

J'ai reçu la commande du script d'un épisode pilote provisoirement intitulé *Ma mère*, à propos d'une femme qui se réconcilie pendant sa grossesse avec sa mère, car elles étaient brouillées. J'adore l'écrire et, bien que sa sortie sur écran ne soit pas garantie, je serai rondement payée. Dans le même temps, j'obtiens une bourse pour écrire ce livre. Peter prend un « congé parental » de dix mois. C'est presque du jamais vu pour les hommes de son entreprise et ses employeurs ne sont pas ravis, mais la loi c'est la loi. Et même s'il n'est pas payé, ma rémunération couvre la moitié de son salaire tchèque, la bourse comble une partie du déficit et cela me permet le luxe inouï d'avoir du temps pour écrire.

Ensuite, je lui dis qu'il nous faut un autre appartement. Peter refuse. Il ne veut pas déménager. Il veut attendre, mais il ne me précise pas quoi ni combien de temps. Je retiens quatre appartements, tous dans notre budget, avec deux chambres. Je lui demande de les visiter avec moi. C'est tout. Le deuxième est idéal au point que même Peter, toujours réfractaire à la nouveauté, est conquis. C'est l'endroit le plus beau où nous ayons vécu. Loué par une femme avec des dreadlocks qui y a élevé ses enfants. Ils vivent maintenant à la campagne, mais l'appartement est rempli des vestiges de leur famille : autocollants d'oiseaux sur les meubles, rocking-chair en tissu couvert de taches de petits pieds sales dans le salon, dessins au crayon sur le mur de la chambre.

Il y a un crochet dans l'entrée pour suspendre la poussette. Dans le salon trône un vieux piano dont le panneau avant manquant laisse apparaître la mécanique. Le mobilier hétéroclite composé d'éléments intéressants a manifestement été acheté d'occasion ou trouvé dans la rue sur plusieurs dizaines d'années. Au-dessus du placard de l'entrée, des skis sont rangés sur une étagère très profonde. Nous rions et nous nous exclamons : « Très tchèque ! »

La construction en soi est pleine de caractéristiques des années 1930 : parquet, tomettes dans la cuisine. Un balcon donne sur des voies de chemin de fer. En bas de l'immeuble, les boîtes aux lettres en bois et le vieil ascenseur en teck me font penser aux films d'espionnage.

Le quartier était appelé Malý Berlin (Petit Berlin) et l'est encore souvent, car il a été construit dans le quartier allemand, puis repris par l'administration allemande dès le début de l'Occupation. Cette information me dérange jusqu'au moment où je me rappelle que j'ai vécu dans plusieurs logements à Berlin dont certains avaient probablement été occupés par des nazis d'un genre ou d'un autre.

Déménager avec un bébé de six mois n'est pas une tâche facile. Je fais ce que je finis toujours par faire et dis : « Laisse-moi m'en charger. Je vais plus vite. » Je démonte notre appartement, emballe toutes nos affaires pendant que Peter veille sur Sammy. Je sais que je devrais partager le travail et impliquer Peter, mais nous n'avons pas beaucoup de temps. Je me dépêche et m'épuise. J'emballe, débarrasse et organise durant trois jours du matin au soir.

*

Le premier jour dans notre nouvel appartement, j'observe sans bouger le moindre muscle un faucon crécerelle couleur rouille voler d'un rebord de fenêtre à l'autre sur l'immeuble d'en face comme s'il essayait des canapés. Le soir, nous commandons un repas oriental que nous étalons sur la table en bois de la cuisine, nouvelle pour nous mais où d'autres coudes ont laissé des traces brillantes et d'autres couteaux des éraflures. C'est notre première table de cuisine.

J'ai toujours pensé que j'aimais voyager parce que je fuyais quelque chose et c'est absolument vrai. Mais la vérité est peut-être plus compliquée. C'est aussi comme si je passais l'éponge. Dans un pays étranger, rien ne me rappelle mon passé chaotique. Je n'y trouve assurément pas autant de spectacles, d'odeurs ou de références culturelles qui me font replonger. Je ne risque pas d'y entendre par hasard le thème musical d'*EastEnders* qui me remettrait en mémoire une dispute épouvantable, ni de sentir l'odeur du vinaigre sur un *fish and chips* qui me transporterait immédiatement à l'époque où j'ai été tabassée devant une friterie à Great Yarmouth. Ici, à Prague, je suis d'une certaine manière libérée de mon passé et de la perception qu'ont les gens de ma classe sociale. Je suis libérée de la personne que j'étais. Je suis exactement celle que je suis à cet instant précis. Mais, comme on dit : « Où qu'on aille, on est la même personne », et naturellement je porte toujours tout cela en moi. En outre, l'éloignement des souvenirs et des liens les plus pénibles entraîne également un sentiment d'éloignement de mes racines, de mon histoire et de ma famille. Je n'ai jamais eu l'impression d'être chez moi dans ces pays.

Je prends les bienfaits et ignore la malédiction de ma fuite. Je me convaincs que dans notre nouveau foyer Peter et moi prendrons aussi un nouveau départ, loin de notre petit appartement sombre rempli de mots durs, de chamailleries où l'espace physique est bizarrement devenu trop grand entre nous. Ici nous pouvons recommencer à être « nous ».

Cela ressemble à un nouveau début et si la taille de l'appartement nous paraît intimidante dans un premier temps, elle nous rend heureux. Du moins pendant un moment.

À l'époque où nous avions trop de temps et d'argent à dépenser, Peter et moi étions de vrais snobs du café. C'est impardonnable, je sais, et futile, mais nous partions à la recherche des meilleurs établissements, nous nous intéressions à la provenance unique ou non du café et à la lenteur réelle de son écoulement. La vie a changé et à présent notre quête consiste à trouver une aire de jeux où l'un de nous jouerait avec Sammy pendant que l'autre profiterait de trois gorgées rapides d'une tasse d'un breuvage brûlant et caféiné, même objectivement et subjectivement exécrable.

Nous dénichons les deux dans un café voisin. Sammy ne s'intéresse toutefois pas aux jouets de l'espace jeux ; il leur préfère les traductions de thrillers britanniques le long des murs. Il les sort, examine attentivement les couvertures et les empile. Je suis assise au milieu des Duplo et d'affreuses Barbie à moitié nues et je le couve des yeux, très fière de lui – « un lecteur-né », me dis-je bêtement. Je souris à une mère qui donne un yaourt à son bambin installé sur ses genoux. Quand elle a terminé, elle lui sourit, sort la langue et lèche le yaourt sur son visage, comme une lionne avec son lionceau. Le petit rit bruyamment et ce qu'elle fait est indubitablement efficace. Sammy me voit regarder le bambin et je le prends sur mes genoux. J'embrasse le duvet soyeux sur sa tête, serre contre moi son petit corps ferme et m'emplis de sa douce odeur.

À mon adolescence, ma mère me disait souvent : « Je suis désolée de ne pas t'avoir câlinée davantage quand tu étais petite. Mais tu t'en fichais, non ? » Et, toujours flatteuse, cherchant toujours à plaire et à ne pas provoquer de dispute, je répondais : « Oui, bien sûr. Tu me prenais suffisamment souvent dans tes bras. » Mais nous savions toutes deux que c'était loin de la vérité. Je me rappelle ma douleur chaque fois qu'elle me disait : « Lâche-moi ! », « Bon sang, tu ne peux pas me laisser tranquille une minute ! » ou « Arrête de faire le bébé ».

Je n'imagine pas me comporter comme ça. Peter et moi sommes déjà tristes à l'idée que, quand Sammy commencera à être un grand garçon, il n'aura plus besoin de nos câlins aussi souvent. En attendant, nous accumulons les démonstrations d'affection tel un trésor. Nous le prenons dans nos bras, l'embrassons et lui répétons que nous l'aimons, que nous sommes fiers de lui. Chaque mot d'amour, chaque geste tendre forme une armure émotionnelle pour les jours difficiles de la vie.

Sammy est malade. Ce n'est qu'un rhume, mais c'est la première fois que nous vivons cela et je me remémore frénétiquement tous les « Faites confiance à votre instinct » que j'ai lus sur Mumsnet. Au même moment, une histoire terrifiante et instructive à propos d'une septicémie, « plus mortelle qu'un cancer de l'intestin, du sein ou du pancréas », apparaît sur mon *feed* Instagram. Quelqu'un me dit que l'enfant d'un couple d'amis en est mort en quelques heures. Nous nous apercevons alors que nous ignorons complètement où se trouve le meilleur hôpital pour enfants, ni si le numéro international d'urgence est fiable. La panique m'envahit brièvement comme l'acide d'une batterie. D'un point de vue rationnel, je sais qu'il ne s'agit pas d'une septicémie. Ce n'est qu'un rhume banal qu'il a sans doute attrapé en léchant en douce ces mauvais thrillers ou peut-être à la fête de rue du week-end où j'ai dansé avec lui dans son écharpe de portage au son d'un groupe de vieux bonshommes qui jouaient « Viva Las Vegas ».

Mais les douze derniers mois ont été singuliers. Un rhume n'est plus un rhume, tout peut être plus grave, les certitudes ne sont plus certaines. En outre, c'est le premier rappel depuis les jours suivant sa naissance que notre petit garçon robuste, à quatre-vingt-dix-huit pour cent invulnérable, est en réalité vulnérable. Il n'est vraiment pas bien, cherche désespérément le sommeil mais n'arrive pas à dormir, fiévreux, et sa poitrine fait un bruit de crécelle à la Dark Vador. Il demeure pourtant gentil et accommodant. Il veut manger même si les bouts de pomme ont pour résultat une mare de vomi morveux sur sa chaise haute. Nous passons des journées au lit pendant lesquelles il regarde des vidéos de langue des signes pour les bébés faites par une femme très sympathique nommée Rachel, une mormone, nous l'apprendrons, mais de celles qui agitent le drapeau arc-en-ciel et dont le fils est trans. Le deuxième soir, en désespoir de cause, nous l'enveloppons comme une momie, l'emmenons au parc et marchons pour l'endormir. Il est 21 heures et il n'a jamais été dehors aussi tard. L'obscurité indigo et l'éclat des lumières l'étonnent. Dans le parc près de chez nous, un groupe joue de la salsa dans un bar en plein air et Peter me fait danser – notre unique moment de connexion dans l'océan des petits soins à Sammy. Mais l'espace d'un instant, c'est nous, là, le nous ancien, celui qui ne laisse jamais passer une occasion de danser.

Finalement, nous rentrons en portant Sammy sur nos épaules à tour de rôle – la seule manière pour qu'il arrête de pleurer pendant les dix minutes de marche jusqu'à la maison. Là, terrifiée et courbaturée, je monte dans le lit de Sammy avec lui en me faisant toute petite et il s'endort à côté de moi vers 1 heure du matin.

Nous recevons enfin un message avec notre QR code pour nous faire vacciner, des carrés en noir et blanc à l'intérieur d'un carré noir et blanc tellement prometteurs. Pour en arriver là, nous avons dû nous débattre avec un site web du gouvernement intensément tchèque, je veux dire par là bureaucratique, très compliqué et bien sûr pas dans notre langue maternelle.

Les groupes d'immigrés sur Facebook débordent de tuyaux sur les centres de vaccination où s'inscrire, donnant des informations sur les temps d'attente, la bienveillance envers les citoyens dont le tchèque n'est pas la langue maternelle, et le vaccin qu'on y reçoit. Munis de ces informations, nous avons pris rendez-vous pour un dimanche au Centre 02 de

Prague, le deuxième plus grand stade de hockey d'Europe, qui peut recevoir dix-huit mille personnes ivres en train de lever d'énormes chopes de Pilsner et de chanter des airs quelconques de pop rock.

Nous nous habillons comme pour un agréable brunch dominical. Nous sommes aussi nerveux et euphoriques que si nous faisions la queue pour une attraction terrifiante à une fête foraine. Nous savons évidemment que le vaccin ne va pas changer notre vie à l'instant, mais j'ai l'impression de faire au moins un pas historique vers la normalité, un pas qui me permettra de me sentir un peu mieux protégée du chaos de l'année précédente.

Le Centre 02 est situé à côté d'une galerie marchande, la Galerie Harfa, où, l'été dernier, nous avons erré au milieu des boutiques vides, cherchant désespérément à acheter pour notre bébé à naître quelque chose sans motifs camouflage ou rose princesse scintillants. Des tyrannosaures et des vélociraptors grandeur nature en polystyrène se dressent sur le toit du centre commercial.

Nous sommes en avance. Nous poussons Sammy dans les allées clinquantes et nous nous asseyons dans la boulangerie Cinnabon ouverte depuis peu par des Américains ayant le mal du pays, au son d'une fanfare franchement hystérique. J'embrasse Sammy et Peter, qui a rendez-vous un autre jour, et m'en vais, le cœur dans les chaussettes. Je redoute une confusion dans les documents ou un problème avec mon assurance qui m'empêcheraient d'être vaccinée.

La vaccination est gérée par l'armée tchèque et, en quittant le centre commercial, je m'arrête pour observer le spectacle surréaliste de sept soldats tchèques teutons musclés qui descendent sur l'escalator tels des anges tout en mangeant des McFlurry, leur béret rouge coincé sous le bras. Je suis contente qu'ils s'offrent une petite douceur et cela me calme subitement. Peu de choses me rendent aussi heureuse que de voir un adulte déguster une glace comme s'il était retombé en enfance.

Devant le Centre 02, une foule est rassemblée, téléphone et QR code à la main. Il y a une bousculade tchèque très légère, silencieuse et absolument pas agressive, malgré l'absence de files d'attente. Les soldats crient des informations, mais trop vite pour que je comprenne. J'attire l'attention d'un soldat qui m'explique et me fait signe d'avancer.

J'imagine que se rendre à un concert dans un stade ressemble un peu à ça. Nous slalomons en file indienne entre des cordes tendues et descendons par une série d'escalators. Je souris et remercie tous les gens en T-shirt bleu vif ou en uniforme de l'armée, supposant qu'ils ont de longues journées de travail, sont épuisés et font de leur mieux pour s'assurer que tout se passe bien. Je rejoins une table réservée aux étrangers qui ne parlent pas la langue et je suis orientée vers une file spéciale dans l'auditorium. Devant moi, une femme et sa petite fille d'environ sept ans qui s'agrippe au bras de sa mère ou pose la tête sur sa hanche.

La vaccination se déroule dans l'auditorium principal avec approximativement cinquante box, peut-être plus. En dépit de tous leurs efforts, et même si la salle est d'une propreté impeccable, cela sent tout de même un peu la bière renversée et la sueur aigre d'hommes d'âge mûr surexcités revivant leurs jours de gloire.

C'est réglé comme du papier à musique, et l'esprit collectif me bouleverse. Tous ces gens au même endroit qui travaillent dans un but commun. J'imagine aussi les scientifiques, les bailleurs de fonds et les gouvernements qui ont collaboré et coopéré pour qu'une telle chose se produise à l'échelle internationale. La femme devant moi avance, s'assoit et relève sa manche. Sa petite fille regarde, la mère lui fait signe que tout va bien, l'embrasse sur le crâne, elles rient toutes les deux et s'en vont.

En m'asseyant, je suis presque en larmes. Je déclare au jeune infirmier très mince et manifestement épuisé qui me vaccine : « Je vous remercie de tout cœur. Je ne saurais dire à quel point j'apprécie ce que vous faites. Je vous suis extrêmement reconnaissante de votre travail aujourd'hui. » Il secoue la tête et répond que ce n'est rien, qu'il est content de pratiquer son anglais, et enfonce l'aiguille sans cérémonie.

À l'extérieur, dans une salle d'attente, une grosse horloge temporairement fixée au mur, qui me rappelle de façon incongrue *Countdown*, indique les quinze minutes qu'il faut observer avant de partir. Des soldats circulent et désignent aux gens qui veulent se regrouper des sièges respectant la distanciation sociale.

Une femme dans un sweat-shirt bleu pastel avec l'inscription « Immortelle » en lettres brillantes sort de la salle. Beaucoup d'hommes portent des T-shirts de super-héros, appréciés dans toutes les classes d'âge en République tchèque et qui paraissent étonnamment appropriés aujourd'hui. À côté de moi, un groupe de Vietnamiennes élégantes avec des chaussures et des sacs de styliste assortis ont réussi à rester ensemble et parlent entre elles. Je regarde les gens quitter la salle, baisser leur manche, se frotter le bras, sourire d'un air penaud. L'atmosphère vibre d'excitation, les gens prennent immédiatement leur téléphone, je suppose pour apprendre à leurs amis et à leur famille que ça y est, c'est fait.

Je me sens bien et je m'éclipse au bout de dix minutes. Personne ne vérifie. Je sais que Peter et Sammy m'attendent et je veux les serrer dans mes bras. Je parcours le cercle des magasins éclairés avant de les retrouver près d'un bus à impériale londonien dans lequel les enfants peuvent monter. J'embrasse la joue baveuse de Sammy et étreins Peter qui sent la cannelle et le glaçage. Nous avons l'impression d'avoir fait un pas vers le retour à la vie.

« Allons jouer ! »

Les terrains de jeux à Prague sont toujours étrangement silencieux. Les enfants jouent et se parlent, mais il n'y a pas de hurlements, très peu de caprices, et assurément pas de cris excessifs. Les enfants viennent, ils jouent gentiment et rentrent chez eux dans l'ensemble sans faire d'histoires. Les terrains sont bien pensés : structures d'escalade en bois, balançoires en corde, tyroliennes, balançoires pour tous les âges, et ils comptent presque toujours un bac à sable impeccable sans la moindre crotte de chien.

En regardant Sammy, toujours le plus bruyant, je me rappelle les aires de jeux où j'allais dans mon enfance. Elles étaient presque vides, sans exception – il y avait une balançoire, un manège, une cage à poules rouillée, mais jamais tout cela. Il pouvait y avoir un toboggan avec des graffitis et des chewing-gums collés au-dessous, et des balançoires enroulées autour de la barre du haut par des adolescents un vendredi soir et inutilisables. Le bitume craquelé était jonché de bouteilles de vodka d'une marque de distributeur ou de canettes de Special Brew – normal, l'unique poubelle avait été brûlée depuis longtemps. Et nous jouions pourtant dans ces parcs. Nous faisions des diamants avec les bouts de verre. Un jeu consistait à voir qui serait capable de grimper assez haut pour décrocher les balançoires. Nous examinions les restes de chewing-gums comme des paléontologues devant des fossiles.

Mais je me dis, en souriant à Sammy sous un ciel incroyablement bleu, dans ce bac à sable ridiculement propre, Sammy qui me rend mon sourire, tartiné de crème solaire et coiffé d'un chapeau de soleil avec un père adorable et un foyer qui l'attend, qu'il n'aura jamais besoin de faire contre mauvaise fortune bon cœur. J'espère que Sammy aura toujours le loisir d'apprécier ce qui est bon dans ce qui est bien.

15

Ça arrive si soudainement que nous n'avons rien vu venir. La dispute part de presque rien. Je trouve que Peter a été délibérément désagréable à propos de quelques pages que j'ai écrites sur la grossesse. Il s'est contenté de hausser les épaules et de déclarer : « Franchement, tu as fait mieux. » C'est vrai, mais cette affirmation directe, sans le moindre mot gentil, paraît inutilement acerbe. Je la trouve délibérée parce qu'il sait que ce ne sont pas ses mots mais la façon dont il les a prononcés qui me blesse. Il prétend qu'elle n'a rien de méchant – j'ai demandé son avis et il me l'a donné. Et à partir de ce moment, pendant des jours et des semaines, la terre tremble et nous nous rendons compte qu'il ne s'agit pas de fêlures mais de lignes de fracture.

Nous tentons de nous mobiliser, nous envoyons un message à un conseiller conjugal et téléchargeons une application sur le même sujet avec différents tests et tâches à faire ensemble. Je lis des articles sur Internet les uns après les autres. Nous dormons séparément – moi dans la chambre, Peter dans le salon. Une seule rencontre gênée au milieu de la nuit pour nous passer le babyphone, les informations sur la couche à changer et la quantité de lait bue.

Nous tombons dans un schéma de blâme et d'attitude défensive. Notre première querelle de routine se produit en chuchotant le matin quand nous entendons les premiers signes de réveil de Sammy sur le babyphone. Mais nous allons tout de même dire bonjour à notre bébé, sourions et rions avec lui tout en extirpant ses membres mous de sa turbulette en velours bleu pâle. Nous l'installons entre nous à table et lui donnons un toast et des œufs brouillés. Je continue à chanter et Peter à plaisanter. Nous répondons toujours au sourire joyeux de notre fils par de vrais sourires. Un après-midi où nous sommes assis avec Sammy, Peter me déclare : « J'ai toujours adoré être ton ami. Ça m'a toujours enchanté. »

Je tends la main pour le toucher, mais me retiens. « J'ai toujours pensé que chimie plus amitié devaient correspondre à une relation. Et si nous avions toujours été faits pour n'être que des amis ? Tu es toujours mon meilleur ami.

– Je suis désolé. Je voudrais pouvoir être ton ami et rester ton mari. »

Le canapé a été déclaré trop inconfortable, et à vrai dire je ne peux pas dormir sans le poids de Peter à côté de moi, sans ses mots rassurants : « Tout va bien. Tu es en sécurité. Il n'y a rien à craindre ici », quand la vague noire d'une terreur nocturne me menace. La nuit, Peter m'embrasse sur la joue, puis me tourne le dos et s'allonge à l'autre bout du lit aussi loin que possible. Ce n'est pas de la cruauté consciente, car il n'est pas comme ça, mais je sens l'air froid entre nous tandis que je fais défiler de vieilles images et me demande comment nous en sommes arrivés là.

Les inconnus nous qualifiaient de tourtereaux en public. On nous demandait depuis quand nous étions ensemble, et quand nous répondions plusieurs années, et non plusieurs mois, ils semblaient stupéfaits. On commentait tout le temps notre attitude. *Quel beau couple.* Tellement amoureux et proche.

À présent, nous ne nous regardons presque plus. Nous nous écoutons à peine. Une politesse froide s'est installée entre nous. Nous nous traitons comme des chefs de projet travaillant ensemble, mais qui seront franchement bien contents quand le projet sera terminé et qu'ils pourront faire un « feedback » complet et sincère à l'autre.

Je fais défiler sur mon téléphone de vieilles photos de nous. En train de boire du vin ensemble sur un trottoir devant une *vinoteka* la veille de Noël. Le pique-nique vegan que je lui ai donné avec un billet de cinéma, pour qu'il passe un peu de temps sans Sammy. Ma première fête des Mères, quand il m'a offert un masque et une bougie qui sentait la piña colada, livrée par un coursier à moto parce que les boutiques étaient encore fermées. L'une des photos nous montre pendant les longs mois de confinement, en train de maintenir des sandwichs ouverts en équilibre sur nos genoux, la tête penchée l'un vers l'autre, et nous sourions devant l'appareil photo que je tiens au-dessus de nos têtes de peur de fixer pour toujours mon double menton post-partum.

Durant toutes ces années, nous ne nous sommes jamais permis de prononcer les mots « rompre », « partir » ou « terminé ». Je sais toutefois que l'idée est tapie derrière nos têtes, un génie sortant de la bouteille et répandant son poison sur la table du salon.

Je ne sais pas comment nous en sommes arrivés là. Mais je comprends bien qu'il est frustré par mon besoin constant de corriger, de changer, d'évoluer. Par ma façon de lui reprocher constamment de n'être, pour être honnête, pas comme moi (je suppose). Je sais aussi que je suis fatiguée de sa neutralité et de sa passivité stoïques. Nous sommes deux forces naturelles opposées qui entrent en collision et provoquent une tempête ou une période glaciaire. Il semble que rien de vivant ne survivra.

Les fenêtres de notre appartement doivent être remplacées et, entre mes cours de création littéraire en ligne et les discussions sur un nouveau script avec une boîte de production, je nous déménage, nous, notre bébé et notre chatte dans un minuscule Airbnb étouffant de l'autre côté de la ville. J'ai tout trouvé, planifié, rassemblé ce qu'il va falloir emporter. J'ai aussi organisé un voyage pour aller rendre visite à la mère de Peter en France à la campagne, ce qui, en ces temps de covid et de réglementations qui changent sans cesse, s'est avéré incroyablement compliqué. Mais nous voulons voir comment elle va après sa chute et, surtout, que Sammy et elle fassent connaissance. Je m'occupe de coordonner l'avion, le train, le bus, les multiples tests covid à Prague et à Paris et la logistique de tout ce dont Sammy aura besoin.

Je suis exténuée. Je ne me sens pas soutenue. Je finis par me mettre à pleurer plusieurs fois par jour et je dis à Peter que j'ai besoin de son aide. Je ne peux pas continuer à porter la charge mentale comme je l'ai toujours assumée, lui attribuer des « missions » et lui expliquer comment s'y prendre. Ou même, et c'est entièrement ma faute, je le sais, être la première à dire : « Ne t'inquiète pas, je vais le faire. Ça ira plus vite. Je préfère faire les choses à ma façon. » Et quand il essaie, le critiquer et reprendre les rênes.

Mais il faut dire aussi qu'il s'installe assez facilement dans ce rôle passif. Et, tout en tentant de retrouver mon sang-froid avant un autre tutoriel sur Zoom dans ce studio Airbnb étouffant pendant que Sammy chouine en arrière-fond, je demande : « S'il te plaît, s'il te plaît, tu peux t'occuper du voyage en France ? C'est ta mère après tout. Je n'en peux plus. Vraiment. »

Et il le fait. Mais il m'en veut. Il le fait de mauvaise grâce, se plaint sans arrêt de sa fatigue, devient encore plus maussade, prompt à parler sèchement, à envisager le pire pour chaque situation. Le jour de notre départ, nous ne nous parlons presque plus.

16

En arrivant à Dijon après une nuit dans une chambre d'hôtel minuscule à Paris – où nous devons trouver une laverie automatique pour sécher toutes nos affaires parce que nos valises ont été trempées par une pluie torrentielle –, nous sommes en guerre. Je lui dis que je ferai bonne figure pour sa mère qui a traversé assez d'épreuves et n'a pas besoin de s'inquiéter de nos soucis de couple en ce moment, mais *nous en sommes là*.

Ma « bonne figure » devient plus naturelle au bout de quelques jours. Les promenades au village, le spectacle de Sammy à côté de sa grand-mère qui va bien finalement et interagit avec lui, la joie de Sammy d'être en famille, les marches matinales jusqu'à la boulangerie, les dîners de bonne heure suivis d'un coucher également de bonne heure nous aident à nous retrouver. Nous montons au jardin clos pendant que Sammy dort et que sa grand-mère attentive reste à portée du babyphone, et nous nous embrassons comme des adolescents sur un banc bleu vif. Nous gravissons les collines escarpées et contemplons les jardins et les maisonnettes de pierre aux volets colorés. Je me dis que nous devrions peut-être nous installer à la campagne et trouver la paix dans la simplicité. Plus que tout, chaque fois que je vois Peter avec Sammy, si doux, si gentil, si drôle et si aimant, si naturel dans son amour, son attention et sa paternité, je comprends que je ne peux pas m'en aller, aussi bien pour Sammy que pour moi.

Quand nous partons, je suis optimiste. J'ai prévu trois jours à Paris – dans un petit appartement d'une chambre qui sent un peu l'humidité, au cinquième étage sans ascenseur. Je sais que voyager avec un enfant est difficile, mais j'ignorais à quel point monter cinq étages dans un escalier en colimaçon avec un enfant robuste sanglé contre moi serait éprouvant, ni quelle expression de désespoir gagnerait Peter en s'apercevant qu'il devrait me suivre en portant nos valises et la poussette.

Chaque fois que nous rentrons à l'appartement, l'escalier n'est pas loin de me tuer. Je me demande, et ce n'est pas la première fois, quand mes poumons vont revenir à la normale. J'avais compris que, pendant la grossesse, ils étaient écrasés à l'intérieur. Et oui, j'ai pris du poids et j'ai attrapé des rhumes qui ont retardé mes progrès, mais Peter grimpe facilement, même s'il porte plusieurs sacs. Quant à moi, je m'effondre sur le canapé, incapable de bouger pendant un quart d'heure. Je remets ce souci à plus tard tout en fixant le dos tendu de Peter.

Ça ne se passe pas bien à Paris. Je supplie fréquemment Peter de faire un effort, mais il est distant et plus je lui demande de se montrer présent, plus il résiste et s'éloigne : un cercle vicieux. Sammy se réveille souvent la nuit au milieu des bruits inhabituels de Clichy, et le peu d'énergie que nous avons retrouvée chez sa grand-mère est miné par le voyage et la chaleur. Plus Peter est distant, plus je suis contrariée, ce qui le fait se replier encore davantage.

Un matin, nous nous baladons longtemps en quittant Clichy, traversons une grande cité HLM et passons près d'hommes en *dashiki* de couleur vive qui font griller du maïs dans un passage souterrain occupé par des camionnettes et des voitures dans lesquelles, manifestement, des gens dorment. Nous sourions et leur disons bonjour. Ils regardent Sammy dormir dans la poussette. Nous traversons la Seine et nous nous retrouvons soudain dans le « Paris bobo » avec ses bistrots, ses boulangeries et ses trench-coats invraisemblablement chers exposés dans les vitrines. Je me demande, et pas pour la première fois, comment, dans une ville où la frontière économique est aussi évidente, il n'y a pas quotidiennement des émeutes dans les rues. En buvant un café au goût de fumée tandis que Sammy dort encore, je suis folle de déception à la pensée de ce voyage et les larmes coulent sur mes joues. Peter s'enquiert : « Qu'est-ce que je peux faire ? Je vois bien que tu es malheureuse.

– Oh, vraiment ? » Je secoue la tête. « Tu sais, j'avais tellement besoin que ce voyage se passe bien. Tout a été si stressant, j'ai juste besoin de retrouver une petite partie de mon ancienne vie. Paris est le lieu où je me suis réinventée deux fois. Paris m'a donné de la joie. Et je te demande simplement de faire un effort pour que ça aille bien. S'il te plaît, s'il te plaît, fais la moitié du chemin. »

Il s'exécute le temps d'une journée et nous nous promenons avec Sammy dans les rues bordées d'arbres, nous nous arrêtons dans un restaurant vietnamien où nous commandons un *bubble tea* et un *bún cha*, mais, inévitablement, l'épuisement nous rattrape tous les deux. Nous sommes de nouveau malheureux et le faisons savoir à l'autre. Le matin de notre départ, nous allons prendre le petit déjeuner dans un bar voisin. Sammy est grognon après une autre mauvaise nuit et j'essaie de sangler un siège de voyage compliqué sur une chaise en osier d'une forme bizarre. Peter, debout, les mains dans les poches, regarde ailleurs. Je lève la tête et dis sèchement : « Tu peux m'aider, s'il te plaît ? » Il a l'air si fâché contre moi. Comme si non seulement il ne m'aimait plus, mais qu'il me détestait carrément. À cette minute précise, je ne vois aucun moyen de revenir en arrière. Je le détaille devant nos cafés et nos croissants un peu rassis. « Comment allons-nous survivre ? »

Nous voyageons assez courtoisement. Nous avons une escale de quatre heures à Francfort, encore une fois par souci d'économie. Le voyage nous a coûté très cher, tout ce que j'ai gagné en un mois de tutorat, et n'a servi qu'à nous éloigner encore plus l'un de l'autre. Nous parvenons à nous calmer. Nous poussons Sammy en silence dans les couloirs de l'aéroport. Nos cœurs se brisent, mais nous sourions à notre petit garçon qui ne mérite que des sourires.

Je commence à envisager des vies séparées pour Peter et moi. Il s'occupe de Sammy la moitié de la journée pendant que je travaille et je le prends le reste du temps. Je l'emmène en ville en essayant d'imaginer ce que serait la vie si nous n'étions que tous les deux. Je suis tentée de croire qu'elle serait beaucoup plus simple sans les négociations incessantes qu'implique la coparentalité. La famille monoparentale a changé depuis l'époque de ma mère, quand la télévision au petit déjeuner déclarait que les femmes tombaient enceintes pour obtenir un logement social et que les journaux proclamaient avec une fréquence ridicule que les mères célibataires étaient des profiteuses ou insinuaient qu'elles étaient des putes. Et si cela existe encore, sous couvert de respectabilité – les mères célibataires mentionnées occasionnellement au milieu d'articles négatifs dans les journaux de droite –, il existe un mouvement de plus en plus puissant et libéré autour de la monoparentalité.

Je suis sur Instagram des mères célibataires qui ont créé leur entreprise, font ce qu'elles veulent sans le moindre compromis, aiment leurs enfants, sont élégantes. Je me demande si je pourrais être ainsi. Je pense que oui. Je le crois, même si je n'en suis pas certaine. Encore un nouveau départ, une autre identité à essayer. L'idée me tente un instant. Mais elle ne me donne pas le sentiment d'être plus indépendante ou plus forte. Elle me donne l'impression que je perdrais toute une partie de moi-même. Au lieu de m'épanouir ou de devenir plus forte et plus heureuse, comme c'est apparemment le cas de beaucoup de femmes. Je me rappelle qu'elles ont leurs relations et moi les miennes. Et l'idée de me trouver sans Peter, d'élever notre enfant sans lui, est aussi impensable que choisir de ne pas avoir de jambes ou de cœur.

En outre, je sais à quel point je me comporte de façon réductrice et puérile, car n'ai-je pas grandi moi-même avec un seul parent ?

Le soir, je vais dans un des cinémas Art déco de Prague, bois un grand verre de vin rouge, mange quelques sablés introduits en douce et je sens le retour d'un sentiment d'indépendance. Je trouve un espace de coworking pas cher, rempli d'œuvres d'art et de canapés en velours, géré par un gentil Argentin, et je passe mes heures de travail hors de l'appartement. À l'aller et au retour, j'énumère dans ma tête toutes mes frustrations. J'écarte toute pensée généreuse à propos de Peter ou de notre mariage, m'encourage à ce qui me paraît maintenant inévitable. Je peux peut-être me passer de jambes, je peux peut-être me passer d'un cœur après tout.

Nous avions l'intention de décorer la chambre de Sammy, mais ça n'a jamais été le moment. Je décide de ne plus attendre. Si je veux que la chambre de mon fils soit décorée, je vais le faire moi-même. Je me rends en tram dans un magasin de bricolage de l'autre côté de la ville. J'y choisis les peintures, poussant Sammy d'une main, trimballant de l'autre de gros pots de peinture bleu ciel, tout en portant sur mon épaule un long rouleau à peinture comme Oliver Twist, et je ne cesse de commenter joyeusement pour Sammy : « Peinture ! Rouleau ! Ta chambre va être belle, tu ne crois pas ?! » Je manœuvre jusqu'à la caisse et paie. Je me sens fière et indépendante. Je peux le faire. Quand nous sortons, une voiture arrive brusquement du parking et manque de nous renverser. Le conducteur gesticule comme si c'était ma faute et je crie : « Putain, faites attention ! Vous auriez pu nous blesser », message plein de colère destiné à Peter et lancé à la cantonade. Mais je n'ai réussi qu'à m'en vouloir d'avoir élevé la voix devant mon enfant.

À l'arrêt du tram, je remarque que le terrain vague d'en face, envahi de mauvaises herbes et de fleurs sauvages, est rempli de petits papillons blancs. Il y en a des centaines. Je n'ai jamais vu ça. Je les montre à Sammy. Des bonnes sœurs arrivent à ce moment-là, habillées en blanc comme Mère Teresa. L'une, espagnole, a une belle peau toute lisse, l'autre, irlandaise, porte de grosses lunettes embuées. Elles m'entendent parler en anglais à Sammy et me posent pour la forme des questions polies sur son âge, s'il est né cette année. Je leur demande si elles sont en mission ici et elles répondent oui, tout près. Je fais la remarque que ce doit être une vraie gageure, car Prague est laïque dans l'ensemble. Elles répondent qu'elles font « du bon travail en même temps qu'elles répandent la parole, nourrissent ceux qui ont faim » et ainsi de suite. J'ai l'impression de parler aussi facilement à quelqu'un pour la première fois depuis des mois. L'apaisement que j'éprouve grâce à leur chaleur et leur gentillesse suffirait presque à me convertir.

Mais le tram arrive et me sauve ou me relègue dans une future damnation éternelle, selon comment on voit les choses. Les bonnes sœurs proposent de m'aider mais, têtue, je leur assure que ce n'est pas la peine tout en me débattant avec la peinture, le rouleau et Sammy qui saisit une tranche de pomme dans son Tupperware bleu. « J'y arrive, j'y arrive. » Avant de nous séparer, une des bonnes sœurs me demande nos noms. Je les lui donne et j'aime penser qu'elles diront une prière pour nous ce soir. Qu'on soit ou non religieux, c'est agréable d'imaginer que quelqu'un a une pensée pour vous quand on se sent vraiment très seul.

Les pots de peinture et le rouleau restent intacts dans l'entrée pendant des semaines, comme un constant reproche. Je finis par déplacer le petit lit de Sammy dans le séjour. À ce moment-là, Peter comprend que je suis sérieuse et il insiste pour m'aider. Je lui en suis reconnaissante, car je n'ai jamais peint de pièce. Et parce que Peter adore Sammy, il adore être père et répète tout le temps que la vie est beaucoup plus riche, qu'elle a tellement plus de sens depuis que nous sommes une famille. Je ne lui refuserai jamais la joie d'offrir quelque chose de merveilleux à son fils.

Nous étalons une bâche en plastique pour protéger le parquet et entourons les fenêtres et les portes de ruban adhésif. J'ai toujours su comment je décorerais la chambre de Sammy : un ciel bleu comme ses yeux avec de petits nuages blancs et un grand soleil comme dans le livre *La chenille qui fait des trous*. J'ai acheté il y a plusieurs mois un abat-jour en papier et fil de fer qui ressemble à un nuage cotonneux. Et, quand nous aurons terminé, il faudra dérouler un beau tapis représentant une ville en bleu et rose au coucher du soleil.

En travaillant, nous buvons des bouteilles de bière fraîche qui dégoulinent sur le rebord de la fenêtre ouverte. Nous ne parlons pas beaucoup, alors je mets de la musique. Nous travaillons quatre soirs de suite, une fois que Sammy est couché. En silence, avec application et toujours plus fatigués, couverts de taches de peinture et un peu étourdis par l'odeur.

Le dernier soir, nous écoutons parmi les « favoris » de ma playlist une chanson d'Ani DiFranco, « Both Hands », chanson de rupture vraiment mélancolique qui parle d'essayer et d'échouer, avec un manque de subtilité typique des années 1990.

Je me tourne vers Peter, le regarde : « Putain. C'est un peu lourd. » Je me mets à rire et lui aussi. Je suis contente que nous ayons malgré tout occupé nos soirées à peindre ensemble une belle chambre pour notre fils. C'est comme une promesse muette. Nous nous observons sans nous toucher. Je finis par faire un pas en avant et prendre dans mes bras son corps mince tout en os et muscles. J'en connais le moindre creux, le xylophone de sa cage thoracique sous mon avant-bras dont tous les angles correspondent à mon corps. Je connais la texture exacte de ses cheveux contre ma joue et l'odeur de son cou. Un instant, dans cette chambre bleue de la couleur des yeux de notre fils, avec ses nuages bourgeonnants et son grand soleil jaune, nous sommes de nouveau ensemble.

Mais Peter recule, l'espace entre nous est trop grand pour un autre pas en avant et Ani continue à chanter sa chanson triste.

Nous vidons le fond tiède de nos bières et nous allons nous coucher en nous tournant le dos, chacun de son côté du lit.

Franchement, si on a envie de s'offrir de la joie et de l'humanité aujourd'hui, il faut aller sur YouTube et taper « Sesame Street années 1980 ». Les petits doigts rondouillards de Sammy s'agitent quand je chante « *1, 2, 3, 4, 5, 6, 7, 8, 9, 10, 11, 12…* » tandis qu'un flipper animé siffle sur l'écran et que je pose le menton sur son crâne duveteux blond comme le soleil.

Peter nous regarde. Je souris et tente de lui expliquer ce que signifie *Sesame Street*. Je lui raconte qu'à Aberdeen, ma mère a fait une énorme dépression, pas celle qui m'a conduite en famille d'accueil, mais une autre plus silencieuse, moins chaotique, pour laquelle les services sociaux ne sont jamais intervenus. Je devais avoir quatre ou cinq ans. Au début, elle se levait de plus en plus tard. Moi je me réveillais tôt et descendais regarder *Sesame Street* toute seule. J'avais trouvé un sac en plastique où ma mère avait entassé des lettres, des cartes et des photos. Je m'asseyais sur la moquette, fouillais dedans et les rangeais par taille ou par couleur devant la télé. Mais quand ça se terminait et que la lueur chaude quittait la pièce, la Terreur commençait à s'infiltrer.

Je ne savais jamais quelle mère allait descendre. Parfois, elle trouvait mes jeux désopilants, elle me prenait, me balançait, me traitait d'andouille et riait comme une malade. Mais les mêmes jeux pouvaient provoquer sa rage, des hurlements et des postillons s'échappant de sa bouche. Je tremblais donc en pensant à son réveil. Avant même qu'elle entre dans le séjour, je réfléchissais aux moyens de l'apaiser, de demander pardon. Ferrailler, fuir, figer, flatter ? Flatter. Enfant, on n'a guère de choix quand la menace vient de sa mère.

Finalement, elle a cessé de se lever. Puis elle a cessé de manger. Je savais qu'elle devait manger. Je ne savais faire que des toasts maladroitement tartinés de margarine et de confiture, debout sur une chaise poussée contre le plan de travail. Je les montais à ma mère qui dormait dans mon lit pour une raison inconnue.

Je tâchais de la faire manger. Je pressais la vilaine tartine à la confiture contre ses lèvres immobiles, fixais son regard vide jusqu'à ce qu'elle finisse par émerger. « Non, Kerry, je n'en veux pas. Laisse-moi tranquille ! Va regarder la télé. » Et je descendais, m'installais de nouveau devant la lueur chaude de la télé et regardais des adultes se comporter comme je le souhaitais, les familles être des familles. J'attendais avec impatience la pub de Bisto, car j'adorais la maman de l'annonce et je voulais qu'elle me fasse un rôti du dimanche.

Peter, attentionné à l'excès, peu importe où en est notre couple, me trouve un documentaire sur *Sesame Street* dont le titre est *Street Gang*. Nous le visionnons ensemble au lit un soir.

J'apprends que *Sesame Street*, très investi dans l'éducation, était destiné à l'origine aux enfants pauvres des villes dont les parents travaillaient beaucoup et qui, en conséquence, regardaient beaucoup la télévision. L'émission avait été créée avec soin, compassion et prévenance pour tenter de donner représentation, éducation et amour à des enfants aux vies à la maison souvent compliquées et aux parents absents.

Et c'est ce qu'elle a fait pour moi. Dès le début du documentaire, dès que j'aperçois le Big Bird des années 1980, mon Big Bird, se déplacer prudemment à l'écran, je commence à pleurer. Je me mets à genoux, les mains croisées sous le menton, le visage tout près de l'écran, position que je n'ai jamais adoptée depuis que je suis adulte. Mais, en voyant Peter me dévisager, je me rends compte que c'est exactement celle que je prenais toujours ces matins froids, solitaires, effrayants, quand je m'immergeais dans la chaleur et la couleur, la cohérence et l'amour de *Sesame Street* où les adultes étaient stables et heureux, et où des animaux magiques apprenaient des leçons en même temps que moi.

Je me tourne vers Peter, les larmes ruisselant sur mes joues. « Tu ne peux pas comprendre. Je me sens comme les gens qui ont fait *Sesame Street*, tous impliqués, je sens qu'ils l'ont fait avec amour. Ils l'ont fait pour les enfants. J'ai l'impression qu'ils m'aimaient. Que, même à l'époque, quelqu'un s'occupait de moi. »

Peter aussi est au bord des larmes. Il me prend la main. « Je comprends, vraiment. » Je le crois.

« Tu sais quel était mon livre préféré quand j'étais petite ? *La chenille qui fait des trous*.

– Bon, comme tout le monde, répond Peter.

– Oui, et mon histoire préférée, c'était le pot de porridge magique, parce qu'il était inépuisable. Il y avait un autre livre sur des souris qui vivaient près de la rivière et organisaient une grande fête de mariage où tout le monde apportait des petits trucs à manger pour le festin. Et *Les Chapardeurs*, où une framboise avait la taille d'un oreiller qu'ils pouvaient grignoter jusqu'à en avoir mal au ventre. »

Peter me regarde. « Tu avais faim. »

Je réfléchis. « Oui, tu vois. Vraiment faim. »

Il y a quelques années, ma tante m'a envoyé des photos du mariage de mon oncle où j'étais une demoiselle d'honneur fagotée en satin irisé couleur pêche des années 1980. Je suis si maigre sur ces photos que mes rotules sont plus larges que mes jambes et mes cuisses. J'avais des jambes de coq, comme on dit.

J'ai cru, même une fois adulte, que j'étais une enfant gloutonne, gourmande, un puits sans fond, car c'était ce qu'on me disait. Que je réclamais, rabâchais : « J'ai faim. Je veux un goûter, j'ai faim. Je veux un goûter. »

Sammy fait le signe de « goûter, faim », en approchant sa petite main de ses lèvres, même après avoir fait un vrai repas, mais c'est différent, comme tant de choses avec lui. J'avais vraiment faim. Ma mère essayait de son mieux, mais je me demande encore ce qu'elle aurait pu faire de plus. Elle aurait sans doute pu empêcher mon beau-père de dépenser notre argent en bière et en Buckfast. Je sais que la honte lui interdisait de se servir de bons d'alimentation, la banque alimentaire des années 1980 si on veut, et je me demande si cela aurait pu changer quelque chose.

Je peux dire avec certitude que je ferais n'importe quoi pour m'assurer que Sammy n'a pas faim. Mais il y a peu de risques que ce soit jamais un problème pour lui. Il mange avec enthousiasme tout ce qu'on lui présente, à la grande fierté de Peter : gyoza, *schnitzel*, *bibimbap*, pain au *zaatar* tartiné de houmous. Il ne connaîtra jamais cette partie de mon enfance. Si je fais bien mon travail et avec un peu de chance, il ne saura pas grand-chose de mon enfance. Je serai comme une immigrante de première génération dans un monde de confort et d'abondance, sa maman, oui, mais aussi une étrangère venue d'un autre pays qui lui parlera d'un endroit et d'un passé pour lequel il n'aura aucune référence. *Sesame Street* sera peut-être son guide de voyage.

17

Je me réveille parfois avec le même écœurement et le sentiment de culpabilité que j'éprouvais adolescente et jeune adulte après m'être bourré la gueule, la même lente prise de conscience que j'avais colorié en dépassant les lignes de l'acceptable. Les haut-le-cœur et le réveil soudain comme si quelqu'un avait crevé un gros ballon. « *Réfléchis, réfléchis. Qu'est-ce que tu as fait ? Qu'est-ce que tu as dit ? Qui est couché à côté de toi ? Comment te sens-tu ? Es-tu encore habillée ?* »

Ces matins-là, mon cœur bat le rappel de l'indécence et de la honte – comme si j'avais fait des avances rejetées à quelqu'un en public, laissé tomber une pinte qui se serait brisée et éparpillée, semblable à un feu d'artifice de verre sur la piste de danse. Comme si j'étais tombée, qu'on avait vu ma petite culotte et que j'avais ri bêtement tandis que les autres regardaient, effarés.

Sauf que je suis dans mon lit imprégné de nos odeurs, celle forte de Peter, la mienne douceâtre de fruit pourri. Si je tends le bras, je rencontre le corps de mon mari, roulé en boule, comme y sont souvent enclins les gens minces, grands avec de longs membres. Je n'ai pas bu. En fait, depuis des années j'ai rarement bu plus de deux verres.

Avant que Peter se réveille, je mets mes lentilles de contact et rajuste mon pyjama, tout froissé par mon agitation nocturne tant j'étais malade de terreur. Il me faut de nombreux matins pour comprendre ce qu'est ce sentiment. C'est l'échec de notre couple. C'est ce que provoque l'effondrement des fondations d'une vie. J'ai essayé et j'ai échoué. Peter et moi n'allons pas y arriver et c'est ma faute. J'ai mis en branle quelque chose qui ne peut être arrêté.

*

Pendant que notre bambin dort et que le babyphone bourdonne doucement, je suis assise au milieu de guirlandes roses en nid d'abeille, de papier cadeau froissé et de ballons un peu dégonflés, vestiges du premier anniversaire de Sammy. Je fais remarquer à Peter qu'il ne m'a jamais dit que j'étais belle au cours de nos premiers mois ensemble. Il avoue qu'il me trouvait belle, mais qu'il avait toujours eu si peur d'être blessé, comme lors de son premier mariage, qu'il n'osait pas prononcer le mot. Je réponds que je le savais, mais que j'avais besoin de l'entendre.

Nous sommes assis sur le canapé avec à l'esprit les cris d'excitation de notre enfant et ses rires étonnamment graves. Nous décidons de nous séparer. Nous avons passé la semaine extrêmement occupés par nos projets d'anniversaire très ambitieux. Pour moi, un biscuit écossais écrasé avec un Sammy et une Dora miniatures en pâte à sucre, assis dans un bac à sable jonché de seaux et de pelles. Pour Peter, un « coffret d'activités » : un cube en bois avec toutes sortes de manettes, de boutons et de cloches. Pendant que je préparais le gâteau et me tracassais, il perçait et ponçait sur le balcon. Nul besoin d'un psy pour comprendre que nous surcompensons l'un et l'autre à notre manière.

Nous sommes le lendemain. Après les bougies et le gâteau, les cadeaux et une excursion à l'aquarium où Sammy s'est surtout intéressé aux LED autour des cuves. Nous avons montré de la gaieté pour Sammy comme nous le ferons toujours, mais quand il est couché, nous sommes des acteurs abandonnant leur rôle, leurs sourires, leurs accessoires et leurs costumes – nous circulons dans l'appartement en silence à la manière d'étrangers dans la cuisine d'un refuge.

Nous sommes maintenant assis, le calendrier ouvert sur l'ordinateur, et nous tentons de bien séparer nos vies. Ces jours seront les miens, ceux-là les tiens. Je prendrai les nuits lundi, mercredi et vendredi, tu prendras les autres. Voici comment nous allons diviser l'appartement. Nous achèterons un lit à installer dans le séjour. L'argent pourra être réparti ainsi. Les étagères du frigo aussi. Nous nous avouons, sincèrement, que nous sommes désolés de n'avoir pas su être meilleurs l'un pour l'autre. Nous convenons que le plus important, c'est que nous soyons le mieux possible pour Sammy, individuellement et conjointement. Nous nous étreignons. Si calmement et gentiment que ça paraît à peine réel.

L'après-midi, quand Sammy se réveille, nous sortons de notre cocon et allons boire un *chai latte* sur notre banc habituel devant un café voisin. Nous faisons rire Sammy, nous nous faisons rire aussi, puis lui et ainsi de suite. Et ça ne paraît pas réel du tout. Nous déclarons avec optimisme qu'à long terme nous trouverons peut-être des appartements plus petits dans le même immeuble, plus loin du centre. Nous imaginons Sammy, devenu un petit garçon joyeux, courant entre nos appartements, nous montant l'un contre l'autre pour obtenir un dessert et se coucher plus tard. Nous imaginons en plaisantant un mât de pompiers reliant les étages.

Nous sortons et dépensons l'argent de l'anniversaire de Sammy en livres, puis nous nous rendons à une aire de jeux dans la partie neuve de la ville qu'on atteint en empruntant un passage des années 1970 tout en marbre, miroirs et chrome, entouré de roseraies soignées. Dans un petit bar coincé au fond du parc, nous achetons du jus de pomme chaud à l'eau-de-vie de prune et nous nous asseyons côte à côte, épaule contre épaule et cuisse contre cuisse, sur le muret du bac à sable pendant que Sammy creuse autour de lui et se lance de temps en temps en arrière pour être « roulé comme une pâte à pizza ». Et de nouveau je me demande comment cela peut être réel, n'est-ce pas la famille, le mari, qu'il va me falloir quitter ?

Sur le retour, nous sommes de nouveau fatigués et toute l'hostilité refait surface. Plus tard dans la soirée, par curiosité et en espérant me sentir un peu mieux face à l'avenir, je consulte une application de rencontres tchèque qu'un site d'expats considère comme la plus appréciée. Je n'y trouve pas d'entrée pour ma bisexualité. En fait, je n'y trouve aucune option pour rechercher des femmes et je fais défiler les photos des Honza et des Petr chevauchant des vélos tout-terrain ou exhibant d'énormes saucisses sur des fourchettes de barbecue. Certains, même s'ils ont mon âge ou seulement quelques années de plus, me paraissent vieux car, bien sûr, sept ans se sont écoulés depuis la dernière fois que j'ai fréquenté ces sites, et moi non plus je ne suis plus jeune. Je m'arrête sur un type séduisant qui écrit que la méditation et la musique de Nick Cage le font se sentir bien. Mais aucun n'est Peter et l'idée de laisser quelqu'un me toucher, ou de toucher quelqu'un d'autre tendrement ou sexuellement, à dessein, m'est totalement étrangère et ahurissante. Comme si j'enfilais une belle robe et me parfumais, avant de rejoindre ces personnes pour leur ôter l'appendice sans anesthésie sur une table de bar. C'est tout simplement impensable.

Je ferme l'application et me prépare à aller me coucher. Peter insiste pour dormir sur le canapé-lit du séjour, bien que je lui aie dit que ce n'est pas la peine. Je jette un coup d'œil à notre fils qui dort la bouche entrouverte et murmure – un battement de cœur nous relie toujours.

Face à cette crise, le mal du pays m'envahit. J'ai besoin de mes amis. J'ai en particulier besoin de ma meilleure amie. J'ai envie de me rendre chez elle en banlieue où je lirais une histoire à mes filleuls. Elle me prêterait un de ses pyjamas, me servirait une pizza décongelée en urgence, me laisserait boire la plus grande partie de la bouteille de vin achetée à l'épicerie du coin et m'assurerait que ça va aller. Je me mets à rêver cinq ou six nuits par semaine que je suis de retour au Royaume-Uni. Parfois je me tiens devant la mer du Nord grise et agitée, mais en général je suis à Londres, dans un bus, je me promène à Angel ou dans un jardin communautaire à Hackney. Les lieux de mes trente ans. Je décide toujours de rester là ou de trouver un appartement. Dans mes rêves, la même phrase me traverse l'esprit : « Je vais dire à Peter que nous rentrons. C'est à prendre ou à laisser, mais c'est ma décision. »

Nous nous réveillons comme d'habitude le matin, sauf que nous ne nous retournons plus pour nous embrasser. Nous nous glissons dans la chambre de Sammy et le bombardons de baisers et d'amour. L'un de nous change sa couche, l'autre prépare le café, exactement comme l'année écoulée. Mais quand Sammy fait la sieste, nous discutons à voix basse aussi longtemps qu'il nous le permet. Nous sommes allongés sur le lit et j'expose lentement, avec calme, tous les problèmes. Il approuve, en ajoute quelques autres, et nous déplaçons rationnellement les éléments en nous efforçant de les assembler – collage dont nous avons toutes les pièces mais dont la forme demeure abstraite –, sauf qu'il est clair que rien ne va. Nous n'avons pas assez de pièces. Ou trop. Nous ne savons pas.

Et puis nous continuons à vivre. Nous déposons Sammy à la crèche ou nous faisons des courses. Nous devons aller récupérer des paquets car nous n'avons toujours pas compris comment fonctionne la poste tchèque. Il peut m'arriver d'avoir une date butoir pour un journal ou un script, et inévitablement, même si nous avons pleuré, que nous nous sommes cramponnés l'un à l'autre en nous disant que nous avions le cœur brisé de nous être perdus, à la lumière de l'épuisement d'un jour banal nous retombons directement dans les mêmes schémas. Je deviens frustrée et fais sans cesse des réflexions. Il devient grincheux, passif et agressif. Je lui dis : « S'il te plaît, essaie, s'il te plaît. J'essaie de faciliter les choses. » Et il répond : « J'ai voulu changer. Mais je suis comme ça. »

Les effets physiques commencent à se faire sentir. J'ai mal au cœur pour de vrai. Ou non, pas au cœur, mais à cet endroit de ma poitrine. Il me semble à vif, tendre et meurtri. Je trouve mon ventre bizarre. Il est rempli par l'espace vide de mes inquiétudes quant à l'avenir. Mes membres grésillent d'une angoisse électrique. Un jour, je rejoins Peter pour aller chercher Sammy à la crèche. Nous avons un peu de temps devant nous et déambulons dans les jolies rues anciennes de Letná. Je porte un gros manteau gris avec d'énormes revers de manche et je m'y enfouis comme un enfant boudeur incapable de s'exprimer clairement. « Je suis tout simplement épuisée. Je suis tellement fatiguée. Et je suis vraiment, vraiment furieuse contre toi. Je te demande d'une manière ou d'une autre et explicitement depuis des années de changer. J'ai fait tout mon possible pour t'aider et ça n'a pas suffi. Je ne veux pas que tu deviennes quelqu'un de différent. Je veux juste que tu évolues comme nous devons tous le faire. Mais c'est peut-être injuste de ma part.

– Désolé. J'ai complètement merdé.

– Je suis désolée d'avoir merdé aussi. Nous avons laissé les choses empirer. Comment avons-nous pu les laisser empirer à ce point ? »

Il n'a pas de réponse, sinon un air profondément affligé.

Nous nous rendons à la crèche en passant devant le studio de yoga qui sent la citronnelle et ses lanternes à la lueur vacillante. L'enceinte de la crèche est jonchée de jouets en plastique de couleur vive, de voitures miniatures et de draisiennes. C'est l'heure de pointe pour venir chercher les enfants. Les parents les emmènent, tout emmitouflés dans leur combinaison d'hiver. Sammy pleure dès qu'il nous aperçoit et Helena, la directrice de la crèche, charmante, avec un grand sens pratique mais l'air franchement fatigué, nous tend notre enfant. Je le prends dans mes bras et le fait rebondir pour qu'il regarde son reflet dans la vitrine du studio de yoga, pendant que Helena raconte à Peter ce qu'il a mangé et d'où vient la nouvelle petite bosse sur sa tête. Sammy est encore chamboulé, le souffle haletant, quand nous essayons de l'attacher dans sa poussette. Nous lui chantons ensemble une chanson sur la façon de préparer son cartable pour l'école : « *J'ai mon papier ! J'ai mes ciseaux ! J'ai mon crayon…* » D'autres parents nous dépassent, nous nous redressons et échangeons des sourires de camaraderie.

Nous marchons vers une pizzeria voisine. Sammy est tout excité. Il agite les mains en direction des tresses d'ail, du portemanteau et des jeunes hommes qui s'efforcent en vain de ne pas paraître mécontents qu'un bébé soit assis à côté d'eux. Sammy adore être en société et, même si une partie de moi se brise encore en mille morceaux, voir mon fils me remplit de bonheur, des étincelles de joie absolue se répandent dans tout mon corps. Le simple fait d'être avec lui, de le voir rire, taper des mains sur le plateau de la chaise haute et mâchouiller un bout de croûte de pizza me convainc que tout ira bien.

Plus tard, dans notre lit, je dis à Peter que je suis vraiment fière que Sammy ne saura jamais ce qui se passe. Que, quoi qu'il arrive entre nous, il ne voit qu'un couple heureux, aimant, une maman et un papa qui le chérissent. Il est en sécurité. Sa vie est toujours pleine de rires et de bonheur. Et Peter répond : « Tu es incroyable, tu pourrais… » Il s'interrompt, horrifié. Je ris et termine sa phrase : « Je pourrais être suicidaire et il n'en saurait rien. J'en suis bizarrement fière. » Nous rions car c'est la vérité, aussi triste qu'elle soit. Si masquer mes traumatismes et mon angoisse ne m'a rien appris en trente ans, cela m'a valu le don de faire bonne figure pour mon fils en ce moment, en la pire des périodes. Si grandir avec une mère qui me traitait comme sa confidente et sa psychologue m'a appris quelque chose, c'est que je n'imposerai jamais cela à mon fils. Je suis reconnaissante à Peter de savoir l'importance de protéger Sammy de tout ceci. « Avec un peu de chance, il ne se rendra même pas compte que nous avons vécu un jour tous ensemble. »

18

Enfant, je finissais toujours par pleurer à Noël. C'était trop – trop d'espérance, de pression, d'accumulation. Et pas assez – d'argent, de famille, d'énergie. Il est probablement exagéré de prétendre que tous nos dîners de Noël se terminaient par ma mère qui, très en colère, un peu ivre, balançait les assiettes par terre tandis que nous, les enfants, tentions en hâte de Tout Faire Beau de nouveau, le ventre noué, avant le début des émissions pour enfants à l'heure du coucher. Mais en même temps, je n'ai aucun souvenir que ce ne se soit pas produit.

Par conséquent, je fais tout ce qui est en mon pouvoir afin de Tout Faire Beau pour Sammy. Nous achetons un vrai grand sapin et la vendeuse costaude aux joues rouges offre à Sammy un énorme bouquet de gui. Nous lui achetons trop de cadeaux, chose inévitable car j'ai commencé à les entasser juste après son anniversaire en octobre. J'allume des bougies sur le vieux piano et nous faisons des portraits de famille avec Sammy qui tape sur les touches vêtu d'un pull de Noël et de chaussettes de Père Noël. Je prépare un *dutch baby pancake* pour le petit déjeuner, Sammy boit son premier sirop. Au déjeuner, j'étends une vieille nappe soviétique, dispose des serviettes représentant une ferme, et nous mangeons du poulet rôti. Sammy porte un bavoir à motif smoking pour l'occasion.

À la fin de la soirée, Peter et moi sommes allongés côte à côte et nous faisons défiler les photos sur son téléphone, sur le mien, sur le « vrai » appareil photo. Nous avons vraiment l'air heureux. Nous ressemblons à une famille. Il n'y a eu ni assiettes cassées, ni récriminations d'ingratitude, aucun adulte n'a trop bu ni ne s'est transformé en enfant capricieux pour qui les enfants doivent jouer le rôle de parents.

Voilà, me dis-je en m'endormant toujours loin de Peter, j'ai Tout Fait Beau pour mon enfant. C'est le plus beau cadeau de Noël que j'ai eu de ma vie.

J'ai mal dès que je me réveille le lendemain ; je ressens l'absence dans mes os, ma peau se prépare pour le chagrin attendu. Mais je ne dis rien et nous traversons le silence et l'obscurité de la maison, le vieux parquet craque sous nos pieds. Dans son petit lit, sous le grand soleil jaune que nous avons peint ensemble, Sammy se lève maladroitement dans sa turbulette, s'agrippe aux barreaux et saute en haletant et en manifestant bruyamment son excitation, comme s'il avait attendu toute la nuit, toute sa vie, que nous venions lui dire bonjour, lui sourire, le soulever dans les airs et serrer sa tête blonde et duveteuse contre nos joues chaudes.

Je le prends la première. « Bonjour mon chéri. Salut, beauté. Tu as bien dormi ? Je t'aime tellement. » Il tend les bras vers Peter : « Bonjour, bébé ! » et de nouveau vers moi, puis vers Peter.

Le petit déjeuner se déroule comme d'habitude. Cornflakes pour Sammy rassemblés en un petit tas sur le plateau de sa chaise haute. Peter verse le café dans les mugs aux dessins de chats achetés l'un pour l'autre chacun de notre côté pour Noël. Je mets une playlist des années 1990 et allume les bougies de la veille avant de m'étendre au milieu des serviettes abandonnées et des chapeaux en papier froissé. Nous circulons dans la cuisine et nous penchons sur Sammy, qui continue à picorer sa petite montagne de cornflakes, lui caressons la tête, embrassons sa joue un peu rêche, passons les doigts sur sa nuque toute douce.

J'ai envie d'arrêter, j'ai envie de m'incliner contre le corps long et chaud de Peter. Ou de me poster derrière lui, d'entourer de mes bras sa taille mince, de poser ma joue entre ses omoplates saillantes. Mais je souris et garde mes distances. Nous sortons sur le balcon une minute, l'un après l'autre. Il fait encore nuit, des lumières brillent au loin, le froid, le silence nous enveloppent. Puis nous rentrons dans notre cuisine pleine de chaleur et de bruit.

Nous visitons le zoo presque vide et flânons devant les enclos enneigés. Le zoo de Prague est l'un des plus grands et des plus modernes d'Europe. Je pousse Sammy devant les enclos d'oiseaux exotiques – un vol de perruches vertes, un oiseau bleu-gris de la famille des paons. Quand il commence à avoir froid, nous nous réfugions au café désert du zoo. Pendant que Peter sangle Sammy sur une chaise haute, je fais glisser mon plateau sur le comptoir. Gâteau chocolat-vanille, petit pot pour bébé, salade de fruits, pain *rohlik* dans cette sorte de sachet en plastique qui vous colle aux doigts dès qu'on le touche.

La femme à la caisse scanne nos achats. Nous parlons – échanges polis en tchèque sur le paiement et à quel endroit acheter le café. En attendant que je pose ma carte de crédit sur le lecteur sans contact, elle regarde la carte dans sa main puis me regarde. Je hoche la tête. « Tarot ? »

Elle acquiesce et sourit – elle tient le Trois de Coupe. De retour à notre table où Peter mange son gâteau et Sammy éparpille la salade de fruits, je cherche sur mon téléphone : « *Consentement, ou simplement Oui. Cette carte fait écho à un esprit d'accord, de soutien mutuel, d'encouragement et de travail d'équipe.* » À l'envers elle signifie « *une face souhaitée pour maintenir l'harmonie des relations, au point qu'on est en droit de se demander pourquoi vous vous priveriez d'un atout aussi précieux. Essayez de trouver une façon d'accepter un peu de l'amour et de l'attention qui viennent vers vous. Ne refusez pas l'harmonie et le contact agréable quand ils sont possibles.* »

C'est bien sûr sa carte, celle qu'elle a tirée, pas la mienne. Pourtant, si je croyais à ce genre de chose, j'en tremblerais de peur.

Nous allons à la boutique de cadeaux et présentons à Sammy une peluche après l'autre, jusqu'à ce que son regard s'illumine devant un singe marron en veloutine aux bras d'une longueur exagérée. Nous visitons l'enclos des pingouins. Sammy observe, ébahi, un homme qui les nourrit. Il tient un seau rempli de poissons argentés qui disparaissent l'un après l'autre dans le bec des oiseaux, comme s'ils avalaient des épées. Sammy est captivé, il alterne les « Ga ! » et de grands rires de gorge, comme pour nous dire : « Regardez ça ! Vous voyez ? La vie est dingue, non ? C'est ridicule et magnifique, non ? » Derrière nous, une gardienne plus âgée, ses lunettes de lecture tenues par un cordon autour du cou, visage rond et avenant, glousse, rit et nous donne des explications complètes en tchèque tandis que nous nous réjouissons tous de la joie d'un enfant.

Le soir, nous nous installons devant un film. C'est le lendemain de Noël après tout. Il est question d'un astéroïde qui se dirige vers la Terre. Personne ne veut s'y intéresser, alors qu'il arrive à toute allure, impossible à arrêter, sur le point de tout détruire.

« Ça va ? » Peter me regarde et je souris à l'autre bout du canapé.

« Oui, je suis terriblement fatiguée, c'est tout. Je ne me sens jamais bien en ce moment.

– C'était pourtant une bonne journée, non ?

– Oui. C'était bien d'être avec Sammy. »

Je ne croise pas son regard. Je me sens tout le temps mal ces jours-ci. Même quand je suis allongée, je respire avec un bruit rauque. Je sais que si je me lève ou m'assois, je vais être à bout de souffle, que je serai en sueur à cause de l'effort. C'est dur de ne pas être mieux physiquement pour cette conversation qui exige tant d'endurance émotionnelle. Je me demande de nouveau comment trouver l'énergie pour une relation qui requiert autant de travail quand je peine à rassembler chaque jour de quoi donner des portions soigneusement dosées de soins maternels à notre magnifique et parfait bambin. Je ne suffis sûrement pas, physiquement ou émotionnellement, pour en accorder davantage à mon mari ainsi qu'à notre relation incroyablement complexe et disloquée. Je ne veux pas que notre enfant grandisse dans un foyer qui transpire le mal-être et l'instabilité. Notre enfant a besoin de sécurité, de paix et de chaleur pour grandir. Tout ce dont j'avais besoin et que je n'ai jamais eu. Pouvons-nous lui donner cela, tels que nous sommes ?

Peter éteint la télé. Je vois sur son visage l'expression de quelqu'un qui sait qu'un astéroïde fonce vers nous, sur le point de tout détruire. Notre sapin de Noël paré de lumières clignotantes, aux branches parsemées de pop-corn et de décorations en pâte à pain faites à l'emporte-pièce en forme de chat et de petites mains grassouillettes, l'éclaire par-derrière, et je vois que son cœur est sur le point de se briser. « Je suis si triste que ce soit ainsi, Peter. »

Je pleure. Pas lui. Je suis assise avec le singe en peluche stupide aux membres trop longs de notre bébé sur les genoux et je caresse la fourrure douce de son ventre. Nous sommes bienveillants. Nous nous rassurons l'un l'autre. Nous nous tenons les mains. « Je ne sais pas si je retrouverai ce sentiment, dis-je. Que c'est toi et moi ensemble. Que tu es mon partenaire. S'il te plaît, reste mon ami, j'en ai besoin. S'il te plaît, reste ma famille, j'en ai besoin aussi. Mais je ne veux pas faire semblant avec toi. Je ne peux pas faire semblant. Et je ne veux pas que tu t'en veuilles ou que tu essaies de répondre à mes attentes. Et je… je ne peux pas décrire à quel point je suis épuisée. Il ne me reste rien. Tu ressens peut-être aussi que c'est fini, mais que nous avons été incapables de l'exprimer ? »

Je voudrais lui dire, mais ne le fais pas, ne le peux pas, que je ne veux pas vraiment que ça se termine, que j'ai juste désespérément besoin que ça change. La conversation s'éteint et nous restons assis en silence, sonnés. J'ai la tête qui tourne. J'ai tenté d'arranger les choses mais je ne peux pas. N'ayant rien d'autre à faire, nous essayons de reprendre le film. Je demande : « Je peux poser la tête sur tes genoux ?

– Je ne crois pas. »

Je suis blessée, même si je n'ai pas de raison ni le droit de l'être. « D'accord, bien sûr.

– C'est déroutant en ce moment, parce que j'ai très envie de te caresser les cheveux et de t'embrasser.

– Alors caresse mes cheveux. »

Je pose la tête sur son épaule et nous regardons ce film idiot en mangeant des morceaux de forêt-noire. Nous réussissons à rire ensemble de quelques blagues et nous nous disons de temps en temps que nous nous aimons, que quoi qu'il arrive nous serons attentionnés l'un envers l'autre. Que nous sommes une famille. Nous serons toujours une famille.

Cette nuit, nous dormons dans le même lit. Avant que je m'endorme, Peter se penche sur moi et m'embrasse doucement sur la joue. « Je veux que tu saches que je t'aime. Parce que je sais que je peux être froid, et je veux que tu saches que, quelle que soit ma façon de me comporter, je t'aime.

– Moi aussi. J'aimerais que les choses soient différentes. »

Il m'attire vers lui et nous nous cramponnons l'un à l'autre comme s'il y avait un tremblement de terre.

Je m'endors brusquement d'un sommeil lourd comme un âne mort, jusqu'à ce que Sammy se réveille avec un cri. Nous nous redressons, nous nous prenons la main, écoutons intensément le babyphone pour interpréter ses bruits, puis nous nous rendormons profondément tous les trois.

Le lendemain matin, nous exécutons notre chorégraphie habituelle : tas de cornflakes, baisers sur la tête, café, musique, et nous nous comportons l'un avec l'autre avec beaucoup d'attention. « Comment vas-tu ?

– Tu sais… ça va. Et toi ?

– Oui, je veux dire… tu tiens le coup ?

– Oui, plus ou moins. Et toi ? »

Et ainsi de suite. Des cercles dans des cercles d'attention et de précaution. Après le petit déjeuner, nous offrons à Sammy son dernier cadeau. Il aborde les cadeaux avec une admirable concentration professionnelle. Sous le papier cadeau à pois vert métal, il y a une boîte. Une boîte ! Et à l'intérieur, il y a « quelque chose ». Quelque chose ! Ce matin, c'est un petit prisme en plastique de lumière disco avec une télécommande miniature parfaite pour les mains d'un enfant d'un an. Quand on le met en route, il lance des paillettes translucides orange, vertes, roses, rouges sur les murs, le radiateur, sur nos visages, nos pyjamas et nos mains. Sammy, la bouche ouverte, crie de joie et de ravissement. Nous nous regardons, Peter et moi, les lumières nous balayant les joues, et nous sourions sincèrement devant la beauté de la vie vue par les yeux de notre enfant. Nous nous rapprochons et nous nous embrassons.

Pendant que Sammy fait la sieste, nous sommes assis côte à côte sur le canapé, entourés de ses cadeaux de Noël, la tente et le tunnel, les deux cents boules en plastique de couleurs primaires, le clavier qui contient douze chansons et tous les cris d'animaux, les figurines en bois qui habitent dans de petits hôpitaux, cafés et boutiques en bois eux aussi. Dans un coin, la boule disco tourne toujours et les lumières dansent dans notre appartement. Un bruit blanc siffle dans le babyphone tandis que notre bébé dort paisiblement. Je suis de nouveau assise avec cet idiot de singe aux longs membres sur les genoux et je trouve mes mots. « Je ne veux pas rompre. Je comprends si toi tu le veux. »

Peter a l'air peiné : « Non. » Mon cœur se fige dans ma poitrine comme si le prochain battement allait le briser. Peter me prend la main. « Je ne veux évidemment pas me retrouver sans toi. Je t'aime. Ce sont des montagnes russes. Je m'adapte aux hauts et aux bas même si je suis content que nous remontions.

– Je t'aime toujours. J'ai juste besoin que nous soyons égaux. Et j'ai besoin de me sentir… de nouveau ta femme. Pas seulement une mère, ou celle qui fait bouillir la marmite, ou une râleuse.

– Bien sûr. Bien sûr que tu es plus que ça. Tu es tout. Je t'aime.

– D'accord, on va continuer d'essayer. Je suis toujours là. J'y travaille.

– Moi aussi. Vraiment. Je t'aime tellement. »

Sammy se réveille et nous le rejoignons avec le singe. Nous le tenons entre nous tandis qu'il se réveille en clignant des yeux et je lui caresse doucement le visage avec les pattes du jouet. Il sourit, ses joues rondes rougies par les dents qui poussent, en montrant ses petites dents blanches. Un magnifique visage de l'innocence, de l'espoir et du bonheur. Dora nous rejoint et s'enroule autour de nos pieds. Sous le grand soleil jaune que nous avons peint ensemble, nous nous étreignons, quatre cœurs qui battent.

19

Parfois, un jour sans histoires, une bombe du passé explose et vous met les tripes à l'air.

J'ai dormi et maintenant je rejoins Peter là où il se trouve avec Sammy en attendant une heure raisonnable pour annoncer le début de la journée. Dehors stagne un brouillard froid et dense, inhabituel à Prague. Je bois un café assise sur la chaise en face du petit lit de Sammy. Nous lisons un moment, mais chaque fois que je lève les yeux du livre, il ne s'intéresse pas à ce que mange la chenille mais à moi. Ses yeux brillent d'espoir et j'abandonne l'histoire. Il est debout dans son lit et saute pendant que je lui chante une chanson qui parle d'une pizza et de sa garniture. Au petit déjeuner, œufs, poivrons et champignons frits au beurre. Nous écoutons de la musique espagnole à la guitare. Je tournoie dans la cuisine jusqu'à être hors d'haleine. Sammy ne comprend pas encore tout à fait ce qu'est la danse, mais il aime regarder et lève les bras par à-coups pour m'accompagner. Peter et moi faisons une blague stupide et, gagnés par le fou rire, nous nous plions en deux au-dessus de la table en bois.

Je les embrasse avant de sortir dans la froideur et la grisaille du jour. Un tram pour aller en ville. Gâtée comme je suis en vivant ici, j'oublie d'ouvrir les yeux – chaque bâtiment est ancien, beau, unique. Je repère plutôt le café qui, avec une tasse de *latte* mousseux, transforme en art votre selfie. En entrant dans le café que j'ai choisi (pas celui du *latte* artistique), je remarque un chien trapu à l'air implorant et une femme très apprêtée, avec des boucles d'oreilles en perles et un foulard, qui a opté pour un verre de vin rouge à 11 heures du matin. Tant mieux pour elle.

J'assemble les mots pour une chronique dans un journal avant de m'attacher à mon « travail personnel », en principe le récit de notre vie à Prague, quand arrive l'e-mail. Son titre est « Lettre pour toi ». Il a été envoyé à mon éditeur et je m'attends à la lettre d'un lecteur. Je l'ouvre en me réjouissant à l'avance, mais ce sentiment m'abandonne à la lecture du mail. Il vient de la nourrice de l'une de mes familles d'accueil. Il est accompagné d'un PDF scanné, une bombe. Mais je ne peux pas réagir à cette bombe. Pas ici, dans ce café chic au mobilier vintage, avec son serveur qui porte un pull des années 1980 et une coupe de cheveux à la fois affreuse et cool. Je lis, le cœur battant à tout rompre, les doigts pressés contre ma bouche, respirant à peine.

Je ne sais pas. C'est le problème. Il y a tant de choses que je ne sais pas. Et cette ignorance, cette obscurité menace de se répandre et de tout engloutir dans sa noirceur. Dans ma vie actuelle d'adulte remplie de tâches et de responsabilités banales, ainsi que de précieux moments de joie, j'essaie de toutes mes forces de ne jamais penser à ces trous noirs. Je les cache sous des souvenirs de repas dans des villes étrangères, du bruit des vagues dans mes oreilles, de feux d'artifice au nouvel an, de cartons de déménagement et de Caddies de supermarché pleins. Mais si on trouve le bon endroit et qu'on tape dessus, on entend toujours un son creux venu du dessous.

Ma nourrice fait des boucles à ses « l ». Je remarque que son écriture est un peu heurtée jusqu'à ce qu'elle trouve la fluidité de son stylo sur le papier. Je dévore sa lettre, terrifiée. Je n'ai aucune idée de ce que je vais apprendre. Cette personne que je n'ai jamais vue depuis que je suis adulte, qui me dit qu'elle a changé d'avis plusieurs fois avant de se décider à m'écrire, possède un pouvoir presque insupportable sur moi. Le fait que ce scan de mauvaise qualité en noir et blanc risque de menacer ma vie, ma tranquillité, m'exaspère. Partager ce moment avec la femme aisée au verre de vin rouge matinal, le couple qui lit installé confortablement, le chien trapu et implorant, le serveur au sourire décontracté et au pull voyant, me déconcerte. Ils seront à leur insu les témoins de l'explosion de cette bombe. Je suis assise à une table du fond sous une plante d'intérieur, les tripes à l'air. Je pourrais attendre. Mais évidemment, je ne peux pas attendre. Pas plus que Sammy ne pouvait attendre d'ouvrir ses cadeaux de Noël.

La lettre est attentionnée, pleine de délicatesse. Elle me raconte des petits détails de mon enfance. Mes cheveux étaient blond vénitien. J'étais une enfant facile, sauf à l'heure du coucher où elle me donnait un gros sac de vieilles lettres et de cartes postales que je triais. Et je comprends avec un petit sursaut électrique que, plus tard, de retour chez ma mère, quand je ne savais pas à quelle version d'elle je me trouverais confrontée, et que je triais sans cesse les lettres, cartes et photos du sac en plastique dans la lueur chaleureuse de *Sesame Street*, j'essayais de retourner là-bas. Quelle forme de résilience astucieuse, déchirante, pour une enfant de quatre ans ; je savais que je devais tenter de retrouver la sécurité de ce lieu. Elle écrit que j'aimais être assise sur le plan de travail et jouer avec l'eau pendant qu'elle faisait la cuisine.

Elle était ma vraie maman Bisto, et non un fantasme plein d'espoir en fin de compte. Le tremblement de mes mains se calme, des larmes sont prêtes à couler mais je les retiens. Elle ajoute à la fin qu'elle me trouve extraordinaire et une forme de fierté s'installe en moi, chaleureuse et solide, un coin obscur vraiment rempli d'humanité.

Elle me dit aussi que j'ai passé deux ou trois mois chez elle. Je relis la lettre pour m'assurer que j'ai bien compris. Je suis bouleversée, puis furieuse. J'ai appris, comme quand j'étais petite, à garder cette colère à l'intérieur, dans les racines hérissées de mes cheveux, dans mes épaules redressées, dans mes jambes tortillées, tandis que mon visage demeure impassible, voire souriant. J'émets un petit rire en appelant Peter au téléphone.

« Je croyais que tu y avais passé deux semaines maximum ? dit-il d'une voix ensommeillée car je l'ai réveillé.

– Bon sang, si c'était un mensonge, putain quelle horreur.

– Qu'est-ce qu'elle te disait ?

– Elle prétendait que ça avait duré quelques jours peut-être. Je veux dire, tu peux imaginer Sammy loin de nous deux ou trois mois ?

– Non, bien sûr que non. C'est impensable. »

J'ai du mal à m'éloigner de Sammy ne serait-ce qu'un après-midi. Comme si chaque cellule de mon corps était connectée à lui et que le moindre éloignement signifiait qu'un fil lâche, sans cesse tiré, m'empêchait de me concentrer. Quand je travaille, je réclame des photos à Peter, nous nous appelons sur FaceTime, et quand je vois Sammy en personne, je le soulève et approche sa joue ronde et douce de mes lèvres, je tiens dans mes bras sa petite cage thoracique solide, et j'ai l'impression que je le revois pour la première fois.

Quelle tristesse que la fillette au visage rond et au sourire effronté que j'étais n'ait jamais connu cela. Je suis assise dans ce café, entourée d'étrangers, gelée, je regarde la cour avec ses arbres aux branches dépouillées par l'hiver et je pleure ce que je n'ai jamais eu mais pourrais encore avoir.

Quand je pars, le soleil s'est levé, le ciel est d'un bleu improbable de conte de fées, ce qui est le cas presque tous les jours à Prague. Le brouillard s'est dissipé et, comme si l'humidité avait saturé toutes les couleurs, la ville est d'une beauté stupéfiante. Maisons bleu pastel, roses, crème, on dirait la première garde-robe d'un bébé. Je parle à Sammy sur FaceTime, il me sourit et me fait coucou de la main. Savoir qu'il ne sera jamais envoyé vivre trois mois chez des inconnus par une mère « ambivalente » me réconforte. Je risque plutôt de le pourrir d'amour – même si je ne crois pas vraiment cela possible.

Je sais une chose. J'élèverai Sammy dans une maison pleine de joie, de rires et de gentillesse. Il est ce que j'ai de plus important et je veux qu'il grandisse dans un foyer chaleureux et sans danger. Exactement comme dans une pub Bisto.

Il n'est évidemment pas si simple d'« essayer » de réparer un couple, même si on ne peut rien faire d'autre. Cela demande des efforts quotidiens. Les anciennes fractures ne cessent de se manifester entre Peter et moi. À la moindre pression, les fêlures réapparaissent et nous craquons. Mais nous ramassons les morceaux. Peu importe que nous soyons épuisés, frustrés, peu importe que ça paraisse stérile. Et nous sommes attentionnés l'un envers l'autre. Toujours. Nous sommes délicats l'un avec l'autre. Toujours. Nous essayons encore et encore.

Toujours. Ça peut ne pas marcher. Je le sais. Mais dans ce cas nous saurons que nous aurons tout tenté.

Sammy passe par une phase de sommeil régressive. À 5 heures du matin, Peter l'emmène dans notre chambre et nous nous retrouvons tous les trois au lit dans le noir sous la grosse couette d'hiver. Dans une sorte d'hystérie post-épuisement, Sammy rit, bavarde et vacille sur le lit à la façon d'un ivrogne. Il se laisse tomber alternativement sur Peter ou sur moi, roule la tête, se blottit contre nous et tombe théâtralement en arrière. Il a l'air heureux. Nous sommes crevés.

Mais nous nous disons, comme toujours : « Je t'aime.

– Tu es une mère formidable.

– Tu es un père formidable.

– Nous faisons du bon travail. »

Je lui affirme que je resterai là où il aura besoin que je reste. Je veux cesser de courir. Je veux construire un foyer avec lui. Je veux m'arrêter et tout faire pour que ça fonctionne. Pour une fois, je vais rester tranquille et utiliser cette énergie économisée pour aimer Sammy et lui, pour construire une vie à un seul endroit plutôt que de passer constamment à « quelque chose d'autre ». C'est contraire à ma nature, mais pour Peter et Sammy, je vais m'arrêter. Je vais rester tranquille. Je serai vraiment avec eux et non plus fixée sur un rayon de soleil au-delà de l'horizon.

Sammy finit par s'endormir et se réveille trois heures plus tard. Je rejoins la cuisine où il est déjà installé sur sa chaise haute. Dans la vive lumière, Peter me demande si j'ai vu la neige et, assurément, je regarde par la fenêtre tomber les flocons de neige duveteux. Une neige parfaite. Une neige digne de Hollywood. Je sors sur le balcon pieds nus, m'appuie contre la rambarde métallique mouillée et rugueuse, et j'ouvre grand les bras, le visage vers le ciel, les yeux fermés. Je sens le picotement des flocons glacés qui descendent sur moi.

Je retombe en enfance. Mais je suis une enfant qui sait s'occuper d'elle-même. Qui sait aussi s'occuper d'un autre enfant. Qui sait s'occuper des gens qu'elle aime. Je suis aussi une femme qui se connaît elle-même et qui sait tout ce qu'elle est capable de faire.

Je rentre. Le café et les toasts sentent bon et mon bébé rit, apprend à parler et agite ses petits pieds dodus sous la chaise haute. Joyeux parce qu'il se sait aimé.

Est-il 2 heures, 4 heures du matin ? Peu importe. Je suis installée dans le fauteuil Ikea hérité de nos propriétaires et couvert d'un tissu de couleur vive qui dissimule les taches. Derrière moi, le soleil que nous avons peint, Peter et moi. Les autres murs sont bleu ciel, des nuages blancs et vaporeux dérivent au plafond où pend un abat-jour en papier gondolé en forme de nuage.

Je porte un pyjama bleu imprimé léopard, j'ignore l'heure qu'il est mais je sais que ça n'a pas d'importance. Sur ma poitrine, blotti comme il l'était dans mon ventre, mon bébé dort. Ses membres se sont allongés et il a l'esprit agile. Mais il reste mon bébé, même s'il sait compter jusqu'à dix, chanter l'alphabet et qu'il s'intéresse beaucoup aux chapeaux et aux canards. Il reste mon bébé. Le nôtre. Dans sa grenouillère vert clair, avec ses cheveux blonds et duveteux qui sentent le shampoing à l'orange sous mon menton. Nos cœurs battent l'un au-dessus de l'autre. Je t'aime, je t'aime, je t'aime. Son poids, sa chaleur, tout son corps abandonné et détendu tandis que je caresse encore, encore, encore son dos et le berce contre ma poitrine en me balançant doucement – danse aussi naturelle que de respirer. Je me lève et le dépose, le dépose, le dépose sur son matelas où, le temps que je retienne mon souffle, il se déploie, une vraie étoile de mer, bras écartés, jambes allongées, grandissant sans arrêt, avant de se rendormir. Je me glisse hors de la pièce, sachant comment tourner la poignée de la porte pour éviter le « clic » du métal, ayant appris comme une nouvelle langue les craquements et les grognements du parquet de cette vieille maison. Je gagne la salle de bains, aperçois mon reflet dans le miroir, silhouette bien en chair, fantomatique, souriant dans le noir, tandis que notre chatte se pelotonne contre mes jambes dans l'espoir du petit déjeuner. De retour au lit avec Peter, allongée sur la latte vissée à la hâte avec un bout de la mèche encore incrustée.

Instinctivement, sans se réveiller, Peter soulève la couette et l'enroule autour de moi. « Ça va ? » Il ne se rappellera pas m'avoir posé cette question, il ne saura pas le lendemain matin que, même dans son subconscient, il pense à moi, qu'il fait attention à moi. Mais j'espère me rappeler ma gratitude. Nous nous réveillerons, nous habillerons, irons au café du coin où Sammy mangera un *rohlik* aux graines de pavot. Je regarderai comme d'habitude le ciel bleu, espérant repérer les deux faucons crécerelles qui volent ensemble en cercle dans la brise et nichent dans l'immeuble en face de la chambre de notre enfant.

Pour l'instant je m'allonge sur le dos, m'étire comme mon bébé, me détends. Je cherche la main de Peter, il prend la mienne et, bercés par le bruit blanc et les murmures satisfaits de notre enfant émis par le babyphone, nous nous reposons enfin.

Troisième partie

Retour

20

« J'espère que je ne devrai pas renoncer au fromage ou au blé. Ce serait vraiment le pire », dis-je à Peter en partant à mon rendez-vous chez l'allergologue pour faire la lumière sur ma respiration laborieuse. Je prends le tram jusqu'à Palmovka. Je traverse, emprunte un raccourci, une ligne de désir au tracé en diagonale dans l'herbe, et je me rends compte que, même si je ne me suis jamais sentie exactement chez moi à Prague, j'ai appris à connaître ses rues, ses coutumes, son atmosphère.

La confusion habituelle règne à l'hôpital. Je monte à un étage où je remarque une indication en tchèque que je ne comprends pas. Je me dirige alors vers l'étage que je connais déjà et il se trouve que c'est le bon. De très nombreux médecins y travaillent et aujourd'hui ils doivent faire une sorte de consultation des nouveau-nés, car toute la salle d'attente est encombrée de poussettes et de mères épuisées.

Les bébés me paraissent incroyablement petits, pourtant ils doivent avoir deux ou trois mois. Certains pleurent, d'autres se blottissent contre leur mère. Je leur dis bonjour à tous. Leur fais de grands sourires. J'ai du mal à imaginer que Sammy a été comme eux. Un être aux yeux qui clignent et au regard fixe connecté à moi tel un organisme en symbiose.

Un bébé pleure pendant que sa mère tente de l'allaiter. Elle a l'air stressée et embarrassée, et je l'étais souvent moi-même quand Sammy pleurait. Ça s'est atténué maintenant, je regarde les gens dans les yeux, souris et déclare, de façon plus ou moins directe selon que je les prends ou non pour des imbéciles : « Il arrive que les enfants pleurent. » Je regarde cette femme. « Il est très beau. Moi aussi j'ai un bébé, mais il est grand maintenant. Il a un an. » J'ai l'impression qu'elle se détend un peu. J'ai de la bouteille à présent. Je contemple ces mères épuisées en jeans extensibles et pulls amples. Elles abordent déjà lasses le nouveau jour, ne répondent qu'à leurs besoins immédiats, peut-être même pas. Je me rends compte que j'ai obtenu une sorte de diplôme.

J'attends longtemps. Soit on ne sait pas que je suis là, soit il y a du retard. Et donc, comme toujours en République tchèque, il suffit de s'asseoir tranquillement, supporter, tenir et se dire qu'il va finir par se passer quelque chose. Quand une infirmière sort du cabinet, je penche la tête et croise son regard. Elle me fait entrer. Le médecin est une femme d'une petite cinquantaine d'années aux cheveux bleu indigo assortis à ses yeux. Elle porte des chaussettes rayées gris et blanc et des sandales en plastique premier prix. À mon grand soulagement, elle a un anglais excellent. Je lui tends mes documents et, tout en parlant, je tousse. Je respire de façon irrégulière et elle lève brusquement la tête. « Votre respiration n'est pas bonne quand vous inspirez ?

– Non et pas non plus quand j'expire, pour être franche. »

Elle me demande quel est mon métier et je réponds que je suis écrivaine. Elle me demande ensuite quel genre de livres j'écris et je lui réponds fièrement. Ici la question la plus fréquente est : « Quelle est la profession de votre mari ? » Je me trouve très rarement en situation d'expliquer comment je gagne ma vie ou de voir un signe de reconnaissance quand quelqu'un comprend que je suis mère, oui, mais aussi que je fais quelque chose de plus. Elle me demande si j'ai des passe-temps et se reprend immédiatement. « Vous êtes écrivaine et vous avez un bébé, je ne pense pas que vous ayez des passe-temps ! » Je ris et reconnais que non. Elle me demande si je fais du sport et je lui réponds que j'aimerais bien, puis j'explique que j'en suis incapable. Je ne peux même pas gravir une pente douce en ce moment et, à l'évidence, ce n'est pas à cause de la grossesse ni de la naissance, je lui assure que je ne suis pas feignante, je suis notoirement une personne avec « trop » d'énergie.

Elle consulte mes radios. Je sens que l'atmosphère de la pièce change et je suis soudain inquiète. « Tout va bien ? » Ses épaules se crispent légèrement et je la vois se concentrer sur l'ordinateur. Elle se tourne vers moi, mais sa décontraction a disparu. « Est-ce que tout va bien ? » Elle acquiesce, désigne l'écran. « Vos poumons, ici, ont l'air bien, mais le haut… » Elle fait une grimace sans terminer sa phrase.

Elle dessine un cercle sur une feuille de papier. « Voici à quoi ressemble en général une trachée. Mais chez certaines personnes, le… » Elle prononce le mot tchèque pour cartilage. « Il est mou. Vous comprenez qu'au lieu d'être dur, il est mou ? Et donc il ressemble à ça. » Elle dessine un croissant de lune. « Alors, quand vous respirez… », elle montre le croissant de lune, « votre trachée fait ceci.

– Oh, d'accord », mais je ne comprends pas.

« L'ORL, vous le verrez peut-être aujourd'hui, peut-être un autre jour. On ne peut pas être certain. On va faire aussi quelques analyses de sang. » Je dis que c'est comme résoudre une énigme, mais elle ne rit pas. À la fin du rendez-vous, nous nous serrons la main.

« Merci d'avoir parlé en anglais.

– Votre anglais est excellent, réplique-t-elle.

– Je me suis beaucoup entraînée. »

Et finalement, nous rions toutes les deux.

Après un instant de détente, elle se rembrunit de nouveau.

Dans le bureau voisin, l'infirmière me montre en parlant tchèque comment utiliser l'inhalateur, un appareil aussi gros qu'un petit pain. Je m'en vais en serrant la boîte qui est à moi pour toujours – merci, l'assurance maladie tchèque – et une grosse bouteille en verre de solution saline qui pétille comme une canette goût pissenlit-bardane.

À l'étage du dessus, celui de l'ORL, je frappe à la porte et présente mon papier à l'infirmière. Au bout de dix minutes, elle sort, parle en tchèque et rentre de nouveau dans le bureau.

Je patiente, l'inhalateur sur les genoux, telle une enfant attendant d'être admise à un anniversaire. On me fait entrer et asseoir dans un grand fauteuil en vinyle comme chez le dentiste. Le médecin porte une veste et un pantalon gris-blanc, des Crocs jaunâtres sur ses chaussettes. Son anglais est correct, mais je dois tout de même lui demander de temps en temps de répéter. Il balance alors la jambe, frustré. L'infirmière, une grand-mère aux cheveux châtains frisottés, des jouets Kinder Surprise disposés sous le moniteur de son ordinateur, va chercher dans un coin un instrument attaché à un tuyau de trente centimètres.

Je comprends ce qui va m'arriver. « Mon Dieu, ça fait peur. » Le médecin m'examine. Il appuie fermement les doigts sur ma gorge. Examine mes oreilles avec un cône en métal. Quand il approche l'instrument, je me mets presque sans réfléchir à pousser des sortes de jappements : « Oh, oh ! » Mais l'aspect relationnel n'existe pas ici. Il a un travail à faire et il le fait. Il m'assure avec un grand sérieux : « Ça va aller. » L'infirmière ne dit rien.

Le tuyau est enfilé dans ma narine. Je me dis, bon, ce n'est pas si terrible, mais alors il descend au fond de mon nez, dans ma gorge et dans mon œsophage. Je continue à faire des petits bruits. « Oh, oh. » Ce n'est pas particulièrement douloureux, mais c'est très inattendu et chaque centimètre supplémentaire dans mon corps via mon nez est encore plus inattendu.

Il me demande de respirer, quatre inspirations, quatre expirations. Il me demande de respirer calmement. Il me demande de prendre une grande inspiration et d'avaler. Je me calme et m'exécute. Puis ma gorge se ferme complètement. Je panique, ouvre les bras, me débats et le médecin retire l'instrument. Une fois qu'il n'est plus en moi, je me calme et me moque de moi-même en essuyant quelques larmes. « Je suis vraiment désolée de me comporter comme un bébé. »

Je ne sais pas trop ce que ça donne en tchèque. Il affiche la même expression circonspecte que l'autre médecin. « Avez-vous eu un accident qui a touché votre cou ? » Je pense aux nuits de beuverie, aux agressions et aux bagarres et je réponds : « Non, je ne crois pas. » Il me demande si j'ai reçu un coup de sabot de cheval dans le cou. Je ne peux pas m'empêcher de rire et réponds : « Non, j'ai peut-être reçu un coup de la part d'un humain ? » Ça ne le fait pas rire. Je me rappelle que je porte des bottes de cow-boy et ris de nouveau.

Il tape sur son ordinateur. Je suis assise dans le grand fauteuil crème en vinyle, les mains sur les genoux, et je laisse mon regard errer par la fenêtre. Je réfléchis à la façon dont j'ai pu être blessée à la gorge. Je pense au viol. J'essaie de me rappeler le lendemain matin – est-ce que j'avais mal au cou ? Était-il endolori ? Est-ce que j'avais l'impression d'avoir été étranglée ? Mais ce qui me vient à l'esprit, ce sont les empreintes de doigts partout sur mes cuisses et la douleur quand je me suis assise. Je pense à la mère et la fille qui m'ont rossée dans une boîte de nuit. La mère, toute petite et anguleuse comme peuvent l'être les femmes pauvres qui ont eu une enfance difficile. Sa fille, chaussures vernies en cuir blanc à semelle compensée, m'a donné un coup de pied dans le dos. J'ai dû aller à l'hôpital où on m'a fait une péridurale et j'ai encore aujourd'hui des lésions nerveuses. Me suis-je cambrée et ces grosses chaussures en cuir verni m'ont-elles frappée au cou ? Peut-être.

Un frisson parcourt ma colonne vertébrale. L'infirmière et le médecin lèvent la tête, mais je souris tandis que l'infirmière sirote son infusion dans son mug de Noël et que le médecin continue à taper sur son clavier, son pied se balançant dans sa Crocs. « Donc vous avez une trachéomalacie. »

Je me détends. « Bon. Au moins on sait. Je peux prendre des médicaments. »

Il continue à taper puis me regarde. « Il n'y a pas de traitement. Il n'y a que la chirurgie. »

J'emporte mon inhalateur dans sa boîte en descendant les cinq étages et j'appelle Peter. Ma première réaction à une nouvelle, bonne ou mauvaise, est toujours de prendre mon téléphone pour lui parler. Pour entendre sa voix. Je ne sais pas encore que c'est une mauvaise nouvelle, mais je sais que je veux lui parler. « Pas terrible. Mais il faut que je fasse des recherches. Il paraît que j'ai un cartilage bizarre, que ma gorge s'effondre sur elle-même. »

Il me répond qu'il est vraiment navré. Que c'est affreux. « En fait, ils disent que ça va. J'aurai peut-être besoin d'être opérée, mais on ne sait pas encore. J'y suis allée en m'attendant à ce qu'on me donne un inhalateur ou qu'on me dise de supprimer le gluten et que je pourrai recommencer le yoga Bikram. »

En rentrant en tram, je réponds à quelques e-mails et propose un article à un journal. Puis je me mets à penser au fait qu'il n'y a pas de traitement et que ça n'ira pas mieux. Si je dois gravir une pente raide je serai toujours hors d'haleine. Je pense à Sammy. Il ne court pas encore, il ne marche même pas, mais il saura bientôt. Il voudra qu'on le poursuive, comme tous les enfants, et j'en serai incapable. Je pense à la danse. J'adorais danser toute la nuit. On ne pouvait pas me faire quitter la piste, même si tout allait mal dans ma vie. Parfois, surtout quand tout allait mal. Je me rends compte que je ne suis pas allée danser depuis plusieurs années, mais j'avais dans l'idée de recommencer bientôt. Une soirée entre mamans où toutes font des excès parce qu'elles ont payé une baby-sitter. Mais je ne peux pas danser plus de trente secondes sans être absolument à bout de souffle. Et donc je ne danserai plus toute la nuit.

Je regarde la boîte de l'inhalateur : l'image d'une femme en tenue professionnelle portant un masque chirurgical avec un long tube relié à l'appareil aussi gros qu'un petit pain. Je pense à Sammy qui verra sa mère l'utiliser trois fois par jour simplement pour respirer. Je suis soudain envahie de tristesse.

Je descends du tram, traverse notre quartier, ses rues magnifiques aux grands immeubles élégants tous plus splendides les uns que les autres. Devant l'école de musique, j'entends par une fenêtre ouverte un chanteur d'opéra accompagné au piano. Je m'arrête une seconde et me dis que la vie est belle. En face de notre immeuble, un homme coiffé d'un bonnet rouge, le nez dans le capot ouvert de sa voiture, lève la tête, l'œil pétillant, « *Dobre den* ». Et je lui souris. Brusquement je ne suis plus une femme atteinte d'une maladie chronique qui ne dansera plus jamais. Je suis simplement une mère de quarante et un ans qui a fière allure aujourd'hui.

L'appartement est silencieux quand j'ouvre la porte et j'entends le chuintement du bruit blanc. Peter essaie d'endormir Sammy, mais ils émergent tous les deux de la chambre et je les embrasse. Sammy a les joues roses et le regard flou, manifestement prêt à s'endormir dans sa turbulette en velours. « Nous voulons juste te faire un câlin. »

Je me renseigne sur Google. Je trouve très peu de choses sur la pathologie. J'apprends qu'elle est légèrement plus fréquente chez les bébés et se corrige parfois d'elle-même ou peut exiger une opération. Elle est également fréquente chez les chiens, mais semble extrêmement rare chez les adultes. Mon expertise en recherche sur Google (niveau doctorat !) ne m'aide pas à en savoir plus. Je vais sur Twitter et fais une blague douteuse. *Apparemment j'ai l'œsophage ramollo. Je vous assure que moi je ne suis pas du tout ramollo.*

Au déjeuner, j'explique à Peter : « Il n'y a pas de traitement. Ça peut rester comme ça ou empirer. Mais même si ça reste comme ça… » Et je fais la liste de tout ce qui va me manquer : faire du roller, danser, gravir une grande colline et admirer la vue, poursuivre Sammy et le faire tourner, danser avec lui en écoutant des chansons enfantines.

Peter paraît véritablement accablé pour moi. Il me prend la main par-dessus la table et m'assure : « On est tous les deux là-dedans. D'accord ? Toi et moi, on est tous les deux là-dedans. » Il n'hésite pas une seconde.

J'ai lu un article un jour dans le *Guardian* qui citait une étude datant de 2009 sur les hommes hétérosexuels dont la probabilité qu'ils quittent leur compagne en cas de cancer du cerveau est sept fois plus élevée que dans l'autre sens. Il semble que les hommes sont effectivement capables de dire : « Je n'ai pas signé pour ça » et de foutre le camp.

J'observe Peter et je vois qui il est vraiment. Parce que je sais qu'il ne partira pas. Il fera tout ce qu'il pourra pour moi. Il n'était pas certain de pouvoir être père et maintenant je ne pourrais pas rêver d'un homme aussi dévoué. Il accepte les moments difficiles comme un acte tout simple d'amour envers nous deux.

C'est une journée étrange et triste, mais j'ai envie de la passer en leur compagnie. Nous allons au café d'une école d'art dans le vieux Prague. La cour est pleine d'ateliers et, sur un rebord de fenêtre, de petites toiles sont appuyées contre la vitre, la plupart pas plus grandes qu'une boîte d'allumettes. Quelqu'un a créé une sorte de batterie avec des matériaux de récupération et une cymbale. Nous tendons à Sammy un maillet mou pendu à une ficelle et le laissons taper sur la cymbale. En nous tournant vers le café, nous voyons une immense sculpture en plâtre de Paris faite de dentiers empilés, comme un Chrysler Building en fausses dents.

Au café, nous nous installons près du piano et de la bibliothèque qui couvre tout un mur. Les clients sont en majorité de jeunes étudiants vêtus comme je l'étais à leur âge – jeans clairs et déchirés, pulls chenille trop larges aux couleurs de pierres précieuses, piercings au nez, Dr. Martens. Ça me fait du bien de les voir assis là avec leur ordinateur ou leurs livres, en train de boire leur café. Ils ont toute leur vie devant eux.

Nous mangeons et buvons tandis que Sammy frappe la table de ses petits poings. Puis nous l'emmenons à l'aire de jeux. Deux mères et deux bébés s'y trouvent déjà : un garçon complètement chauve à la bouche un peu troublante car pleine de dents très blanches et une petite fille aux grosses joues avec une minuscule ébauche de queue-de-cheval dressée sur la tête. Sammy essaie de plonger la main dans un pot rempli du pipi tout frais d'un autre enfant, mais, à cela près, tout se passe bien et en douceur.

Le soir, quand Sammy est couché, Peter et moi faisons des recherches sérieuses. Les nouvelles ne sont pas bonnes. Je tombe sur la page Facebook d'un groupe de soutien composé seulement de six cents personnes. En attendant d'être acceptée, je vais sur son site. Sur la page d'accueil, on peut télécharger des affiches bordées d'une bande jaune et noire à mettre à la porte d'entrée pour signaler pendant l'épidémie de covid que l'occupant est extrêmement vulnérable, qu'il est immunodéprimé et qu'il faut prendre toutes les précautions pour ne pas le contaminer.

Je me tourne vers Peter. « J'ai vraiment de la chance. Le covid aurait pu me tuer.

– Bon, il a tué plein de gens qui étaient en parfaite santé, sans aucune maladie. »

Je pense à toutes les précautions que nous avons prises à cause de Sammy. À toutes les limitations que nous nous sommes imposées et à ma joie lors du premier vaccin, mais au deuxième, que j'ai eu, j'en étais venue à croire que ça ne ferait pas vraiment de différence, tout en sachant que la science disait le contraire. Je songe à quel point le covid m'a rendue malade, même après le vaccin, alors que Peter a eu à peine quelques douleurs. J'ai été clouée au lit presque un mois et je comprends que Sammy, à plus d'un égard, m'a sans doute sauvé la vie. Que venir vivre à Prague m'a sans doute sauvé la vie, car si nous étions restés à Londres, Peter, travaillant dans le commerce de détail, m'aurait presque certainement ramené le virus à l'époque où il n'y avait pas de vaccin.

Je suis maintenant très inquiète. Je me rends sur la page dédiée au traitement où j'apprends que chez les adultes ça n'empire en général que progressivement. Il n'y a pas de traitement, comme le médecin me l'a indiqué. Mais un appareil de PPC peut aider à insuffler de l'air dans les poumons. Certaines personnes ne l'utilisent que la nuit, tandis que beaucoup d'autres s'en servent pour marcher dehors : un masque sur le visage, un tube les reliant à un sac à dos spécial avec des batteries rechargeables, comme dans *SOS Fantômes*. J'essaie de m'imaginer en train de me promener avec une machine à respirer sur le dos.

Je dis à Peter que je ne veux pas en arriver là. Je ne veux pas que Sammy me voie comme ça. Un autre traitement est la prise de stéroïdes. Il paraît toutefois que c'est un cercle vicieux parce que souvent on prend beaucoup de poids, ce qui affecte les mouvements et la respiration. Le dernier recours, c'est la trachéotomie ; on vous ouvre la gorge et on y met un tube. Je me retrouve instantanément à l'époque de mes quatorze ans. Je travaille dans un restaurant sur le front de mer à Great Yarmouth. Je sers à toute une famille un *spotted dick* avec de la crème anglaise. Le grand-père appuie les doigts sur un tube dans sa gorge pour me dire qu'il veut de la crème, pas de la crème anglaise. Je comprends à peine ce qu'il dit. Moins je comprends, plus il est frustré et plus sa famille paraît triste et mal à l'aise. Je ne veux pas de ça pour Sammy. Mais évidemment, je n'aurai peut-être pas le choix.

Ce que je pense ensuite n'est peut-être pas important, ça l'est pourtant pour moi. Je ne pourrai pas chanter pour Sammy. J'éclate en sanglots. Depuis la naissance de Sammy, je chante pour lui. Je mets en chanson ce que nous sommes en train de faire, la vaisselle par exemple. Je lui chante les chansons de mon adolescence dont je me souviens et d'autres de l'école maternelle dont je me souviens à moitié. Je chante quand je sens que je suis à bout de patience parce qu'on ne peut pas se fâcher quand on chante. Chaque matin, j'allume la musique et je chante pendant qu'il mange ses cornflakes. Je ne chante pas très bien. Ma voix n'est ni un don ni une perte pour le monde, mais elle apaise et réjouit Sammy. L'idée de ne plus chanter pour lui pendant toute son enfance est insupportable.

Cette maladie à l'évidence éreintante, horrible, limite l'espérance de vie. Sur un post, une mère raconte qu'elle a toujours considéré le temps passé avec ses enfants comme un privilège, mais qu'à présent elle compte les jours qu'elle passe avec eux. Je m'endors en pleurant tandis que Peter me tient serrée contre lui et m'affirme qu'on l'affrontera ensemble, qu'on affrontera tout cela ensemble. Il me dit comprendre qu'il va devoir en faire plus, qu'il va devoir grandir et se concentrer, et que je vais avoir besoin de lui.

Je commence à m'assoupir, toujours en pleurs, un râle dans la poitrine, tandis que nous écoutons un podcast qui commence par un air accrocheur. Sans réfléchir, je me mets à me dandiner. Peter se moque de moi et je ris aussi tout en pleurant. « Je te vois, ma maladie rare. Et je t'enjoins de danser. » Peter me serre plus fort. « Rien ne peut t'empêcher de danser. Même pas un coma. Ou une catastrophe naturelle. Rien ne peut t'empêcher de danser. »

21

Les quelques semaines suivantes sont floues. Je passe une échographie de la gorge durant laquelle mon médecin me demande de monter et descendre des volées de marches à toute vitesse, et quand j'arrive en haut à bout de souffle il me réprimande en me disant que je dois faire plus de sport, premier indice qu'il n'est peut-être pas très bon médecin, après tout. Je fais une biopsie de la thyroïde car j'ai des nodules foncés dessus : aiguille de chaque côté du cou, poche de glace qui goutte dans mon cou et dans le col de ma chemise, tandis que le médecin, gentil celui-ci, me rassure : « Même si c'est un cancer, il faudra juste une petite chimiothérapie. » Je me rends dans une clinique privée près du centre commercial Westfield pour un CAT-scan. J'ai mis de grosses chaussures argentées pour me porter chance, je ferme les yeux et imagine que le bourdonnement de la machine qui pourrait me trouver un cancer est en fait le bruit des vagues d'une mer chaude et salée et que je me trouve sur la plage avec Sammy et Peter. Après l'examen, je marche sous la neige poussée par le vent, dépasse une patinoire occupée par des enfants emmitouflés, jusqu'au Starbucks où je rejoins Peter et Sammy. Je suis ravie de les retrouver. Chaque jour me semble précieux, même au Starbucks où Sammy, un croissant entier dans la main, saute sur la chaise en velours violet pendant que je chante

« Wannabe » des Spice Girls. Chaque instant mérite ma reconnaissance.

Mes journées deviennent de plus en plus difficiles. Je dois me reposer après la douche. Même debout sans bouger, je suis hors d'haleine. Je me réveille la nuit en toussant et en suffoquant. Je n'ai jamais connu cet épuisement extrême. Souvent, assise à la table de la cuisine avec Sammy, je n'arrive même pas à tenir la tête droite, et je souris et parle à mon enfant, la joue posée sur le bois lisse.

Mes projets et mes émotions se succèdent si rapidement que j'en ai le tournis. Certains jours, je me sens forte et me montre joyeuse, pleine d'entrain pour Sammy. D'autres, je suis au bord des larmes toute la journée et regrette la vie que j'aurais pu avoir. Je regrette plus que tout la mère que j'aurais pu être pour Sammy. D'autres jours encore, je suis certaine que nous devons rentrer au Royaume-Uni – langue que je parle, réseau de soutien, système médical que je comprends, allocations servant de filet de sécurité si j'en viens à ne plus du tout pouvoir travailler. Et bien sûr parce que bouger, faire « quelque chose » a toujours été ma réponse en période de crise. Mais je lis que le prix de l'essence est monté en flèche et que les loyers sont inabordables. J'entends dire que des patients atteints d'un cancer n'ont pas eu accès à l'assurance maladie. J'en apprends davantage sur le traitement de la pathologie qui consiste essentiellement à tenter de la rendre le plus supportable possible. En réalité, il n'y a pas grand-chose à faire où que je me trouve. En outre, j'ai promis à Peter de rester tranquille et j'ai l'intention de tenir ma promesse.

Finalement, ayant perdu confiance en mon médecin qui m'a conseillé de faire du jogging en dépit de ma respiration sifflante, je me rends au département ORL du plus grand hôpital universitaire de Prague. Le jeune médecin, assez beau dans le style très propre et lisse, m'examine avec la même caméra au bout d'un tuyau introduit par le nez et descendant dans ma gorge. J'arrive à peine à respirer cette fois et il doit utiliser un aérosol anesthésiant. Paniquée, j'arrache l'appareil au milieu de l'examen et il me signale avec bonhomie que ce matériel coûte cher. Quand il réessaie, l'infirmière me tient les mains et pose sur mes genoux un bol en carton pour vomir. Elle me conseille de me concentrer sur le tic-tac de l'horloge. Le médecin est factuel.

« Ce n'est pas une trachéomalacie. Je pense que c'est une tumeur. Mais pas un cancer.

– Pardon, vous avez dit *pas* un cancer ?

– Je ne crois pas. Je pense à une sténose sous-glottique. Vous avez subi des opérations ?

– Deux avortements à l'adolescence. »

Il hausse les épaules. « Alors c'est peut-être ça. »

Il me donne un rendez-vous avec le médecin-chef. « Nous n'avons rien avant mai. »

Dans trois mois. J'acquiesce. Je suis trop fatiguée, trop anéantie pour dire un mot.

La vie décline en moi. J'en parle comme si mes batteries étaient à plat : « Désolée, mon chéri, je ne suis plus qu'à dix pour cent. » Tout est épuisant et requiert un effort considérable. Souvent, au petit déjeuner, quand je chante d'une voix sifflante pour Sammy qui mange son toast, Peter me demande littéralement d'économiser mon souffle et je lui réponds, les larmes aux yeux, que je veux chanter pour mon enfant. Mais ensuite je dois m'allonger le reste de la journée. Je continue à travailler au lit, l'ordinateur en équilibre sur ma poitrine, faisant des pauses entre les paragraphes : réécriture du script de Sky, écriture de ce livre-ci, d'un discours-programme d'une conférence. Dans mes rêves, je découvre que je cours facilement le marathon. Dans un rêve récurrent, je skie sur une montagne au Chili (je ne l'ai jamais fait, je n'y suis jamais allée) vers une troupe de chevaux blancs ou parfois en direction d'une fête foraine délabrée.

Je suis accablée de chagrin, mais j'affiche un sourire pour mon enfant. J'ai du mal à rester plus d'une heure à la fois hors de mon lit et, même au prix de grands efforts, je ne trouve guère plus d'une étincelle d'énergie. Peter, qui vient de reprendre le travail à temps partiel dans un nouveau poste qui l'intéresse beaucoup, doit demander un congé pour raisons familiales. Nous nous efforçons de trouver des compromis me permettant de sortir de la maison – en général pour aller aux cafés les plus proches. Peter se charge de la poussette, de tenir le bébé, de se débattre avec des vêtements à enfiler sur des membres qui se tortillent et résistent. Quand je suis incapable de sortir du lit, Peter m'amène Sammy. Je l'installe sur mes genoux et nous regardons un dessin animé jusqu'à ce qu'il en ait assez. Je ne peux pas soulever Sammy, je ne peux pas m'occuper seule de lui. Je m'assois sur le sol de la salle de bains, le menton sur le bord de la baignoire, pendant que Peter le baigne et l'éclabousse et, la plupart du temps, je suis pelotonnée sous la couette dès 17 h 30.

Ma vie est un origami. Elle se plie et se replie sur elle-même. Elle est devenue si étroite, si concentrée. D'abord elle englobait le quartier, puis seulement les rues voisines, ensuite notre appartement et maintenant elle a la taille d'un lit à deux places qui appartient à quelqu'un d'autre. Et nous abordons sans cesse un univers infini quand Sammy fait ses premiers pas miraculeux, quand il prononce son premier mot – Dora – avec un accent cockney inattendu. Il me regarde de ses yeux bleus, pose sa main collante sur mon visage et dit, d'une voix grave, avec effort, son deuxième mot, « Mama, ma-MA ». Il faut que je sois là pour cet univers. Il faut que je voyage avec lui pour qu'il se sente en sécurité et accompagné, pour que je m'envole vers les étoiles avec lui.

Un soir, terriblement triste et en colère, je dis à Peter qu'il vaudrait mieux que je ne sois plus là du tout. Je lui assure que je ne l'obligerai pas à rester avec moi, qu'il n'a pas signé pour ça. Il me répond que même à cinq pour cent, j'ai plus d'entrain que la plupart des gens à cent cinquante pour cent. Il affirme qu'à cent pour cent je suis « un soleil de feu d'artifice ». Il me déclare que rien ne peut m'arriver parce qu'il n'y survivrait pas. C'est l'une des plus belles déclarations qu'il m'ait faites.

Je rassemble l'énergie pour rechercher l'un des meilleurs spécialistes de Prague et m'aperçois que c'est le médecin que je dois voir dans trois mois. Je sais instinctivement que je ne vivrai pas aussi longtemps et je lui envoie un e-mail lui demandant un rendez-vous plus tôt.

Devant son absence de réponse, je lui renvoie l'e-mail à deux autres adresses à l'hôpital. Je suis gênée. Pas seulement parce que je sais que j'ai l'air d'une étrangère insistante pensant avoir tous les droits, mais aussi parce que je trouve qu'il faut attendre son tour quand il s'agit de l'hôpital public. Mais alors je pense à Sammy qui tend les bras pour que je le prenne. Je veux le porter sur mes épaules. Je veux aussi pouvoir changer mes sous-vêtements sans devoir m'allonger. Je veux avoir une chance de vivre enfin.

La réponse du médecin est polie et gentille.

Chère madame Hudson,

Il m'est très difficile de trouver une date et une heure pour vous à cause de mon travail et de mes responsabilités personnelles. Je propose de vous voir la semaine prochaine, le vendredi 11, bien que je ne puisse vous garantir une heure précise. Je devrais avoir deux opérations assez courtes à midi. Venez à l'hôpital à 13 heures et rendez-vous dans notre département de médecine ambulatoire, nos secrétaires m'avertiront.

Dr Z

Et j'y vais. Je choisis consciencieusement mes vêtements ; il faut avoir l'air soigné, en particulier quand on rencontre des professionnels. Je prends un taxi, emporte un livre et mon téléphone, mais, comme d'habitude, je suis trop fatiguée pour faire autre chose que regarder droit devant moi, la tête appuyée contre le mur. Tous les gens dans la salle d'attente ont au moins vingt ans de plus que moi et m'examinent avec curiosité. Ma respiration caverneuse est audible, même si je reste immobile. L'attente est terrible. Je suis désespérée, et si ce médecin est incapable de m'aider, s'il ne peut rien me dire, je devrai continuer avec cette version de l'enfer. Et l'enfer n'est pas l'épuisement, le handicap, la perte de choses que j'aurais pu faire si j'étais une femme de quarante et un ans en bonne santé. L'enfer, c'est de savoir que je laisse tomber mon fils. Je ne peux pas le supporter.

Le médecin arrive, l'air stressé. Je remarque ses belles mains et sa douceur qui me mettent immédiatement à l'aise. Il me reçoit, sans rendez-vous, entre deux opérations. J'imagine qu'il doit généralement manger un sandwich ou boire un café et je rassemble mes affaires en présentant mes excuses. Mais soulever mon sac me coupe le souffle et, tandis que je le suis dans le couloir jusqu'à son cabinet de consultation, je ne peux plus respirer. Il me dévisage avec inquiétude. « Avez-vous besoin de marcher moins vite ? »

J'agite la main avec dédain. « Oh non, je suis comme ça.

– Non, ralentissez.

– Je suis comme ça depuis… »

Il lève la main, la pose sur mon dos. « Nous allons en parler dans un instant. Concentrez-vous sur vos pas. »

Il nous fait marcher d'un pas traînant et nous arrivons à son cabinet où je lui demande si je peux m'asseoir. Il répond qu'il est persuadé que je dois m'asseoir.

Il m'examine : « Avancez la tête comme une tortue » et, malgré moi et le tuyau dans mon nez, je ris en le voyant mimer une tortue aux yeux exorbités sortant de sa carapace. « Avalez, avalez encore. »

Il termine et se rassoit. « Vous avez eu raison de venir. »

Il me montre les images vidéo. Mes cordes vocales pâles palpitent au-dessus de ma trachée pulpeuse et ont quelque chose d'obscène. Ma trachée ne devrait bien sûr pas être pulpeuse, elle est censée être cartilagineuse, mais elle est envahie par du tissu cicatriciel qui ne laisse qu'un petit trou. Moins de dix millimètres, me dit-il, et il mime la taille entre le pouce et l'index. En regardant de nouveau la vidéo plus tard, je m'entends dire : « Waouh ! C'est fascinant. » C'est vrai, c'est fascinant et en même temps terrifiant. J'apprendrai qu'en fait le trou mesure environ six millimètres. Il m'explique qu'il peut faire une résection, mais que cela impliquerait une trachéotomie. Je perds contenance. Je porte la main sur la peau vulnérable de mon cou pour la protéger. « Oh non, je ne veux vraiment pas de ça.

– Cela vaut mieux pourtant que de suffoquer.

– Je sais, mais… »

Il hoche la tête. Il me dit qu'il peut faire une intervention provisoire avec un laser pour découper le tissu cicatriciel puis avec un ballonnet chirurgical pour rouvrir la trachée en la dilatant.

« Nous allons voir si vous êtes candidate à la résection. Vous devez savoir que ce n'est qu'une solution temporaire qui vous donnera peut-être quelques mois, peut-être davantage. C'est…

– Ça ne résout pas le problème. Je comprends. Tant pis. J'ai juste besoin de pouvoir respirer et m'occuper de mon bébé. »

Il m'explique que je dois être opérée tout de suite. C'est impossible aujourd'hui par manque de place. « Mais vous en avez besoin immédiatement. Vous savez, si vous attrapez une maladie infectieuse, vous risquez… »

Ce n'est pas une surprise. J'ai conscience depuis des mois de cette mort possible tout en voulant l'ignorer. Mais l'entendre l'évoquer la confirme d'une certaine manière. Je suis soudain calme. Ce n'est plus de mon ressort. Je suis avec un médecin et ce médecin ne me laissera pas mourir. En fait, il pourrait même améliorer mon état.

Il doit procéder à son intervention suivante avant de parler au chef de service pour programmer la mienne et, tout en s'excusant, il m'accompagne pour que je l'attende au café principal – une plaque tournante occupée par de jeunes étudiants en médecine, des patients en robe de chambre et des visiteurs à la mine fatiguée. Je commande une tasse de thé et m'installe avec mon livre, mais, naturellement, je ne parviens pas à me concentrer. Je bois mon thé et quand je tousse, presque à chaque seconde, je tente de sourire d'un air rassurant à la personne assise près de moi et je dis : « *Dobre. Ne Covid.* »

Le médecin revient au bout d'une heure avec mon dossier médical, une petite image carrée de ma trachée meurtrière et un rendez-vous lundi, leur première disponibilité.

« Merci. Merci beaucoup. Je vous suis très reconnaissante du temps que vous m'accordez. »

En partant, les larmes aux yeux et remontée à l'idée qu'il pourrait y avoir une fin en vue, que je retrouve mon souffle et mon énergie, j'oublie mon état et fais deux pas rapides et bondissants tout en prenant mon téléphone pour appeler Peter, puis je m'arrête, hors d'haleine, au milieu du hall d'entrée près de la sculpture d'une tasse à café géante et de deux fontaines vides remplies de palmiers. J'appelle Peter une fois installée sur le siège arrière du taxi qui me ramène à la maison. Il n'a jamais douté de moi. Il m'a donné toute la tendresse, tous les jours de repos dont j'avais besoin, mais je trouve de la satisfaction à lui expliquer que ce n'était pas une faiblesse de ma part. Il paraît soulagé. Il paraît effrayé. Il me prie de rentrer vite.

22

Les jours suivants, j'essaie de passer le plus de temps possible avec Sammy. Ma voix risque d'être changée irréversiblement si mes cordes vocales sont endommagées. J'enregistre des notes vocales pour Peter et Sammy leur disant que je les aime et qu'ils sont ce qu'il y a de plus important dans ma vie. J'enregistre les chansons que je chante tous les jours à Sammy depuis sa naissance. Je risque aussi de me réveiller avec un tube de trachéostomie (temporaire ou permanent). Et bien sûr, comme lors de n'importe quelle intervention, je risque de ne pas me réveiller du tout. Je prépare méticuleusement mes affaires très en avance, chose que je ne fais jamais lorsque je pars en voyage – je boucle invariablement ma valise de façon chaotique le soir d'avant tout en buvant le « verre de vin des vacances » traditionnel et me retrouve toujours contrainte d'acheter d'affreux vêtements de touriste bon marché qui m'obsèdent sur mes photos. Mais c'est une des seules choses sur lesquelles j'ai le contrôle – mes affaires, ce que j'emporte à manger, des batteries pleines, un livre téléchargé.

La veille de mon opération, Peter m'aide à aller au McDonald's voisin (à ma demande – je suis une enfant de la classe ouvrière des années 1980 et McDonald's demeure, même à quarante ans passés, une fête inavouée). Sammy est assis sur une chaise haute rose et rit quand nous émettons de drôles de bruits pour lui. Nous chantons et dansons sur « Don't Stop Believin' » de Journey qui passe dans les haut-parleurs du centre commercial. Nous sommes, sans aucun doute et en dépit du reste, la famille la plus odieusement heureuse de l'espace restauration.

C'est la Saint-Valentin. Je suis dans une chambre d'hôpital de trois lits. Deux autres femmes et moi au milieu. En entrant avec mon sac à dos, j'ai l'impression d'arriver dans un camp de vacances. Les deux femmes s'appellent Jana. Nous avons toutes une quarantaine d'années. L'une des Jana s'est pomponnée – vernis à ongles rose aux mains et aux pieds, longues extensions de cils. L'autre Jana est en tenue de sport, ses cheveux bruns tirés en arrière n'importe comment, un paquet de cigarettes à côté d'elle. Son téléphone bipe constamment sur des messages Facebook et un jeu qui l'absorbe et la frustre en même temps. La télé est allumée sur *Qui veut gagner des millions ?* en tchèque. Ce sont des femmes charmantes, chaleureuses, drôles. Nous sommes là pour une gorge ou des poumons en mauvais état, mais nous rions de bon cœur, nous sommes vigilantes quand la toux ou le sifflement de l'une prend un peu trop d'ampleur. Nous nous échangeons les photos de nos enfants et de nos animaux – Jana Glamour a un fils adolescent, Jana Sportive a quatre enfants et six animaux. Je partage mon Kinder Bueno et nous plaisantons sur l'impression d'être en vacances en dépit du râle dans notre poitrine et du sommeil dans lequel nous glissons fréquemment tant nous sommes exténuées.

Le lendemain matin, on nous donne l'heure de l'opération, des blouses chirurgicales (Jana Glamour attache la sienne devant et nous faisons comme elle), des bas chirurgicaux blancs sexy, deux comprimés, une canule. Nous nous asseyons sur le lit, les yeux rivés sur un programme de cuisine, comme les membres d'un culte habillés dans l'attente du jour du Jugement dernier.

Tandis qu'on me pousse sur un lit dans les couloirs de l'hôpital, je m'efforce comme je peux de rester positive. Je regarde défiler au-dessus de moi les lumières de l'hôpital et les plaques un peu tachées du plafond. Pour être honnête, je pense à la façon dont je vais écrire ce moment. Transformer quelque chose qui m'arrive en quelque chose que je choisis de vivre, transformer mon hyper-vigilance indésirable en une carrière et une vie que j'aime est devenu une stratégie d'adaptation dans les périodes les plus éprouvantes. Parfois ça marche, mais cette fois je ne suis apparemment pas assez vigilante.

Je ne fais pas la connaissance de l'équipe chirurgicale au bloc – elle est en train de terminer avec un autre patient –, mais je suis relativement à l'aise. Lors de mon admission, un jeune médecin a parlé de mon chirurgien comme s'il était Beyoncé : « Vous avez beaucoup de chance que ce soit lui.

– Je sais.

– Non, je veux dire vraiment beaucoup de chance. Il est… » Il s'est interrompu, des étoiles dans les yeux, cherchant le mot exact. « Il est vraiment brillant. »

Je fais la connaissance de mon anesthésiste. Il a mon âge et il est assez bavard. Il me demande depuis quand je vis à Prague et si j'aime la ville. Il me raconte, comme la plupart des Tchèques, qu'il a visité Londres, que c'était sympa mais incroyablement cher. En m'administrant l'anesthésie, il me demande : « Avez-vous préparé des rêves ? »

Je ris. « Si j'ai préparé des rêves ? » À vrai dire, comme toujours, j'imagine Sammy, Peter et moi sur une plage quelque part, l'odeur du sel, la peau entre mes doigts qui colle à cause de la glace que j'ai mangée juste avant. Je réponds à la place : « La Thaïlande.

– Vous allez à la plage ?

– Non, Bangkok. Nous allons à un marché de nuit, buvons des cocktails et prenons un taxi pour rentrer chez nous en traversant la ville. »

Il vérifie ma tension.

« Votre tension est incroyable. J'aimerais avoir la même dans des circonstances normales. » J'ai l'impression d'avoir reçu une étoile d'or. Plus d'anesthésie. « Maintenant, madame Hudson, je mentirais si je vous disais que ça ne fait pas mal. »

Et je sens une brûlure, un picotement dans la main et le bras, comme du verre brisé dans mon sang : « Oh, oh, c'est… »

Des ombres autour de moi. Quelqu'un a posé doucement sa main sur mon épaule. J'essaie de m'asseoir et on me fait m'allonger de nouveau.

« Madame Hudson ? Kerry Hudson ? Votre opération a réussi. »

Je tente de parler, sans succès. Ma gorge est pleine de viande fraîchement hachée. Je lève mollement le pouce et j'entends un rire avant de me rendormir.

Je me réveille dans le service de soins intensifs. Je n'y étais jamais allée avant ces douze derniers mois et maintenant je deviens une spécialiste de ceux de Prague. Celui-ci est mieux que celui que j'ai connu lors de la naissance de Sammy. De là où je suis, j'aperçois les infirmières à leur poste. Les lits peuvent être baissés ou relevés grâce à une télécommande. J'en suis ravie, car je ne peux pas rester allongée à plat sans suffoquer à cause du sang et des mucosités. Il donne l'impression d'être plus moderne et, même si ça ne veut sans doute rien dire en réalité, je trouve cela rassurant d'une certaine manière. À côté de moi, il y a un très vieil homme dont la pâleur et les poumons encombrés indiquent qu'il ne passera peut-être pas la nuit. Les infirmières viennent de temps en temps compléter ma perfusion et mes analgésiques, et j'oscille entre veille et sommeil. J'ai mal, ma gorge est à vif. Je vois brièvement mon médecin. « Bon, au moins vous souriez toujours, c'est bien. Vous sentez-vous… mieux ? » Il n'a pas l'air sûr. Je n'ai ni les mots ni la voix pour lui dire que mon visage est ainsi au repos. Il m'explique qu'ils ont réussi à ouvrir ma gorge à douze millimètres environ. Je suis candidate à une résection plus importante mais qui nécessiterait une trachéostomie temporaire. « Je ne me sens pas à l'aise avec le fait de vous opérer sans cette possibilité si un gonflement se produit. » Je force les mots qui sortent de manière monstrueuse, en un grognement sanguinolent, mais au moins ils sont là : « Combien de temps ?

– La trachéostomie ? Je viens de retirer celle d'une patiente. Au bout de trois mois. Elle l'a bien supportée. »

Je suis branchée à des machines, ma gorge vient d'être ouverte au laser, j'ai suffoqué petit à petit pendant presque deux ans et je ne veux pas revivre ça pendant des années. Je m'en sortirai.

« D'accord. D'accord. »

Plus tard, Jana Glamour est emmenée dans la salle. Je n'ai jamais su « pourquoi elle était là », question qu'on ne pose qu'à d'autres patients ou à des prisonniers, mais elle a manifestement subi une grosse opération. Je me sens maintenant gênée d'être en soins intensifs. J'ai mal, mais je vais mieux d'heure en heure. J'écris un message à Peter, je lis mon livre, je tousse toutes les dix minutes des cascades de glaires sanglantes dans un crachoir en carton mais je vais bien. Quand Jana se réveille, nos regards se croisent et nous levons le pouce. Ça va ? Ça va ? Nous hochons la tête.

Le lendemain matin, la femme qui distribue les plateaux-repas m'apporte un café instantané chaud et sucré, une part de *bundt cake* léger à la vanille et un petit tube de compote de pomme. J'ai souvent entendu des histoires d'horreur sur les repas à l'hôpital, mais comme les miens consistent en général en un gâteau ou un steak de viande hachée très salé et rose vif avec une purée de pommes de terre au beurre, je suis toujours contente de la voir m'apporter mon plateau. Il lui arrive de me glisser un yaourt ou une coupe de fruits en surnombre. La femme chargée du ménage de la chambre me fait gentiment prendre ma première douche, dépose un grand drap blanc sur une chaise en plastique pour que je m'y enveloppe. Elle voit que je porte un pyjama, pas une chemise de nuit, et m'en trouve un d'homme avec l'insigne de l'hôpital imprimé dessus (j'espère vraiment le garder). Je souris à tout le monde et me sers de mes quelques mots de tchèque. Quelques infirmières connaissent l'anglais et nous parlons de nos enfants, de Prague (j'aime beaucoup cette ville, elles, elles ne savent pas trop, mais nous sommes d'accord pour dire qu'elle est très sûre), de Londres qui est sympa mais chère. Une infirmière me confie qu'elle rêve depuis toujours d'aller à Édimbourg parce qu'elle adore *Outlander*.

Le vieil homme à ma gauche ne fait pas que se remettre, il s'épanouit. Après le premier jour, je le surprends les yeux fixés sur les nichons de Jana et les miens quand nous grimpons dans notre lit, et, lorsqu'on tire son rideau, il porte deux doigts à son front dans ma direction en un salut enjoué comme s'il était Frank Sinatra. Je suis contente pour lui.

Je passe trois jours en soins intensifs, mais je suis certaine que le troisième, je suis plus en forme que les infirmières qui travaillent dur, avec gentillesse, sans se plaindre. Les visites n'étant pas autorisées, je m'isole dans un vestibule et, malgré ma voix encore rauque et enrouée, je chante « Twinkle Twinkle » sur FaceTime pour Sammy avant qu'il aille dormir. Je remarque, malgré la douleur, le gonflement et un reste d'anesthésie, que l'épuisement a disparu, que le nœud serré dans ma gorge s'est dissous.

Le quatrième jour, on me ramène dans ma chambre. Jana Sportive y est encore, après avoir subi ce pour quoi elle est rentrée à l'hôpital. Elle joue à son jeu sur son téléphone et enfile sa doudoune pour sortir fumer de temps en temps. Jana Glamour est encore en soins intensifs et son lit est occupé par une jeune Vietnamienne, Thuy, qui passe la majeure partie de son temps sur son téléphone ou à dormir, avant d'être emmenée elle aussi. Je suis examinée par une jeune docteure à qui j'avoue que c'est douloureux. Elle me répond : « Eh bien, on vous a brûlé et coupé la gorge. Ce n'est pas censé être indolore. » J'ai l'autorisation d'aller au café. Je m'y rends en prêtant attention aux détails de cet hôpital, une ville étrange dont je suis maintenant l'une des résidentes, une société insolite. Un jeune type avec des piercings et des tatouages plein les bras prépare le café, les étudiants en médecine bavardent à table en buvant du Kofola, une marque tchèque de Coca très sucré. Des patients sont assis avec leur famille et leurs amis – les visites dans les chambres sont toujours interdites –, et je m'installe avec un jus de fruits et un biscuit que je mâche en le réduisant en bouillie. J'invente des histoires sur les autres clients. Je projette d'explorer le reste de l'hôpital le lendemain.

Mais le lendemain je suis autorisée à sortir. Je fais mon sac et retourne au café où j'achète un beau morceau de gâteau pour Jana Sportive. Je le lui laisse sur son lit accompagné d'un mot en tchèque. J'apporte des chocolats au bureau des infirmières et au service de soins intensifs, voulant montrer que je comprends combien leur travail est éprouvant. « Je vous suis reconnaissante pour tout. D'autant que je parle mal tchèque. » L'infirmière qui s'est occupée de moi, dreadlocks et maquillage des yeux comme dans *Le Jardin des tortures*, sourit. « C'est mon travail. Je l'adore. »

Et me voilà dehors. Je porte sans effort mon sac à dos qui me semblait peser un âne mort en entrant. J'attends mon Uber au coin du parking. La vue n'est pas bien belle, bâtiments, ciment gris sur ciel encore plus gris. Peu importe, je mets une playlist, « British Breakfast », qui date de quand Sammy était bébé, à l'époque où je manquais de sommeil au point d'être incapable de choisir moi-même quoi écouter. Des'ree vient m'intimer d'être hardie et forte. J'aurais préféré quelque chose de plus cool, mais elle me chante que l'amour sauvera la situation, ce qui est après tout parfait.

J'ai toujours les paroles en tête et dans les oreilles quand je franchis la porte et recueille Sammy dans mes bras. Nous nous rapprochons de Peter et nous nous tenons tous les trois ensemble au milieu de l'entrée. La guérison sera lente. C'est un nouveau départ.

23

Après l'opération, j'ai plus d'énergie que jamais depuis des années. Je n'arrête pas de répéter à Peter : « Est-ce que les gens se sentent comme ça tout le temps ? Est-ce que je me sentais comme ça tout le temps ? » Je me réveille pleine de vie avant même le café, je danse dans la cuisine avec mon bébé au son de Whitney Houston. Je cuisine des brownies. Nous traversons la ville jusqu'à un parc et je cours partout avec Sammy telle une gamine excitée comme une puce. Au magasin vintage voisin, j'essaie et achète des masses de vêtements pendant leurs soldes de fin de mois où tout coûte l'équivalent d'une livre. Après des mois en pyjama ou en vêtements amples en coton stretch faciles à enfiler et à enlever, je porte ces habits vintage, peu importe les imprimés ridicules, les grands cols Claudine, les manches à volants. Je décide que je ne veux pas attendre une seconde de plus pour vivre.

Mais dans mon impatience d'être ici et maintenant, je n'ai pas été capable de me pencher sur ce qui vient de m'arriver. Je me tourne parfois vers Peter, peut-être quand nous mangeons une tranche de gâteau au miel au *milk-bar* du coin, ou au supermarché quand nous essayons de trouver du riz basmati, et je lui dis : « Je n'arrive pas à croire que j'aurais pu mourir. J'aurais vraiment pu mourir. » Il m'embrasse sur la tête et répond : « Je sais. »

Sinon je poursuis simplement la tâche compliquée, passionnante et chaotique qu'est la vie. Je passe le plus de temps possible avec Sammy et Peter qui travaille à temps partiel à la maison tandis que je progresse dans ma guérison. Nous emmenons Sammy à la foire de Pâques. Je monte avec Sammy sur un gros éléphant rose et fais signe à Peter resté en bas. Un tour sur deux, Haddaway braille « What is Love » et Sammy rebondit sur mes épaules pendant que je danse. Nous mangeons des glaces à l'ombre d'un arbre et Sammy observe les machines où les pièces de dix korun tombent en cascades et scintillent au soleil.

Les fêtes foraines m'ont laissé un héritage compliqué. Quand j'étais petite, elles s'installaient une fois par an, parfois deux, dans nos quartiers populaires. Mais elles étaient remplies d'espoir et de déconvenue. Nous n'avions pas assez d'argent. Nous n'avions jamais assez d'argent. Nous avions droit à « Un tour de manège et après vous regardez », chuchotement sévère à l'entrée alors que nous tremblions, au comble de l'excitation. Nous montions bien sûr sur le premier manège et nous étions ensuite malades de déception en voyant ceux que nous aurions pu choisir. La soirée se terminait naturellement par des disputes et des larmes car nous réclamions, réclamions, réclamions et notre mère ne pouvait pas céder.

À l'adolescence, les fêtes foraines de Great Yarmouth formèrent la frontière entre l'enfance et l'âge adulte. D'un côté j'avais envie d'utiliser les pièces d'une livre toutes chaudes dans ma poche pour des tours de manège et une barbe à papa, peut-être essayer de pêcher un canard et gagner un poisson rouge qui nageait dans un sac transparent.

D'un autre côté, j'avais envie de me soûler et de montrer au type du Waltzer mes fesses rebondies et mes longues jambes récemment découvertes dans ma minijupe bleu pastel. J'allais dépenser ces quelques livres dans l'achat d'une bouteille de cidre pour me calmer les nerfs afin de réussir à lui parler.

J'ai appris finalement que, si je choisissais la seconde option, je pouvais obtenir des tours gratuits et du cidre. Ainsi, la fête foraine – lumières, friture, nuages de barbe à papa, cascades de pièces, rires mécaniques – me fit traverser la frontière vers l'âge adulte et la féminité. Je me trouve devant une traversée semblable vers un autre moi. Chaque fois que je gravis une colline, je me tourne vers Peter avec enthousiasme. « Tu as entendu ?

– Je n'entends rien.

– Exactement ! »

Triomphante parce que je ne suis plus haletante et à bout de souffle à chaque pas. C'est aussi bien que de tourner à toute allure sur le Waltzer.

Pour moi, la guerre en Ukraine se déroule sur Twitter. Des reportages et des rumeurs laissaient entendre que la Russie était sur le point d'envahir l'Ukraine, mais personne n'avait deviné qu'il s'agirait d'une opération aussi agressive.

Ainsi, insomniaque comme toujours, à 2 heures du matin, l'écran de mon téléphone éclaire l'obscurité tandis que je regarde des vidéos grenues de soldats russes marchant dans les villes, de tirs de missiles et de coups de feu. Je passe du fil d'un journaliste ukrainien à un autre, chacun en révélant davantage. Un sentiment d'écœurement se répand en moi à mesure que je regarde les vidéos en tournant le dos à Peter pour ne pas le réveiller. Je suis horrifiée.

Le monde entier est horrifié par la guerre en Ukraine, bien sûr. Mais en République tchèque, elle est à notre porte. Si l'on ajoute le fort sentiment antirusse du nouveau gouvernement, l'Occupation encore présente dans la mémoire de beaucoup de gens, la menace devient très réelle.

Allongée dans le lit, je ne quitte pas l'écran des yeux. J'envisage de réveiller Peter. Je sais qu'il sera doux et calme. Il me prendra dans ses bras et me rassurera. Mais je sais aussi que le priver de sommeil ne m'aidera pas à mieux dormir, et je ne bouge pas, passant d'un compte Twitter à un autre, d'une image granuleuse à une autre, tâchant de démêler ce qui est vérifié et ce qui ne l'est pas.

Le matin, j'en parle à Peter et nous restons cois, sous le choc, avec l'impression que le sol bouge sous nos pieds.

Les quelques semaines qui suivent, Prague se mobilise d'une façon que je n'ai jamais vue, car la République tchèque semble souvent passive. Bien que ne comptant qu'à peine dix millions d'habitants, le pays accueille le plus grand nombre de réfugiés ukrainiens en Europe, et le soutien apporté par la communauté aux réfugiés est incroyable.

Dans tous les groupes Facebook dont je fais partie, je vois des gens proposer leur canapé, rassembler des paquets de nourriture et de vêtements, organiser des allers-retours à la frontière, trouver des foyers aux animaux des réfugiés.

Je fais ce que je peux pour aider moi aussi. Au tout début de l'invasion, en particulier lors des combats autour des centrales nucléaires, nous avons le choix entre rester ou partir. Beaucoup d'étrangers vivant à Prague se replient dans ce qu'ils appellent leur « pays natal », avec l'idée qu'ils y seront un peu plus en sécurité. Quelques-uns, nous inclus, préparent un sac avec l'essentiel : argent, passeports, vêtements de rechange et médicaments.

Peter et moi avons décidé de rester et de ne pas aller en France chez sa mère. À partir de ce moment-là, nous voulons nous rendre le plus utiles possible. Nous apprenons avec tristesse mais sans surprise que de jeunes étudiants noirs du Ghana et du Nigeria qui essaient de quitter l'Ukraine rencontrent des difficultés et une hostilité grandissantes pour franchir les frontières. Quand ils arrivent à l'ambassade de leur pays d'accueil temporaire, les dons qu'ils reçoivent sont insignifiants en comparaison avec ceux accordés aux Ukrainiens blancs.

Les ambassades du Ghana et du Nigeria à Prague lancent un appel pour tout ce qu'on peut donner à leurs jeunes réfugiés. Peter et moi travaillons ensemble à trouver des fonds. Nous contactons les ambassades et demandons la liste des besoins. Nous obtenons une grosse livraison de produits d'hygiène et d'aliments non périssables, des cartons remplissent le séjour et Sammy croit qu'on lui a offert une cage à poules. Nous achetons des piles de tickets de métro, car les réfugiés ukrainiens ont droit au transport gratuit à condition de montrer leur passeport ukrainien, ce que les étudiants ghanéens et nigérians ne possèdent évidemment pas. Nous achetons des cartes SIM. Peter va à Primark pour acheter en quantité des sous-vêtements, des chaussettes et des chaussons.

Nous livrons notre cargaison dans un Uber XL, d'abord à l'ambassade du Nigeria où traînent de nombreux hommes jeunes un peu déroutés, l'air de s'ennuyer. Tout le monde est incroyablement gentil et accueillant. À la demande de l'ambassadeur du Nigeria, peut-être l'homme le plus sympathique de Prague, mon ami et moi posons avec lui devant son drapeau. Ensuite, nous livrons l'ambassade du Ghana, et tout recommence.

Peter me répète : « Il faut que tu ralentisses, tu viens de subir une grosse opération, tu dois te reposer.

– Non, j'ai été opérée au bon moment. Je ne peux pas m'empêcher de croire que je devais être opérée pour pouvoir faire ça. »

Et donc je me donne à fond.

Un soir à 22 heures, un message du groupe de femmes sur Facebook m'apprend que l'hébergement prévu pour deux femmes arrivant d'Ukraine n'est pas disponible, et demande si quelqu'un peut les accueillir juste cette nuit.

Je réponds oui, bien sûr, mais nous n'avons qu'une seule place à proposer sur le canapé du séjour. Une autre famille propose immédiatement de recevoir la seconde femme. Quand j'annonce à Peter que, sans même le consulter, j'ai invité une inconnue chez nous pendant que notre bébé dort, sans rien savoir d'elle, pas même son nom ni dans quel état elle se trouve, il m'embrasse tout simplement. « Je suis tellement fier de toi. C'est vraiment une bonne initiative. »

Voilà l'homme que j'ai épousé. L'homme avec qui je veux rester mariée.

Nous nous employons ensemble à rendre le salon aussi accueillant que possible. J'essaie de penser à ce qui me ferait plaisir après un voyage long, épouvantable, épuisant et je sors mon pyjama et mes chaussettes les plus confortables. Nous achetons des snacks, du jus de fruits, une carte SIM, du déodorant, une brosse à dents et du dentifrice, et retirons quelques couronnes tchèques au distributeur.

Nous rédigeons un mot en ukrainien avec nos numéros de portables et notre adresse, laissons un jeu de clés, une « carte artistique » de la ville qui suffira jusqu'à ce que nous en trouvions une plus pratique, ainsi que notre passe pour la National Gallery et, peut-être plus ridicule, pour le zoo.

Nous allons nous coucher et restons éveillés, dans l'attente. Je suis en contact régulier avec le conducteur, mais ils sont constamment retardés. Ils finissent par arriver à presque 5 heures du matin. Je descends accueillir notre invitée. Le conducteur ouvre la portière, me serre la main, me remercie et s'en va.

Une petite main tannée se tend vers moi. « Je m'appelle Ganna. Et toi ? »

Elle a à peu près mon âge, des pommettes hautes et des cheveux blonds décolorés et courts, en partie cachés par un chapeau ressemblant à un animal bleu de dessin animé. Tous ses vêtements sont couleur flashy, jaune, vert et orange, et un gros sac à dos repose à ses pieds.

« Kerry. Nous sommes ravis de t'accueillir. Tu vas bien ? Tu seras à l'aise ici. »

Elle me prend dans ses bras et je la fais entrer dans l'immeuble. Je lui dis qu'elle parle très bien anglais et c'est vrai. Elle me demande si je parle russe. Je ris, secoue la tête et répète les cinq uniques mots que j'ai retenus après le mois que j'ai passé là-bas : « *Niet, da, pajalousta… vodka, spassiba.* »

Elle me regarde et se met à rire aussi. Je ne m'y attendais pas. Dans l'ascenseur bringuebalant, elle me dit qu'elle a peur. Je trouve d'abord drôle qu'ayant fui Kyiv, ses missiles et ses envahisseurs russes, elle soit terrifiée par notre ascenseur des années 1930, mais soudain ça me frappe, bien sûr, bien sûr, elle a peur. Elle ne sait pas sur quoi elle va tomber.

Peter nous attend, les yeux bouffis, mais accueillant. Elle demande si elle peut prendre une douche, elle en a rêvé toute la journée. Nous lui laissons de quoi manger, lui expliquons la monnaie, les cartes, lui montrons les prises de courant, nous assurons qu'elle a le wifi et retournons nous coucher.

Elle dort encore quand nous nous levons et, pour ne pas faire de bruit, nous emmenons Sammy au café. Nous nous installons et mangeons des œufs en silence, abasourdis. J'envoie un message à la personne qui a organisé son arrivée. Elle me demande de dire à Ganna d'aller au centre des réfugiés et de se faire enregistrer pour être relogée. Je comprends alors qu'il ne s'agit pas d'une seule nuit. Elle fait maintenant partie de la famille.

Nous apprenons à nous connaître les jours suivants. Ganna aime beaucoup parler et tient salon au bout de la table. Elle nous dit qu'elle est végétarienne, qu'elle a été journaliste et qu'elle est devenue masseuse, qu'elle adore la mode, l'Italie et l'Inde. Elle est convaincue que soigner l'énergie peut tout guérir, y compris le cancer si le soignant est suffisamment puissant.

Elle est très indépendante. Elle va et vient, organise ses affaires, ses déplacements, se fait enregistrer officiellement comme réfugiée, avec l'aide d'autres Ukrainiens présents à Prague depuis quelques semaines. Comme avec une colocataire, nous nous retrouvons le matin autour d'un café et de toasts et le soir autour de grands saladiers de plats végétariens cuisinés par Peter. « Les plats de Peter ! Les plats de Peter ! »

Elle est gentille avec Sammy, mais elle ne le prend jamais dans ses bras, proclamant qu'elle a peur des enfants. Je la soupçonne de ne pas vouloir se retrouver dans le rôle d'une baby-sitter, ce qui ne nous pose aucun problème.

Elle laisse des petits cadeaux : des dessins de déesses et d'extraterrestres, des mots, un mini-carton de baies, des biscuits au chocolat, même si nous lui disons chaque fois que ce n'est pas la peine. Quant à moi, je lui demande chaque jour en tête à tête ce dont elle a besoin : shampoing et après-shampoing, teinture pour les cheveux, bougie parfumée. Elle dit qu'elle veut travailler et je réussis à trouver un autre étranger qui lui donne une table de massage. Nous lui achetons de l'huile de massage et quelques serviettes. Je poste des annonces sur des groupes Facebook et en une semaine elle a des clients réguliers.

Au bout d'un mois passé chez nous, Ganna nous apprend qu'elle a trouvé une maison à partager avec une autre personne végétarienne. Le dernier soir, nous nous faisons livrer un festin moyen-oriental. Ganna porte une robe vintage que je lui ai donnée et un serre-tête à antennes de coccinelle apporté de Kyiv dans son sac à dos. Je porte une broche brodée de perles qu'elle a faite pour moi et Peter un masque d'opéra datant du carnaval. Assis à table, nous parlons, rions et nous battons pour le dernier morceau de *pitta*, une drôle de bande, oui, mais aussi une famille plutôt heureuse.

Ni une pandémie ni une guerre à proximité ne nous ayant fait quitter Prague, il paraît assez sûr de dire que la ville va devenir notre lieu de vie. Nous commençons à regarder les meubles, je me mets à paniquer sur les places à l'école et Peter débute l'apprentissage de la conduite sur les routes tchèques notoirement agressives. Sur un groupe Facebook, je trouve un labrador croisé staffordshire terrier de dix ans aux yeux expressifs et aux bajoues pendantes qui a besoin d'être adopté. Sa maîtresse est morte subitement et les enfants de celle-ci, une vingtaine d'années tous les deux, cherchent quelqu'un pour s'occuper de lui. Nous envoyons un message sur WhatsApp à nos propriétaires, leur demandant si nous pouvons l'héberger un certain temps. Je leur explique qu'il est vieux et qu'il ne posera pas de problème. En retour, ils m'envoient des photos de vieux chiens moches de chez moche avant de dire, oui, bien sûr.

Nous discutons avec le fils sur FaceTime l'après-midi en nous excusant d'être en pyjama. Il nous parle du chien de sa mère qui a toujours vécu à la campagne, sans autres chiens autour de lui. Il est déjà passé par trois familles d'accueil car il est si gros et si puissant que personne ne peut le promener. Il nous confie qu'il est très difficile de faire adopter un vieux chien. Nous lui déclarons que nous l'accueillerons quelques semaines pour voir comment nous nous entendons, s'il aime bien Sammy et Dora et vice versa, puis nous nous reparlerons.

Le fils fait manifestement de gros efforts, son chagrin est gravé sur son jeune visage. Il nous raconte qu'il a voulu ramener le chien avec lui en Espagne, mais que le propriétaire de son logement a refusé. Je sais que le chien est plus symbolique que nous ne pouvons le comprendre. Je lui assure qu'il sera adoré chez nous, qu'il fera partie de la famille. Le fils arrive à Prague en voiture le lendemain. Le chien s'appelle Johny. Il ne comprend que des ordres en tchèque que le fils a enregistrés pour nous. Il a la couleur d'un Werther's Original et la taille d'un petit poney, ses yeux marron ont l'air d'être soulignés au khôl. Je tends la main vers lui, il s'approche et colle son grand corps contre moi pour se faire câliner. Je me mets à genoux et entoure son cou de mes bras. Je peux dire franchement qu'il semble destiné depuis toujours à être mon chien.

En enlaçant le fils au moment de nous dire au revoir, je lui promets que Johny sera bien chez nous. Quelques problèmes se posent au début. Johny est très grand et quand nous l'emmenons en promenade il est terriblement excité par les odeurs et nous tire sur le trottoir. Quand j'entre dans un café acheter des croissants, il pose les pattes sur le comptoir. Il se méfie des autres chiens, aboie, grogne et se cabre. Il essaie de temps en temps de sauter Peter ou un meuble. Mais au bout de quelques semaines de compliments constants, d'ordres en tchèque massacré, de récompenses et d'amour, il se calme. Après l'avoir flairé une fois et sorti ses griffes sans conviction, Dora se contrefout de lui et reprend ses habitudes. Il dort sur le lit avec Peter et moi et, le matin, va se coucher sous la table de la cuisine pour attendre les miettes. Sammy apprend à trottiner derrière lui et à le caresser gentiment. Le fils et la fille nous rendent visite et sont très heureux de constater qu'il est aimé.

Je profite de la journée. Je prends le tram et traverse la rivière. La vie est tellement plus vaste maintenant. En contemplant la ville qui s'étend dans toutes les directions, je suis encore emplie par la nouveauté d'être capable de respirer, de ne pas être encombrée d'une poussette remplie de l'attirail de la maternité, d'être vivante. À l'arrêt du tram, j'entre dans la copie d'un *potraviny* des années 1970 au lino marron et aux emballages de couleurs vives. Même si tout est d'une propreté impeccable, l'odeur de poussière demeure omniprésente. J'achète des bonbons Haribo, du Coca Light, des M&M's et je m'assois à la terrasse d'un restaurant italien où je mange une grande assiette de carbonara en face du centre commercial

Palladium rose barbe à papa. De là, je prends la ligne rouge du métro jusqu'au terminus.

Je me retrouve dans la banlieue. En seulement vingt minutes de trajet, la ville est ici différente. Les vêtements y sont nettement moins chers et, à mon sens, moins à la mode, même si je suis sûre qu'on me prend pour une quasi-vagabonde. On se méfie davantage de moi. Les immeubles cèdent la place à des maisons de banlieue aux jardins bien entretenus, avec des poulaillers et des arbres fruitiers.

Je regarde le plan sur mon téléphone et découvre que je dois gravir une colline escarpée. J'ai l'habitude d'appréhender les collines avec crainte et horreur. J'attaque celle-ci avec enthousiasme, remontée par ma récente invincibilité et mon ventre plein de pâtes, sauf que je m'aperçois que je ne suis pas invincible. Quand je distingue une silhouette qui m'attend en haut, je suis de nouveau à bout de souffle. Nestia, ma jeune tatoueuse ukrainienne, paraît inquiète. Elle porte de grosses baskets blanches et un short de cycliste noir, un T-shirt blanc et court et ses cheveux longs sont passés dans un gros chouchou. Elle ressemble à ce que j'étais dans les années 1990. Et pas seulement par les vêtements, mais aussi par l'âge – elle n'a pas l'air d'avoir plus de seize ans.

Je manque de faire demi-tour, mais elle est tellement chaleureuse et gentille. En parcourant les derniers mètres menant à son studio, elle me raconte qu'elle vient d'Ukraine mais qu'elle vit ici depuis quelques années. Elle adore voyager. Je l'ai trouvée sur Instagram – une pub choisie au hasard –, mais son travail m'a semblé très beau et, allant à l'encontre de tous les bons conseils, j'ai pris le risque de me rendre chez une tatoueuse inconnue, sans avis, dont les prix, 3 000 couronnes tchèques (environ 100 livres) pour deux grands tatouages, paraissaient trop beaux pour être vrais.

Elle est timide et je souris plus encore pour la mettre à l'aise. Elle me conduit vers une grande maison mal entretenue. Bien qu'étant l'une des rares personnes au monde à n'avoir pas regardé *Breaking Bad*, j'imagine que la scène devant mes yeux pourrait s'y dérouler. Dans la cour devant la maison sont rassemblés plusieurs voitures et motos ainsi qu'une bande de motards. Ils portent des blousons en cuir, des jeans et des bandanas noirs et brillants, y compris un petit garçon d'à peu près trois ans qui court partout. Tandis que nous nous dirigeons vers le garage, ils me dévisagent tous et je leur rends leurs regards en souriant. Je suis vivante après tout.

Nestia m'explique nerveusement : « Mes amis me prêtent leur pièce. » Elle fait un signe à une femme plus âgée qui fume, assise sur une chaise en plastique, une canette de bière à la main. Je regarde cette femme puis Nestia et je suis presque certaine qu'en fait, c'est la maison de sa famille, c'est sa mère, mais qu'elle est trop timide pour l'avouer et ne veut pas passer pour une amateure. Encore une fois, je suis vivante. Merde, si ça ne me plaît pas, je boutonnerai mon col et le couvrirai. Nestia entre dans ce qui était peut-être un débarras, mais qui est devenu son studio. Elle l'a rendu superbe, impeccable. Tout ce qui doit l'être est couvert d'un film alimentaire. Sur la table, j'aperçois mon tatouage imprimé en plusieurs tailles. Le dessin que Peter a fait pour moi il y a un mois. Des pies penchées l'une vers l'autre, l'une entourée de rouge, l'autre de bleu. Des pies qui vont voler à la vie quelque chose de brillant, comme moi qui ai trouvé un petit trésor dans la merde que la vie m'a lancée à la figure pendant quarante ans.

Des oiseaux pour le souffle et la liberté. Rouge et bleu pour la passion et le calme qui nous représentent, moi et Peter, et l'équilibre essentiel que nous formons l'un pour l'autre. Après l'année que nous avons passée, je n'imagine pas d'offrande plus significative, plus permanente, pour lui montrer que j'ai compris qu'il est à moi et que je suis à lui.

Nestia a disposé des donuts au glaçage rose et quelques bouteilles d'eau sur un plateau. Elle a pensé à tout, à la manière d'une jeune femme ambitieuse qui prend son travail extrêmement au sérieux. Je me sens détendue et entre de bonnes mains. Nous essayons plusieurs tailles de tatouage sur ma poitrine, mais nous décidons toutes les deux de faire plus grand. Oui, plus grand. J'ai attendu longtemps, plus grand c'est mieux. Elle m'apprend qu'elle a en fait vingt-quatre ans et ajoute : « Je commence seulement à travailler comme tatoueuse. Ça ne te pose pas de problème ? Tu es d'accord ? »

Je vois bien qu'elle est nerveuse. Et, comme quand une apprentie coiffeuse me fait une coupe ou une couleur, je la mets en confiance et la rassure. « Pas de problème. Tu as l'air d'être excellente. Au pire, je referai une couleur/attendrai que ça repousse/le recouvrirai d'un autre tatouage. » Et nous rions, un peu plus à l'aise.

Il se trouve qu'écouter des podcasts d'affaires criminelles pendant qu'on vous pique sans arrêt la poitrine et que votre cortisol monte en flèche ne constitue pas l'expérience relaxante que j'avais imaginée. Je cherche une musique apaisante et finis par me décider pour les Chemical Brothers. Je ferme les yeux, mes doigts tambourinent sur mes genoux et j'augmente le volume de la musique autant que je peux.

J'ai bien conscience qu'à quarante et un ans, après une grave maladie et mon premier bébé, avec mon jean taille haute pour y caser mon bidon de mère, un premier tatouage fait de moi un cliché désopilant. Dans une série sur Netflix je pourrais jouer le rôle d'une gentille maman banlieusarde qui se met au trafic de drogue pour arrondir ses fins de mois ou acheter les médicaments nécessaires à son enfant épileptique. Mais en écoutant le rythme des Chemical Brothers, j'ai de nouveau dix-sept ans. Je suis de retour à la Scala de King's Cross. En travers de mon visage, j'ai dessiné une bande rose vif d'ombre à paupières qui, je ne le sais pas encore, est inspiré de *Blade Runner*, je porte un T-shirt court et des couettes. J'ai 20 livres dans la poche de mon pantalon cargo et rien d'autre. Je danse juste devant les Chemical Brothers, les mains en l'air. J'ai perdu mon amie, mais ça n'a pas beaucoup d'importance parce que tout commence à peine.

Le premier tatouage est supportable. Mais le second, surtout le grand cercle rouge derrière la pie, me transporte dans un état de panique vertigineuse et me met en sueur. Nous faisons une pause. Je montre à Nestia d'autres photos de Sammy et l'interroge sur sa vie. Je lui fais des compliments sur ses poèmes punaisés aux murs, manuscrits et entourés de fleurs sauvages séchées. Je regarde ses « Règles de vie », manuscrites elles aussi, qui mentionnent « Excuse-toi toujours quand tu as tort. N'oublie pas que demain est un autre jour. Que peux-tu faire de bien aujourd'hui ? »

Nous reprenons. Elle s'arrête de temps en temps. « Je te fais mal !

– Oui, c'est un tatouage. C'est normal que ça fasse mal. Pas de problème. »

Nous rions et elle continue. À la fin, elle essuie le sang et l'encre sur ma poitrine devant un miroir en pied. Je lâche mes cheveux pour qu'elle prenne quelques photos. Je remets du rouge à lèvres. Je n'ai plus dix-sept ans. Mais je suis neuve à ma manière, j'évolue constamment et me réinvente comme les femmes l'ont toujours fait pour survivre aux différentes étapes de leur vie, tels des serpents qui muent. Les pies volent juste sous ma clavicule et elles sont magnifiques. Cela aurait pu très mal se passer, mais Nestia est vraiment une artiste et a fait un travail remarquable. Nous nous étreignons, toutes deux presque au bord des larmes et soulagées que tout se soit si bien passé. Elle m'affirme que les pies ont l'air d'avoir toujours été faites pour être sur mon corps. « C'est vrai », dis-je.

Elle me donne une note manuscrite sur les soins à faire, un pansement en plastique « seconde peau » pour chaque tatouage, un minuscule tube de Sudafed et un donut au glaçage rose couvert de vermicelles.

En partant, je suis euphorique. Je fais de grands sourires à tous les motards. Elle me dit de l'appeler si j'ai besoin de quelque chose. Elle lève un pouce furtif derrière moi en direction de sa mère toujours assise sur la chaise de jardin en plastique, et je suis aussi heureuse pour elle.

Je redescends la pente raide de la colline en mangeant mon donut. J'appelle Peter. « C'était bien. Je crois que c'est bien. Je rentre à la maison. Je suis impatiente de vous voir tous les deux. Je vous aime. » J'ai maintenant une nouvelle peau pour une nouvelle vie.

24

Je suis de nouveau malade, mais n'en ai que vaguement conscience, peut-être un peu par déni. Mes immenses réserves d'énergie s'amenuisent. Je me dis que j'ai peut-être attrapé un microbe. Je me dis que j'en ai un peu trop fait quand Ganna était à la maison et que je tâchais de répondre à ses besoins, et m'inquiétais à cause de la guerre. M'inquiétais pour Sammy puis au sujet des tâches administratives et fiscales interminables que nécessitait l'organisation de l'aide aux réfugiés ghanéens et nigérians. Ainsi que pour l'écriture de ce livre et le dressage de notre gros chien névrosé et adorable.

Je remarque que j'ai chaque matin un peu plus de mal à danser avec Sammy dans la cuisine. Que tournoyer avec lui et l'installer dans sa chaise haute me demande un peu plus d'effort. Je m'aperçois que même quand je suis calée par toute sorte de coussins, il m'arrive de tousser toute la nuit. Je suce des bonbons contre la toux et me rendors avec la promesse à demi consciente chuchotée à Peter que je ne vais pas m'étouffer.

Il se trouve que je ne peux pas voir le docteur Z, mais un interne qui, comme je m'y attendais, est poli mais bourru. J'ai appris qu'en étant aussi aimable que possible, cent pour cent charmante, j'obtiens un minimum de politesse et je n'ai jamais tenté de changer cette recette car j'ai terriblement besoin des médecins.

L'interne insensibilise ma gorge et fait passer l'endoscope par mon nez, tandis que la même infirmière aux cheveux roux et aux lunettes rose vif me tient la main et me demande de regarder l'horloge. Il consulte le docteur Z par téléphone et ils me prescrivent cent milligrammes de prednisolone stéroïdien pour diminuer la gêne au cours de la semaine.

Le deuxième jour de la prise de stéroïdes, je plane complètement. Je décide que ce que je veux écouter plus que tout, c'est la musique rave de mon adolescence et je me tiens debout devant la fenêtre ouverte du séjour, les bras en l'air, comme s'il était 3 heures du matin, que j'étais complètement défoncée et enfin dans la cabine du DJ. Je fonce dans la ville. Je mange « la meilleure mandarine satsuma de ma vie ». J'adore tout ce que je vois. Tout est fantastique. Tout est formidable.

La chaleur monte des petits pavés en pierre et descend du ciel brûlant, d'un bleu vif, alors que nous allons au supermarché avec Sammy dans sa poussette. L'odeur synthétique de l'écran solaire qui affiche prudemment l'indice 50 nous entoure au moment où je marque un temps d'arrêt comme dans un dessin animé. Au bout de la longue rue très fréquentée, un homme et un gamin tout nu marchent main dans la main. Quand je dis tout nu, je veux dire entièrement, sans couche, sans T-shirt long, il ne porte que ses petites Crocs bleues et tient une glace à l'eau qu'il suçote avec plaisir. Le père, à peu près de notre âge, est vêtu d'un T-shirt froissé et d'un short qui s'accordent bien à son visage froissé et épuisé. Dans son autre main, une pizza surgelée se balance dans un sac en plastique. Nous échangeons un regard, Peter et moi, et nous sourions au petit garçon absolument pas gêné, puis à son père qui nous lance une œillade genre « PUTAIN, C'EST ÇA ÊTRE PARENT ? ».

Après les avoir dépassés, Peter et moi nous regardons de nouveau. L'homme a manifestement emmené son fils complètement nu dans un supermarché pour s'acheter une pizza surgelée. Nous nous arrêtons net dans la rue et nous rions au point que nous avons vraiment mal à des endroits bizarres de notre corps. « Tu vois ? On se débrouille bien. Au moins, Sammy est habillé. » Cela contraste de façon fascinante avec la Grande-Bretagne. On m'a appris dès toute petite que mon corps constituait une tentation et que la société était remplie de prédateurs sexuels. Dès que j'ai été en âge d'en prendre conscience, j'ai su que je devais me protéger et qu'il y avait du danger dehors. Je n'imagine pas ce qui arriverait si un père emmenait un bambin complètement nu dans un Tesco Express pour acheter une pizza et une glace à l'eau. J'imagine bien l'hystérie collective, les appels à la police et aux services sociaux, alors qu'en République tchèque les gens ont à peine sourcillé et ont continué à flâner dans la rue très fréquentée, passant nonchalamment devant un pub et un restaurant chinois.

Je fais beaucoup de choses durant ces semaines turbo. Mais quand je diminue les stéroïdes, je me retrouve aussi frustrée et épuisée qu'auparavant. Mon monde origami, récemment lissé, se froisse de nouveau et s'amoindrit encore. Nous allons au parc, mais cette fois avec Peter aux commandes de la poussette, et mangeons une pizza ou bien nous nous allongeons sur une couverture. Puis juste au café le plus proche, et Peter me donne le bras pour me maintenir debout. Et finalement, je me retrouve encore une fois séquestrée dans l'appartement et je ne me lève que pour les repas de Sammy et les chansons à l'heure du coucher.

Ma respiration est certes plus mauvaise, mais c'est l'épuisement complet, dévorant, qui me conduit une nouvelle fois à l'hôpital. Cette fois, je choisis un jour où je sais que le docteur Z est à son bureau. Peter m'accompagne. Nous patientons deux heures et demie, à un moment nous nous déplaçons sur des sièges plus confortables un peu plus loin. Le docteur Z finit par nous reconnaître : « Je croyais que vous étiez partis. » Et l'attente recommence. Une consultation de trachéotomie a lieu en même temps et des hommes sont pris en charge par les infirmières qui changent leurs tubes et leurs pansements. Peter est assis à côté de moi, fasciné et inquiet, tandis que les cinq hommes beaucoup plus vieux, au visage tout gris, et moi somnolons sur les mauvaises chaises.

Le docteur Z ne paraît pas content de me voir. Il paraît encore moins content d'entendre que j'ai trouvé sur Internet un groupe de soutien qui comprend des ORL du monde entier et que j'ai lu tous les comptes rendus des recherches que j'ai trouvés. Comme si vouloir me documenter sur ma maladie rare et extrêmement grave et ma mauvaise santé actuelle constituait un affront personnel aux professionnels de la médecine et à leurs compétences. Cela commence mal. Il m'examine rapidement et me dit : « Vous devriez aller bien. » Je réponds que je ne vais absolument pas bien.

Je lui demande si une biopsie a été faite pour la maladie auto-immune qui accompagne souvent la sténose sous-glottique. Il me répond que non, que « de toute façon ça ne changerait rien », et comme je me demande si c'est vrai, je me mets à paniquer. Je l'interroge sur la résection qu'il risquait de me faire dès ma première opération et pour laquelle je semblais être une très bonne candidate, mais il affirme maintenant que ce n'est pas une solution réaliste. Je suggère de reprendre des stéroïdes et il répond qu'il ne faut pas s'y accoutumer. Je lui demande quoi faire alors. J'ai quarante et un ans et je vis comme si j'en avais quatre-vingt-dix. Il m'annonce que je dois aller voir quelqu'un d'autre parce que cela n'a peut-être rien à voir avec mes oreilles, mon nez ou ma gorge, mais quand je lui demande qui, il déclare que ce n'est pas son domaine. Ce qui m'arrive est probablement dû à autre chose. Il me dit : « La sténose sous-glottique ne provoque pas de fatigue. »

Je prends la main de Peter. Je pleure. Je lui explique que ce n'est pas normal. Ce n'est pas normal pour moi. Mais la gent médicale ne veut pas être remise en cause et ne veut pas qu'on lui pose des questions. Elle ne veut certainement pas entendre parler de ce que les recherches médicales légitimes m'ont appris sur la maladie, ni des conseils que j'ai reçus d'ORL expérimentés, spécialistes du traitement de la sténose sous-glottique. J'ai l'impression que le docteur Z fait preuve de dédain en me disant que ce n'est pas son problème. Il mentionne de nouveau que si je veux me sentir mieux, la trachéostomie pourrait être ma meilleure option, mais je sais maintenant que c'est inhabituel, le tout dernier recours après de nombreuses opérations et autres interventions.

De retour dans la salle d'attente, le temps d'obtenir mon dossier médical mis à jour, je suis assise au milieu d'hommes endormis et je vois mon avenir. Je ne me sens plus en sécurité ici. Je me tourne vers Peter. « Je ne reviendrai plus ici. Je ne reviendrai plus jamais. » Dans le taxi qui nous ramène chez nous, je pleure si fort que nous sommes obligés de nous arrêter un quart d'heure avant d'arriver. Je pleure au coin d'une rue. Il semble que tout ce qui m'a été donné m'est maintenant retiré et il n'y a personne pour m'aider, aucune solution. Je ne sais pas ce qui va se passer. Je sais seulement que maintenant ma vie est ainsi. Que mon médecin a l'air de soigner davantage son ego fragile que ma santé et que je ne serai jamais capable d'être la mère que je voulais pour Sammy.

Peter me serre dans ses bras près du cinéma où j'allais quand Sammy était trop calme dans mon ventre, car le bruit et un Kofola cola le faisaient toujours bouger. Nous l'y avons aussi emmené à des projections pour bébés où il marchait à quatre pattes et volait les biscuits des autres petits. En face se trouve le centre commercial où Sammy, assis dans une voiture rouge et brillante, la bande sonore d'un dessin animé à plein volume, a eu sa première coupe de cheveux, une coupe vraiment rase faite par une femme qui avait dû apprendre son métier auprès des militaires.

C'est devenu notre vie. Ces pâtés de maisons pragois sont imprégnés de nos souvenirs. Nous avons appris à nous adapter à cette ville étrange, à sa culture et à sa langue. Nous connaissons le meilleur endroit où trouver du bon fromage et quel stand du marché des producteurs propose les premières fraises de la saison. Nous arrêtons dans la rue les touristes perdus, leur donnons des indications sans regarder notre téléphone et leur recommandons les endroits où bien manger pour pas cher. Nous avons fait un bébé ici. Nous avons rompu et nous nous sommes réconciliés. C'était presque chez nous.

Nous rentrons à pied à l'appartement, trouvons notre baby-sitter et je tente de me remettre. Je vais me coucher et pleure longtemps. Le soir nous tournons en rond. Je ne peux pas m'empêcher de voir les choses ainsi. Nous ne pouvons pas obtenir ici les soins dont j'ai besoin. Le docteur Z est censé être l'un des meilleurs du pays. Si j'ai perdu confiance en lui, que faire ? Et nous tournons en rond. Nous regardons notre bel appartement et pensons aux belles rues et à notre belle vie.

Nous n'avons pas envie de partir, nous sommes heureux ici – ou nous le serions si je n'étais pas aussi malade.

C'est Peter qui le dit : « Mais tant que nous serons à Prague, tu seras toujours malade. »

Le lendemain, grâce à la gentillesse du groupe Internet, j'organise une rencontre sur Skype avec un chirurgien ORL, considéré comme le meilleur du Royaume-Uni. Il est jovial. « C'est tout à fait traitable ici, au Royaume-Uni, vous devriez retrouver une vie presque entièrement normale. »

Et ainsi, aussi simplement, nous nous retrouvons propulsés en Grande-Bretagne. Nous rentrons.

25

Nous avons un jeune enfant, un chat, ainsi qu'un très gros et vieux chien. Peter a un nouveau travail dans la cybersécurité qu'il adore et qu'il doit quitter. Nous devons trouver où vivre au Royaume-Uni. C'est écrasant et je me tourne vers la générosité d'inconnus.

Je mets une annonce sur Twitter : « Certains savent peut-être que j'ai été souffrante. Je dois rentrer au Royaume-Uni pour mon traitement. Nous cherchons un appartement d'une ou deux chambres pour moi, mon mari, notre petit garçon, le vieux chien que nous avons recueilli et notre chatte. » Nous listons les villes où nous avons envisagé de vivre avant Prague et nous les croisons avec les hôpitaux possédant de bons services ORL. Birmingham, Édimbourg, Glasgow, Londres, Liverpool, Norwich.

Le soir, après dîner, nous nous promenons sur YouTube dans ces villes, en essayant, chose impossible, d'avoir une idée de ce qu'y serait notre vie. Nous faisons des promenades fantomatiques, désincarnées, au Bull Ring de Birmingham et au marché de Norwich. Nous ne pouvons pas nous permettre d'être difficiles. J'ai toutefois des conditions : je veux aller dans un endroit sûr. Quelque part où Sammy sera exposé à une culture dynamique, tolérante et variée, et un endroit qui ne soit surtout pas conservateur.

Finalement, la gentillesse d'inconnus l'emporte. L'ami d'un ami entre en contact avec nous et nous propose un appartement à Glasgow. Je survis alors grâce à des périodes sous stéroïdes qui me permettent d'être active et à demi-énergique pendant quelques semaines chaque fois, mais quand je diminue les doses, je m'effondre lentement, avec l'impression qu'on me retire les os un à un.

Je sens mes voies respiratoires se fermer, comme si on m'étranglait très, très lentement, une main patiente et meurtrière agrippée à ma trachée. Mais après de nombreux coups de téléphone, on m'a assuré que, dès mon retour au Royaume-Uni, je pourrais soit me faire inscrire chez un généraliste, soit me présenter directement aux urgences d'un hôpital ayant un bon service ORL. Sur une base de données en ligne, compilée par des patients atteints de sténose sous-glottique, je trouve les noms des médecins écossais spécialisés et recommandés pour pratiquer une dilatation trachéale. On me fera aussi les examens pour déceler une maladie auto-immune, qui auraient dû être pratiqués à mon premier rendez-vous ici, pour voir ce qui, outre mes voies respiratoires rétrécies, pourrait causer cette intense fatigue et cette confusion mentale.

Je tente d'appréhender l'idée de rentrer *chez moi*, de retrouver l'Irn-Bru, les *tattie scones*, la voix de mes ancêtres. J'essaie d'assimiler l'idée de quitter un lieu où je me sentais tolérée mais jamais tout à fait à ma place pour le pays où je suis née, dans un appartement à trente minutes de l'un de ceux de mon enfance. Un endroit où personne ne pourrait dire que nous ne sommes pas les bienvenus. Revenir dans un nouveau Glasgow créatif, animé, si différent de celui que j'ai quitté. Je l'espère du moins. Sammy grandirait avec un accent écossais comme moi. Non, mieux que moi, parce qu'il ne serait pas obligé de polir sa vraie voix afin de s'intégrer partout où il se trouverait.

Nous discutons un soir sur Skype avec les amis de nos amis, un couple de jeunes mariés qui partent vivre un an à Amsterdam. Ils sont magnifiques et sympathiques. Ils promènent la caméra dans l'appartement, nous montrent la rosace du plafond et le parquet. Ça semble beau. Trop beau pour nous, en fait. Nous expliquons que nous avons un jeune enfant, un gros chien… Ils répondent, pas de problème, pas de problème. Ils nous affirment qu'ils veulent que nous nous sentions chez nous, que nous pouvons repeindre les murs, accrocher des tableaux, considérer l'appartement comme nôtre. Nous sommes tous d'accord sur-le-champ, au téléphone, pour y emménager. En raccrochant, Peter et moi tombons dans les bras l'un de l'autre, soulagés. Nous avons maintenant une destination et, apparemment, nous avons un foyer.

Le déménagement est compliqué et doit avoir lieu rapidement – nous faisons la course avec ma trachée meurtrière, évaluons le nombre de semaines et de jours avant qu'elle ne devienne mortelle ou se ferme complètement par rapport au prix des billets d'avion et d'un double loyer. Peter organise tout et me dit de ne m'occuper que de ma santé. Couchée, j'enveloppe des objets dans du papier bulle pendant qu'il crée des tableurs complexes avec des millions d'hyperliens sur Google. Il prend les rendez-vous chez le vétérinaire et appelle le Defra pour s'assurer que nos animaux peuvent venir. Il se met en relation avec notre déménageur. À la dernière minute, nous nous apercevons qu'il reste de la place dans la camionnette, et nous achetons pour rien, à côté de chez nous, de gros meubles tchèques des années 1950 et deux lourds vélos soviétiques vintage.

Quand nos voisins apprennent notre déménagement, ils nous offrent un sac de cadeaux et une lettre imprimée traduite par Google dans laquelle ils disent nous avoir appréciés comme voisins et être tristes de nous voir partir. Ils nous donnent leur adresse e-mail pour que nous leur envoyions des photos de Sammy. Dans le sac de cadeaux nous trouvons une petite broche avec un ange pour me souhaiter une bonne santé, une bougie parfumée pour Peter et une poupée troll pour Sammy. La sœur humaine de Johny vient passer l'après-midi avec nous, nous dit qu'elle adore voyager et qu'elle ira nous voir à Glasgow. Ganna vient déjeuner, apporte des fleurs, reste toute la journée et joue avec Sammy et Johny. La crèche de Sammy fait une carte pour lui dire au revoir. Tant de gentillesse risque de me briser le cœur.

Notre appartement au loyer abordable dans le marché locatif pragois de plus en plus inabordable est rapidement loué par une jeune femme tchèque avec trois enfants, sur le point de se marier. Ils vivent dans un petit studio à cause du prix de ce quartier, mais doivent rester proches de l'école maternelle des enfants. Je lui fais visiter et elle est ravie. Ils veulent emménager avant la fin du mois, avant leur mariage. Cela semble parfaitement légitime qu'une jeune famille tchèque obtienne ce bel appartement abordable dont les propriétaires sont charmants.

Il nous reste une soirée pour faire nos adieux à Prague. Nous allons manger d'excellents burgers et buvons un peu trop de margaritas. Puis nous marchons dans les rues pavées étroites et sinueuses du château jusqu'à la colline de Petřín qui domine la ville scintillante et les remous noir d'encre de la Vltava. Nous nous appuyons contre un mur où, quand j'étais enceinte, je me reposais, le ventre rempli de Sammy, buvais de la bière sans alcool en espérant que mon bébé allait bien. Nous nous disons que nous avons eu de la chance de passer du temps dans cette si belle ville, puis nous descendons vers le Parlement et traversons le pont Charles. Je frotte le ventre du chien en bronze pour nous porter chance et fais un vœu, dernier adieu à cette ville qui n'a jamais été la nôtre, mais que nous avons empruntée pendant un certain temps.

L'idée est que Peter traverse l'Europe dans la camionnette avec les animaux et nos affaires la veille du jour où je prendrai l'avion pour l'Écosse avec Sammy.

Petr, notre chauffeur, envoyé par le propriétaire de l'entreprise de déménagement, nommé Petr lui aussi, est un homme extrêmement mince d'une vingtaine d'années aux cheveux longs et aux manières douces. Dès que je le vois, je lui demande s'il veut manger quelque chose et je fonce en haut lui chercher un sandwich, deux pommes et un paquet de biscuits. Il n'a pas l'air d'avoir particulièrement faim, mais j'ai acquis récemment cet instinct maternel qui consiste à nourrir les gens. Sammy et moi sommes assis sur le trottoir devant l'immeuble et nous surveillons la camionnette et nos affaires tandis que Peter et Petr les transportent de notre appartement du troisième étage dans la cour puis dehors, en priant pour que l'ascenseur ne rende pas l'âme. Petr n'est pas tant un déménageur qu'un artiste déménageur. Il dispose nos sacs, nos cartons et nos cochonneries dans la camionnette comme dans un jeu de Tetris.

Je suis assise et je chante pour apaiser Sammy tout en regardant notre vie se faire démanteler pour être remontée ailleurs. C'est difficile de se rappeler que nous sommes arrivés ici il y a presque trois ans avec Dora, deux sacs à dos et six cartons perdus depuis.

Notre voisin sort promener sa chienne pinscher naine. Il y a quinze jours, lui et sa femme nous ont fait entrer chez eux et tenir ses chiots. J'étais pieds nus, en pyjama imprimé de marguerites, entourée de leur panneau mural représentant une forêt et des photos de leurs petits-enfants sur l'autre mur, et je tenais dans les mains deux chiots minuscules comme des petits pains chauds. À présent, notre voisin regarde la camionnette, nous fait des signes et je hoche la tête. Il paraît triste, pose ses mains sur sa poitrine : « *Nashledanou.*

– *Nashledanou.* »

Sammy s'écrie : « Bababa ! »

Notre voisin l'embrasse sur la tête, moi sur les deux joues et emmène sa minuscule maman chienne se promener. J'imagine qu'elle doit être contente d'avoir un peu de calme.

À 5 heures du matin, Petr et Peter partent traverser le continent et trouver leur bonheur dans le gros sac en plastique rempli de sandwichs, de chips, de fruits et de biscuits que je leur ai préparé. Peter est joignable à tout moment. Il me raconte qu'ils bavardent un peu mais écoutent surtout ensemble le podcast d'*American Scandal.* Peter m'envoie des photos de ses plaques d'immatriculation allemande préférées et de Johny explorant les bas-côtés des autoroutes en faisant sa crotte. Apparemment, après quelques indignations au départ, Dora s'est calmée et dort.

Je m'inquiète pour eux tous et dans mes messages je les incite à s'arrêter autant de fois qu'il est nécessaire, je m'assure qu'ils mangent, que personne n'a trop chaud. Au cours de mes derniers jours à Prague, je sors avec Sammy pour dire au revoir à sa ville natale. Nous nous rendons à la maison des papillons en haut du magasin de jouets Hamleys où je transpire tant que je peux, puis à la salle de jeux où Sammy court dans tous les sens et frappe toutes les lumières clignotantes qu'il voit. Ensuite, en maillot de bain Superman, il danse en jubilant entre les fontaines de la place Venceslas et nous allons manger un énorme *sundae* dans la splendeur des chromes et des néons des années 1970 à l'Ovocný Světozor. Nous faisons nos adieux à Prague, mais je sais que j'en emporte le meilleur avec moi.

26

Quand Sammy et moi traversons l'aéroport d'Édimbourg, Peter nous attend. En nous apercevant, il se met à pleurer. Je ris et fonds aussi en larmes. Il tient un café et une pâtisserie à mon intention. Il avance vers moi. « La vie est tellement plus terne sans toi.

– Moins chaotique aussi. Mais regarde, nous sommes là, tous ensemble. »

Nous nous étreignons au-dessus de la poussette, Sammy enfoui dans l'abri chaleureux de notre amour.

En arrivant chez nous, nous trouvons un bouquet de tournesols sur le palier et une carte de tous les voisins de l'immeuble. Nous affichons la carte sur le frigo pour tenter de nous rappeler les noms de ces gentilles personnes.

L'appartement est ancien et magnifique : de hauts plafonds, des corniches et une immense entrée encombrée par nos cartons. Il est rempli d'un mélange de nos meubles et des leurs : notre buffet tchèque rose et noir des années 1960 qui ressemble beaucoup à un gigantesque bonbon à la réglisse, une table basse jaune en Formica, des affiches vintage tchèques de films, y compris celle de *Rocky*, bien sûr, côtoyant leurs batiks africains et leurs meubles bohèmes.

Peter a déjà monté le lit de Sammy et l'a installé sur le parquet, dans l'obscurité de la petite chambre, tout près de son babyphone en forme de chouette qui émet son bruit blanc comme si nous n'avions pas quitté Prague. Une fois que Sammy fait la sieste, nous commandons le repas de *fish and chips* dont je rêve depuis des semaines. Nous mangeons en buvant de l'Irn-Bru et en contemplant le spectacle à la fois inhabituel et familier des trois tours de logements sociaux à l'horizon. Je sais que je ne suis qu'à trente minutes en voiture de mes anciens logements et j'ai parcouru tant de chemin pour être ici, de retour ici, mais telle que je suis maintenant, et j'éprouve un profond sentiment de légitimité.

Nous avons emménagé à Mount Florida, au sud de Glasgow, qui est plus un village qu'autre chose. Peter m'informe gaiement qu'il y a une librairie, trois excellents cafés, un magasin de produits diététiques et un groupe WhatsApp local très actif. Ce n'est pas Prague, mais c'est plus qu'il n'en faut.

Le ventre plein de *fish and chips*, vautrée sur le canapé de quelqu'un d'autre, la saveur sucrée de l'Irn-Bru me piquant encore la langue, je somnole. Peter sort du salon et revient avec une petite enveloppe rembourrée. Il est timide et tremblant. Je suis un peu inquiète, mais après s'être brièvement débattu avec l'emballage, il sort une petite bague en or sertie d'une opale et dispose ses membres dégingandés de sorte qu'il se trouve sur un genou.

« Veux-tu être ma femme ? »

Je sens les larmes avant de m'apercevoir que je me suis mise à pleurer. Mi-épuisement, mi-gratitude.

« Bien sûr. Je te choisirais à tous les coups. Je te choisis. » Je tends la main et il me passe la bague. « Le gras des frites devrait un peu aider à l'enfiler. »

Cette année, toute difficile, joyeuse et précaire qu'elle a été, nous a donné les outils pour affronter n'importe quoi. Nous sommes un *kintsugi* vivant, nos fragments disjoints soudés par de l'or liquide pour ne faire qu'un, et il semble que plus rien ne puisse nous séparer maintenant.

« Je t'aime.

– Je t'aime aussi, Peter. J'aime notre famille. »

Les quatre mois suivants passent rapidement. Nous trouvons nos marques dans notre nouvel environnement et nous présentons à Sammy les enfants de Glasgow, aussi extravertis que lui. Puis, tout à coup, c'est de nouveau Noël. Nous commandons un grand repas, mais il n'arrive pas. Nous n'avons à la maison que des pâtes, un demi-pot de vieux pesto, et des légumineuses à réhydrater achetées avec de bonnes intentions en oubliant à quel point nous sommes paresseux.

J'ai travaillé toute la journée et sors de la chambre les yeux troubles, vêtue du pyjama dans lequel je me suis réveillée. Mon opération a eu lieu très vite après notre retour et, si j'ai encore de bons et de mauvais jours, le traitement fonctionne à merveille. Je me sens en sécurité; le véritable étau qui enserrait ma gorge s'est relâché. Je confie ma vie à mon ORL irlandais pragmatique et à mon fabuleux rhumatologue en pull cachemire rose. Je le fais parce qu'ils sont bienveillants, compréhensifs, ils écoutent et, plus que tout, je vois bien qu'ils veulent que j'aille mieux.

Je me prépare à commencer un nouveau travail : enseignante à l'université de Glasgow. Je termine ce livre, écris un article pour le *New York Times* sur la précarité énergétique et suis en contact avec le *Herald* pour une rubrique hebdomadaire.

Pendant ce temps, Peter aménage un appartement pour sa mère qui va venir vivre à Glasgow où nous serons près d'elle. J'attends avec impatience que Sammy l'embrasse pour de vrai et non sur l'écran du téléphone.

L'appartement est super et Sammy devient fou tant Noël l'excite. Tous les matins il court au salon vers notre sapin devant la fenêtre et crie : « Noël !! », puis tapote chaque décoration pour la regarder se balancer sur sa branche. Je suis peut-être partiale, mais je suis pratiquement sûre que nous élevons un petit miracle. Johny, le chien le plus affectueux du monde, me suit de pièce en pièce, donne des petits coups de sa grosse truffe humide, comme un marqueur géant, contre mes jambes pour réclamer des caresses, même si je n'arrête pas de lui en faire. Dora entre et sort par la fenêtre du salon pour aller au jardin. Quand nous quittons la maison, elle nous suit jusqu'aux boutiques voisines, la clochette de son collier rythmant notre sortie.

Nous n'avons rien prévu pour Noël. Et cela nous est complètement égal. Nous avons tous terriblement besoin d'une coupe de cheveux, nous portons nos pyjamas dépenaillés et on n'a rien à manger pour demain, mais au moins il y a sous le sapin des cadeaux choisis avec soin pour chacun.

Ces dernières semaines nous avons souvent ri et dansé. Sammy chante pour s'endormir un mélange sonore de « Vive le vent », « On vous souhaite un joyeux Noël » et du thème de *Sesame Street*. Je suis détendue. Je me rends compte que je n'ai jamais été détendue à Noël auparavant.

Glasgow fait plus que nous accueillir à bras ouverts, il nous entraîne dans une étreinte affectueuse. C'est si chaleureux, avec un tel esprit communautaire et si amical que ça a presque été un choc culturel au début. Nous avons vu plus d'amis et de membres de la famille au cours de ces quatre mois qu'en trois ans à Prague et nous commençons lentement à nous faire à l'idée que nous sommes plus que la somme de chacun de nous. Cet appartement déborde tellement d'amour que j'imagine parfois qu'il brille au-dehors comme s'il était nourri de Ready Brek des années 1980. Hier, Peter et moi avons fait un concours de la plus haute tour en Duplo tout en parlant de notre projet d'acheter un petit appartement à retaper ou peut-être un bateau. Nous offrirons à Sammy une maison et une communauté, nous prendrons racine ici et continuerons à grandir. Nous continuerons aussi à apprendre.

Debout dans l'entrée dans mon pyjama sale, je tiens mon petit garçon solide et adorable dans mes bras. Sammy porte plusieurs couches de vêtements de couleurs vives mal assorties. Peter sort de la cuisine dans un pull multicolore trop grand des années 1980 et coiffé d'un bonnet à pompon. Il se joint à l'étreinte et nous nous balançons en chantant lentement « On vous souhaite un joyeux… ». Johny nous tourne autour et réclame des caresses, Dora se frotte contre nos chevilles.

Comment suis-je devenue membre d'une famille de cinq ? Comment suis-je devenue aussi incroyablement heureuse ? J'ai tant de chance d'être aimée ainsi. Nous avons tant de chance d'avoir trouvé notre lieu de vie.

Postface

Sammy existe à présent quelque part au milieu de mon expérience de l'enfance et de celle de Peter. Peter et son immense maison à Zurich, où les familles vivaient chacune dans une aile et où la fortune des générations précédentes ruisselait jusqu'à ce qu'elle s'arrête à lui. Moi et mon propre effet de ruissellement, une succession de foyers pour sans-abri et les pires logements sociaux parce qu'il nous fallait prendre le premier disponible, mon oncle accro à l'héroïne d'un côté et des braqueurs de banque de l'autre, mes parents malades, toujours dans le besoin.

Ni l'une ni l'autre n'est une bonne façon de grandir. Je sais que je ne suis pas objective, mais Peter s'est avéré vraiment merveilleux. Toutefois, il serait le premier à dire qu'à son avis l'argent corrompt. Que la grande maison de famille de Zurich n'était souvent pas très joyeuse et que son ambition a été émoussée par le fait qu'il avait, plutôt qu'un filet de sécurité, une pile de matelas et d'édredons, telle la princesse au petit pois, qui adoucissaient la réalité de la vie.

Ce que j'ai vécu n'était pas mieux, bien sûr. Je me suis battue pour obtenir tout ce que j'ai, me suis accrochée en ayant toujours, toujours conscience de ce qu'on ressent en cas de pénurie et en craignant de tomber de nouveau dans l'abîme du « pas assez et nulle part où trouver plus ».

Mais Sammy est au milieu de nous et de nos expériences et nous l'y rejoignons. En tant que famille, nous ne manquons de rien. En fait, bien que je m'en sente coupable, nous avons même parfois un peu plus. Nous travaillons dur pour ce que nous avons. Nous faisons attention à l'argent que nous dépensons. Nous donnons de la valeur à ce que nous possédons. Et nous donnons aussi de la valeur à des choses qui n'en ont pas d'un point de vue monétaire.

C'est vrai, nous sommes tous à quelques fiches de paie de la pauvreté. Et le petit bruit de la précarité résonnera toujours en moi, mais je commence lentement à croire que Sammy ne connaîtra pas inévitablement le sort des sans-abri ni la faim, que je serai toujours capable de lui acheter des chaussures à sa taille et un bon manteau. Mon fils aura le nécessaire dans son enfance et se trouvera sur un pied d'égalité pour construire son avenir.

Dans le Glasgow de mes souvenirs, les hommes ne pleuraient jamais, sauf s'ils étaient ivres ou « tarés », et les femmes étaient des objets à regarder en bikini sur une canette de bière et les seins nus dans les journaux, baisées et rarement entendues, sauf pendant une engueulade.

Dans mon vieux Glasgow, on élevait souvent la voix. Et même les petites disputes étaient réglées avec violence ou, du moins, y avait-il une menace de violence dans l'air, une fumée épaisse qui vous irritait le fond de la gorge.

Mais nous vivons dans le Nouveau Glasgow. Dans le quartier de Govanhill, on trouve une galerie d'art contemporain, un chœur interprétant des chants marins et une bibliothèque de poésie qui fait aussi boutique de kimchi. Des drapeaux arc-en-ciel et trans flottent aux fenêtres au-dessus de boucheries halal. Sur Victoria Road, un café peint en rose vif nommé le Pink Peacock se proclame « yiddish, queer, anarchiste », et ajoute « payez ce que vous pouvez ». En dépit des efforts concertés de quelques racistes vieux jeu et agressifs et des problèmes initiaux des diverses communautés récemment intégrées, on s'y trouve bien. C'est un lieu où tout le monde est prêt à essayer, au moins essayer, de se rapprocher de l'autre. C'est là que je veux élever mon fils pour qu'il puisse devenir ce qu'il veut, vraiment ce qu'il veut, tout en continuant à faire partie de cette communauté.

*

Le soir, je prends toujours deux Prozac jaune citron. Avant un événement particulièrement stressant, j'avale quatre comprimés rose vif de propranolol pour raffermir ma main, mon cœur, ma voix tremblante. Au cours des années, j'ai eu recours à toutes les formes de thérapie, bonnes et mauvaises, mais j'ai toujours eu ce choix. Et quand il le faut, je paie ma thérapie. Grâce à cela, je me sens forte et saine. Je pense pouvoir être une bonne mère pour Sammy.

Je me demande souvent comment les choses auraient tourné si ma mère avait cherché à se faire soigner. Mais c'est plus compliqué, elle vivait dans la précarité et élevait absolument seule ses enfants. Tout cela ressemble trop à l'histoire de l'œuf et de la poule.

Aurais-je entretenu et cultivé une relation compliquée si je n'étais pas moi-même en bonne santé mentale ? Ou bien cultiver cette relation m'a-t-il aidée à devenir ou à rester en bonne santé mentale ? Ai-je atteint la stabilité financière parce que j'étais bien mentalement ou le fait d'avoir assez d'argent a-t-il empêché la folie de m'atteindre ? Sans doute un peu des deux.

Comment les choses auraient-elles tourné si un seul élément avait été modifié ? Je retrouve, et ce n'est pas la première fois, l'impression persistante de tous les passés possibles que j'aurais pu avoir. Toutes les vies futures possibles ruisselant devant moi. Mais il est malvenu d'y penser. Ce que j'ai aujourd'hui est plus que je n'aurais pu espérer ou rêver. Il s'avère que je n'ai pas du tout eu besoin d'un modèle pour créer ma famille. Il m'a juste fallu être persuadée que je suffisais. Il m'a fallu apprendre que je méritais d'aimer et d'être aimée comme tout le monde.

Remerciements

Je me dis souvent qu'on n'accorde pas assez de crédit à la collaboration que nécessite l'écriture d'un livre. Je ne remercierai jamais assez mon agente littéraire, Juliet Pickering, qui depuis plus de dix ans me prête son esprit ingénieux, son cœur immense et son parfait sens moral. De même, Becky Hardie, mon incroyable éditrice chez Chatto & Windus, m'aide depuis le début de ma carrière à améliorer progressivement chaque ouvrage par sa perspicacité, son intelligence et son véritable génie. Si vous m'avez lue jusqu'ici, vous savez que je n'allais pas très bien pendant la plus grande partie de l'écriture de ce livre et je n'aurais pu trouver de femmes plus fortes et bienveillantes. J'ai beaucoup de chance.

Je voudrais aussi dire un grand merci à tous ceux de Blake Friedmann. Ils travaillent sans relâche pour moi et sont adorables. C'est la meilleure agence littéraire qu'une femme puisse espérer et j'ai l'impression d'avoir gagné à une sorte d'obscure loterie littéraire quand j'ai atterri chez eux.

Bien sûr, en coulisses, beaucoup plus de gens à Penguin Random House ont travaillé pour vous offrir ce livre. Merci à tous ceux de Chatto & Windus chez qui je suis si fière d'être publiée, en particulier à Kayia Shang, Asia Choudhry et Leah Boulton. Comme pour *Basse naissance*, Katherine Fry a une fois encore fait le travail peu enviable de correction de mon manuscrit et je lui suis très reconnaissante de son œil de lynx. Je suis ravie d'avoir de nouveau Anna Redman-Aylward de PR Powerhouse dans mon équipe et de travailler avec Carmella Lowkis, une boule d'énergie du marketing. Merci aussi à Stephen Parker et à l'équipe de Vintage Design pour la couverture originale parfaite du livre. C'est un privilège rare de travailler livre après livre avec les meilleurs et je leur en suis très reconnaissante.

Comme pour chacun de mes livres, ma meilleure amie Levia, une vraie Wonder Woman assortie d'une mère qui travaille, a généreusement lu ce livre chapitre après chapitre et c'est la femme la plus stimulante dont je pouvais rêver. Et en plus, elle et Ricky ont mis au monde mes deux amours de filleuls. Xander et Zarla, je suis si fière des personnes que vous allez devenir et j'ai de la chance de vous connaître tous les deux.

Merci de tout cœur à Irene et Moira pour leur gentillesse, autrefois et aujourd'hui, et merci de m'avoir autorisée à utiliser des passages de notre correspondance.

Děkuji à Prague et à ses habitants qui nous ont accueillis au moment le plus vulnérable et compliqué que notre famille a traversé et ont apporté dans notre vie chaleur, joie et beauté. Nous nous rappellerons toujours la bienveillance que nous y avons trouvée et considérons Prague comme notre deuxième foyer.

L'écriture de ce livre a en partie été possible grâce à une bourse de la Society of Authors' : Authors' Foundation que j'ai reçue avec beaucoup de gratitude.

La partie concernant les résultats des tests génétiques a été publiée sous la forme d'un essai dans *This Is How We Come Back Stronger* par And Other Stories et Feminist Press en 2021 : https://www.andotherstories.org/this-is-how/. De même, une courte partie sur le traitement médical a d'abord été publiée dans le *Guardian*.

Plus que tout, je remercie Peter, Kai, Johny et Dora ; dans notre belle famille chaotique j'ai trouvé plus de paix, de bonheur et de joie que je n'aurais pu en espérer en plusieurs vies.

Table

Mise en pages :
Anne Offredo, Valravillon

Cet ouvrage a été achevé d'imprimer
sur Roto-Page
en janvier 2025
par l'Imprimerie Floch à Mayenne

N° d'imprimeur : 106108
Dépôt légal : février 2025
ISBN : 978-2-38482-217-1
Imprimé en France